托起中国梦

学习习近平同志在十二届全国人大一次会议上的讲话

本书编写组

新华出版社

图书在版编目(CIP)数据

托起"中国梦"/《托起"中国梦"》编写组编.
—北京:新华出版社,2013.4
ISBN 978-7-5166-0430-4

Ⅰ.①托… Ⅱ.①托… Ⅲ.①社会主义建设模式—研究—中国 Ⅳ.①D616

中国版本图书馆 CIP 数据核字(2013)第 065093 号

托起"中国梦"
作　　者:本书编写组

出 版 人:张百新　　**责任编辑:**王　婷
封面设计:杨　光

出版发行:新华出版社
地　　址:北京石景山区京原路 8 号　　**邮　　编:**100040
网　　址:http://www.xinhuapub.com　　http://press.xinhuanet.com
经　　销:新华书店
购书热线:010—63077122　　**中国新闻书店购书热线:**010—63072012

照　　排:阳光工作室
印　　刷:北京市全海印刷厂

成品尺寸:140mm×203mm　1/32
印　　张:9　　**字　　数:**200 千字
版　　次:2013 年 4 月第一版　　**印　　次:**2013 年 4 月第一次印刷

书　　号:ISBN 978-7-5166-0430-4
定　　价:28.00 元

图书如有印装问题,请与印刷厂联系调换　电话:010—84254239

目　录

CONTENTS

在第十二届全国人民代表大会第一次会议上的讲话
（2013 年 3 月 17 日）…………………………… 习近平 1

刘云山在深化中国梦宣传教育座谈会上强调
推动形成实现中国梦的强大精神力量
（2013 年 4 月 8 日）……………………………………… 7

第一章　不懈追求中国梦 ……………………………… 9
一、我们创造了伟大的中华文明 ……………………… 9
二、我们创建了美好家园 ……………………………… 17
三、我们培育了民族精神 ……………………………… 23
四、我们坚守了理想信念 ……………………………… 31
【延伸阅读】……………………………………………… 37
"中国梦"：内涵·路径·保障 ………………………… 37

第二章　中国梦是强国富民梦 ………………………… 42
一、国家富强 …………………………………………… 43

二、民族振兴 …………………………………………………… 48
三、人民幸福 …………………………………………………… 56
【延伸阅读】……………………………………………………… 63
共同瞩望中华民族的伟大复兴
——理论、教育、科技、文化工作者寄语中国梦 ……… 63
第三章　实现中国梦必须走中国道路 ………………………… 67
一、实现中国梦一定要走自己的路 …………………………… 68
二、增强中国特色社会主义道路自信 ………………………… 74
三、增强中国特色社会主义理论自信 ………………………… 79
四、增强中国特色社会主义制度自信 ………………………… 85
【延伸阅读】……………………………………………………… 91
实现“中国梦”的三个重要因素 ………………………………… 91
第四章　实现中国梦必须弘扬中国精神 ……………………… 95
一、以爱国主义为核心的民族精神 …………………………… 95
二、以改革创新为核心的时代精神………………………… 104
三、永远朝气蓬勃迈向未来………………………………… 112
【延伸阅读】 …………………………………………………… 120
世纪“中国梦”伟大“三部曲” ………………………………… 120
第五章　实现中国梦必须凝聚中国力量 ……………………… 123
一、共同享有人生出彩的机会……………………………… 124
二、共同享有梦想成真的机会……………………………… 129
三、共同享有同祖国和时代一起成长与进步的机会…… 138
【延伸阅读】 …………………………………………………… 147
“中国梦”与中国共产党的当代使命………………………… 147

第六章　中国梦归根到底是人民的梦 …………………… 155
一、随时随刻倾听人民呼声…………………………………… 155
二、维护社会公平正义………………………………………… 161
三、不断为人民造福…………………………………………… 167
四、紧紧依靠人民实现中国梦………………………………… 173
【延伸阅读】 ………………………………………………… 179
底层公众的"中国梦"有多远………………………………… 179

第七章　开启实现中国梦的新征程 …………………… 184
一、坚持党的领导……………………………………………… 184
二、坚持人民当家作主………………………………………… 190
三、坚持依法治国……………………………………………… 196
四、不断夯实实现中国梦的物质文化基础…………………… 202
【延伸阅读】 ………………………………………………… 208
实现中国梦须破解深层次发展难题 208

第八章　梦在前方,路在脚下 ………………………… 213
一、实现中国梦需要每一个人付出艰苦努力………………… 213
二、心往一处想,劲往一处使 ……………………………… 219
三、埋头苦干、锐意进取 …………………………………… 224
四、奋力夺取中国特色社会主义新胜利……………………… 231
【延伸阅读】 ………………………………………………… 237
沿着中国特色社会主义道路奋力实现"中国梦"…………… 237

附录一 ……………………………………………………… 242
为了13亿人的中国梦
——记国家主席、中央军委主席习近平 …………………… 242

附录二 …………………………………………………………… 252
满怀信心走好中国道路
——一论同心共筑中国梦 …………………………… 252
高扬凝心聚力的中国精神
——二论同心共筑中国梦 …………………………… 254
凝聚不可战胜的中国力量
——三论同心共筑中国梦 …………………………… 256
以发展筑牢梦想根基
——四论同心共筑中国梦 …………………………… 258
民生改善是梦想的最好诠释
——五论同心共筑中国梦 …………………………… 260
和世界共发展 与世界同分享
——六论同心共筑中国梦 …………………………… 262
中国梦归根到底是人民的梦
——七论同心共筑中国梦 …………………………… 264
在党的引领下汇聚圆梦力量
——八论同心共筑中国梦 …………………………… 266
担起我们这代人的使命
——九论同心共筑中国梦 …………………………… 268

附录三 …………………………………………………………… 270
筑就民族复兴的"中国梦" ………………… 任仲平 270

后　记 …………………………………………………………… 279

在第十二届全国人民代表大会第一次会议上的讲话

（2013 年 3 月 17 日）

习近平

各位代表：

这次大会选举我担任中华人民共和国主席，我对各位代表和全国各族人民的信任，表示衷心的感谢！

我深知，担任国家主席这一崇高职务，使命光荣，责任重大。我将忠实履行宪法赋予的职责，忠于祖国，忠于人民，恪尽职守，夙夜在公，为民服务，为国尽力，自觉接受人民监督，决不辜负各位代表和全国各族人民的信任和重托。

各位代表！

中华人民共和国走过了光辉的历程。在以毛泽东同志为核心的党的第一代中央领导集体、以邓小平同志为核心的党的第二代中央领导集体、以江泽民同志为核心的党的第三代中央领导集体、以胡锦涛同志为总书记的党中央领导下，全国各族人民戮力同心、接力奋斗，战胜前进道路上的各种艰难险阻，取得了举世瞩目的辉煌成就。

今天，我们的人民共和国正以昂扬的姿态屹立在世界东方。

胡锦涛同志担任国家主席10年间，以丰富的政治智慧、高超的领导才能、勤勉的工作精神，为坚持和发展中国特色社会主义建立了卓越的功勋，赢得了全国各族人民忠心爱戴和国际社会普遍赞誉。我们向胡锦涛同志，表示衷心的感谢和崇高的敬意！

各位代表！

中华民族具有5000多年连绵不断的文明历史，创造了博大精深的中华文化，为人类文明进步作出了不可磨灭的贡献。经过几千年的沧桑岁月，把我国56个民族、13亿多人紧紧凝聚在一起的，是我们共同经历的非凡奋斗，是我们共同创造的美好家园，是我们共同培育的民族精神，而贯穿其中的、最重要的是我们共同坚守的理想信念。

实现全面建成小康社会、建成富强民主文明和谐的社会主义现代化国家的奋斗目标，实现中华民族伟大复兴的中国梦，就是要实现国家富强、民族振兴、人民幸福，既深深体现了今天中国人的理想，也深深反映了我们先人们不懈奋斗追求进步的光荣传统。

面对浩浩荡荡的时代潮流，面对人民群众过上更好生活的殷切期待，我们不能有丝毫自满，不能有丝毫懈怠，必须再接再厉、一往无前，继续把中国特色社会主义事业推向前进，继续为实现中华民族伟大复兴的中国梦而努力奋斗。

——实现中国梦必须走中国道路。这就是中国特色社会主义道路。这条道路来之不易，它是在改革开放30多年的伟大实践中走出来的，是在中华人民共和国成立60多年的持续探索中走出来的，是在对近代以来170多年中华民族发展历程的深刻总结中走出来的，是在对中华民族5000多年悠久文明的传承中走出来的，具有深厚的历史渊源和广泛的现实基础。中华民族是具有非凡创造力的民族，我们创造了伟大的中华文明，我们也能够继续拓展和走好适合中国国情的发展道路。全国各族人民一定要增强对中国特色社会主义的理论自信、道路自信、制度自信，坚定不移沿着正确的中国道路奋勇前进。

——实现中国梦必须弘扬中国精神。这就是以爱国主义为核心的民族精神，以改革创新为核心的时代精神。这种精神是凝心聚力的兴国之魂、强国之魄。爱国主义始终是把中华民族坚强团结在一起的精神力量，改革创新始终是鞭策我们在改革开放中与时俱进的精神力量。全国各族人民一定要弘扬伟大的民族精神和时代精神，不断增强团结一心的精神纽带、自强不息的精神动力，永远朝气蓬勃迈向未来。

——实现中国梦必须凝聚中国力量。这就是中国各族人民大团结的力量。中国梦是民族的梦，也是每个中国人的梦。只要我们紧密团结，万众一心，为实现共同梦想而奋斗，实现梦想的力量就无比强大，我们每个人为实现自己梦想的努力就拥有广阔的空间。生活在我们伟大祖国和伟大时代的中国人民，共同享有人生出彩的机会，共同享有梦想成真的机会，共同享有同祖国和时代一起成长与进步的机会。有梦想，有机会，有奋斗，一切美好的东西都能够创造出来。全国各族人民一定要牢记使命，心往一处想，劲往一处使，用13亿人的智慧和力量汇集起不可战胜的磅礴力量。

中国梦归根到底是人民的梦，必须紧紧依靠人民来实现，必须不断为人民造福。

我们要坚持党的领导、人民当家作主、依法治国有机统一，坚持人民主体地位，扩大人民民主，推进依法治国，坚持和完善人民代表大会制度的根本政治制度，中国共产党领导的多党合作和政治协商制度、民族区域自治制度以及基层群众自治制度等基本政治制度，建设服务政府、责任政府、法治政府、廉洁政府，充分调动人民积极性。

我们要坚持发展是硬道理的战略思想，坚持以经济建设为中心，全面推进社会主义经济建设、政治建设、文化建设、社会建设、生态文明建设，深化改革开放，推动科学发展，不断夯实实现中国梦的物质文化基础。

我们要随时随刻倾听人民呼声、回应人民期待，保证人民平等参与、平等发展权利，维护社会公平正义，在学有所教、老有所得、病有所医、老有所养、住有所居上持续取得新进展，不断实现好、维护好、发展好最广大人民根本利益，使发展成果更多更公平惠及全体人民，在经济社会不断发展的基础上，朝着共同富裕方向稳步前进。

我们要巩固和发展最广泛的爱国统一战线，加强中国共产党同民主党派和无党派人士团结合作，巩固和发展平等团结互助和谐的社会主义民族关系，发挥宗教界人士和信教群众在促进经济社会发展中的积极作用，最大限度团结一切可以团结的力量。

各位代表!

“功崇惟志,业广惟勤。”我国仍处于并将长期处于社会主义初级阶段,实现中国梦,创造全体人民更加美好的生活,任重而道远,需要我们每一个人继续付出辛勤劳动和艰苦努力。

全国广大工人、农民、知识分子,要发挥聪明才智,勤奋工作,积极在经济社会发展中发挥主力军和生力军作用。一切国家机关工作人员,要克己奉公,勤政廉政,关心人民疾苦,为人民办实事。中国人民解放军全体指战员,中国人民武装警察部队全体官兵,要按照听党指挥、能打胜仗、作风优良的强军目标,提高履行使命能力,坚决捍卫国家主权、安全、发展利益,坚决保卫人民生命财产安全。一切非公有制经济人士和其他新的社会阶层人士,要发扬劳动创造精神和创业精神,回馈社会,造福人民,做合格的中国特色社会主义事业的建设者。全国广大青少年,要志存高远,增长知识,锤炼意志,让青春在时代进步中焕发出绚丽的光彩。

香港特别行政区同胞、澳门特别行政区同胞,要以国家和香港、澳门整体利益为重,共同维护和促进香港、澳门长期繁荣稳定。广大台湾同胞和大陆同胞要携起手来,支持、维护、推动两岸关系和平发展,增进两岸同胞福祉,共同开创中华民族新的前程。广大海外侨胞,要弘扬中华民族勤劳善良的优良传统,努力为促进祖国发展、促进中国人民同当地人民的友谊作出贡献。

中国人民爱好和平。我们将高举和平、发展、合作、共赢的旗帜，始终不渝走和平发展道路，始终不渝奉行互利共赢的开放战略，致力于同世界各国发展友好合作，履行应尽的国际责任和义务，继续同各国人民一道推进人类和平与发展的崇高事业。

各位代表！

中国共产党是领导和团结全国各族人民建设中国特色社会主义伟大事业的核心力量，肩负着历史重任，经受着时代考验，必须坚持立党为公、执政为民，坚持党要管党、从严治党，全面加强党的建设，不断提高党的领导水平和执政水平、提高拒腐防变和抵御风险能力。全体共产党员特别是党的领导干部，要坚定理想信念，始终把人民放在心中最高的位置，弘扬党的光荣传统和优良作风，坚决反对形式主义、官僚主义，坚决反对享乐主义、奢靡之风，坚决同一切消极腐败现象作斗争，永葆共产党人政治本色，矢志不移为党和人民事业而奋斗。

各位代表！

实现伟大目标需要坚忍不拔的努力。全国各党派、各团体、各民族、各阶层、各界人士要更加紧密地团结在中共中央周围，全面贯彻落实中共十八大精神，以邓小平理论、"三个代表"重要思想、科学发展观为指导，始终谦虚谨慎、艰苦奋斗，始终埋头苦干、锐意进取，不断夺取全面建成小康社会、加快推进社会主义现代化新的更大的胜利，不断为人类作出新的更大的贡献！

（新华社北京3月17日电）

刘云山在深化中国梦宣传教育座谈会上强调

推动形成实现中国梦的强大精神力量

中宣部、教育部、共青团中央8日在京召开深化中国梦宣传教育座谈会，学习贯彻习近平总书记重要讲话精神，研究和畅谈如何深化中国梦宣传教育，凝聚全面建成小康社会、实现中华民族伟大复兴的强大力量。中共中央政治局常委、中央书记处书记刘云山出席会议并讲话，强调把中国梦宣传教育不断引向深入，要在突出思想内涵、增强认知认同上下功夫，在把握实践要求、推动实际工作上下功夫，积聚团结奋进的正能量，激励人们在中国特色社会主义伟大实践中同心共筑中国梦。

座谈会上，教育部、共青团中央和中央新闻单位负责人，专家学者、道德模范、基层群众和大学生代表等18位同志踊跃发言，谈认识、谈体会、谈建议，抒发理想、展望未来，交流互动深入、会场气氛热烈。大家认为，习近平总书记提出实现中华民族伟大复兴的中国梦，道出了亿万中华儿女的心声，具有强大的凝聚力感召力。中国梦是你的梦、我的梦、大家的梦，是13亿人共同的梦。大家纷纷表示要立足本职岗位，扎扎实实做好自己的工作，为实现中国梦贡献智慧和力量。

刘云山在认真听取发言后说，中国梦视野宽广、内涵丰富,升华了我们党的执政理念,是当今中国的高昂旋律和精神旗帜。学习领会中国梦的精神实质,要把握好国家富强、民族振兴、人民幸福的基本内涵,把握好坚持中国道路、弘扬中国精神、凝聚中国力量的重要遵循,把握好中国梦是人民的梦这一本质属性,进一步坚定自信、增强自觉、实现自强,努力建设强盛中国、文明中国、和谐中国、美丽中国。奋斗是成就事业的基石,唯有奋斗才能踏进梦想之门,如果纸上谈兵而不真抓实干,再美好的梦想也不可能成真。每个中国人都是"梦之队"的一员,都是中国梦的参与者、书写者,大家心往一块想、劲往一处使,就能够汇聚起实现中国梦的强大力量。

刘云山说,深化中国梦的宣传教育,要同中国特色社会主义宣传教育结合起来,同社会主义核心价值体系建设结合起来,同做好当前各项工作结合起来,引导人们坚定理想信念、构筑精神支柱,积极投身实现中国梦的生动实践。要把中国梦的宣传教育融入各级各类学校教育教学之中,融入未成年人思想道德建设和大学生思想政治教育之中,融入校园文化建设之中,做到进教材、进课堂、进学生头脑。社科界要切实加强理论研究,深入阐释中国梦的重大意义、精神实质和实践要求,为深化中国梦的宣传教育、实现中国梦的伟大实践提供有力支撑。

中共中央政治局委员、中央书记处书记、中宣部部长刘奇葆主持会议。中央有关部门负责同志参加。

(《人民日报》2013 年 4 月 9 日)

第一章

不懈追求中国梦

习近平同志在十二届全国人大一次会议上指出:“中华民族具有5000多年连绵不断的文明历史,创造了博大精深的中华文化,为人类文明进步作出了不可磨灭的贡献。经过几千年的沧桑岁月,把我国56个民族、13亿多人紧紧凝聚在一起的,是我们共同经历的非凡奋斗,是我们共同创造的美好家园,是我们共同培育的民族精神,而贯穿其中的、最重要的是我们共同坚守的理想信念。”5000年来,中华民族一直以勤劳勇敢、自强不息的奋斗精神屹立于世界民族之林。如今,实现中华民族的伟大复兴更是中国几代人梦寐以求的崇高愿景,多少仁人志士为之不懈奋斗终身,那是每一个中华儿女的共同期盼。

一、我们创造了伟大的中华文明

中国地域辽阔,民族众多,靠着思想和文字的纽带,通过相互竞争、碰撞和融合，最终形成了完整的中华文明。在无数仁人志士，特别是中国共产党的带领下，依靠各民族的风雨同舟、团结奋进，我们穿越农耕走向现代，创造了伟大的中华文明。

（一）曾经屹立于世界巅峰的古代农耕文明

距今5000年前植根于东亚大陆，以农耕文明为主，兼蓄若干游牧文明在内的中华文明，是唯一延续至今的多元一体文明。它创造的位于世界巅峰的农耕文明辉煌，为后来的中国梦埋下了种子。

20世纪80年代的考古学发现证明，华夏大地的两条河流——黄河与长江都是中华文明的发源地。黄河与长江流域适合农业生产的自然、地理、气候条件，使以农开元、以农立国、以农为基成为我国先民的生产生活方式。中国原始农业起源约在距今一万年前的旧石器时代末期或新石器时代初期，最早种植成功的谷物主要是粟、黍和水稻。到西周时期，农作物已得到广泛种植，汉代已有"五谷"、"九谷"之说。魏晋南北朝时期已掌握了保墒防旱等精耕细作技术，至今仍应用于中国北方农业生产。上古时期的耒耜、商代的青铜工具、春秋战国时期的铁制工具、秦汉时期的耧车等，在中国农业发展史中都具里程碑意义。

农业的发展使先进的水利工程和灌溉设施应运而生。从大禹"致力于沟洫"，春秋时期西门豹治邺、孙叔敖修建"期思陂"，到汉代兴修"鸿隙陂"、"六门陂"等，大大推进了农业进步。据《淮南子·人间训》载，两千多年前楚国孙叔敖所修的"期思陂"，是我国最早见于书籍记载的大型灌溉工程，比魏国的西门豹渠早200多年，比秦国的都江堰和郑国渠早300多年，其设计也达到相当科学的水平。《齐民要术》、《四时纂要》、《农桑辑要》等古农学著作至今仍闪烁着智慧的光芒。农耕文明的发达带来了诸多“天下粮仓”。如战国时期的韩国都城宜阳，有“材士十万，粟支数年”。

伴随着农耕文明的进步，陶瓷、冶铸、纺织、酿酒和造纸等手工业快速发展。古人发明的瓷器，取代了陶器，为人类抹去了石器时代留下的最后一道痕迹，到北宋时期已是“纵有家财万千，不如钧瓷一片”。公元前 600 年我国发明的液态生铁冶炼技术，使人类历史迅速进入铁器时代。约公元前 300 年发明的深井钻探技术，使人类能够获取深藏在地下的财富。郑州发现的汉代冶铁高炉是世界上最早的椭圆形炼炉，比欧美国家早了 1800 多年。盛唐时期“缫丝夜夜织，万梭为一素”成为一景。美国一家酿酒厂居然根据舞阳贾湖遗址出土的古酒残留物析出的配方，复制出一种包括大米、蜂蜜、山楂在内的“贾湖城”啤酒，不得不让人感叹古人生活品味之高。从春秋时期到宋代的 1800 多年间，我国以四大发明为标志的科技文明发展始终走在世界前列。在天文、地理、生物、数学、物理、化学等方面创造了一系列世界之最。如最早的月食记录（公元前 776 年 3 月 21 日月偏食，比埃及的月食记录早 55 年）；最早用十进位制记数法；最早生产漆器；最早出现化学原始形式——炼丹术（公元前 2 世纪）等等。

盛唐时期，我国生产总值已占全球的 3/4，科学技术和文学、绘画、音乐、建筑等艺术成就高度空前，成为封建社会里国力最盛的时代。北宋时的开封人口逾百万，是当时世界上最大的都市，最早出现“夜市”和“城管”，并设立有“交子务”，北宋

《清明上河图》生动刻画了"八荒争辏、万国咸通"的繁荣景象，美国历史学家费正清等认为，宋朝商业的发展可以称为中国的"商业革命"，对整个欧亚大陆都有重大意义。

中华文明薪火相传的根，在于博大精深的文化"魂"。这突出表现在先秦典籍和诸子百家思想当中。《诗》、《书》、《礼》、《乐》、《易》和《春秋》六经以"和而不同"的方式奠定了后世中华文明价值体系的基础。儒家《论语》、《孟子》、《荀子》，墨家的《墨子》，道家的《老子》、《庄子》，法家的《韩非子》，兵家的《孙子兵法》等，从不同程度呈现出华夏先民的心灵。其中的儒家思想、黄老之术、以法治国思想等，都深刻地影响着秦汉以后整个封建社会的统治发展。直到今天，世界联合国大厅里赫然写着"己所不欲，勿施于人"的中国格言。此外，文学上的《楚辞》，史学领域的《左传》、《国语》，神话和地理学领域的《山海经》，也从不同层次共同描绘了中华文明的瑰丽色彩。

（二）满怀救国图强之志的近代工业发展

1840 年，在鸦片战争的隆隆炮声中，千百年不变的农耕文明开始松动，在帝国主义、封建主义和官僚资本主义三座大山的夹缝中，百余年中国近代工业历经兴衰起落。在一次次危机面前，先辈们以百折不挠、顽强拼搏的精神，求生存、图发展，不断托起民族复兴的中国梦。

以曾国藩、李鸿章等为首的统治阶级内部有识之士在"师夷长技以制夷"思想共识下，发起了自强求富的洋务运动。在船坚炮利的震撼下，兵器工业先行成为洋务派首选。自 19 世纪 60 年代后，陆续出现了中国最早装备西式武器并采用西法教练的陆军——湘军、淮军；出现了中国最早的近代海军——

北洋、南洋水师；出现了中国最早的近代兵工厂——安庆军械所、天津制造局、山东机器局；出现了中国最早的近代舰船制造厂——福州船政局、江南制造局；出现了中国最早的近代军校——求是堂艺局、天津武备学堂；出现了中国最早的侧重用于军事的近代通讯设施——津沪电报线、天津电报总局。仅近代工业之父张之洞就先后创办了汉阳铁厂、湖北枪炮厂、湖北织布局、纺纱局、制麻局、制革厂等一批近代工业化企业，居全国之冠。

以军事改革牵动近代化运动几乎成为中国近代化发展特有的规律。近代军事工业需要大机器生产体系，由此引发了上海发昌机器厂、广东继昌隆缫丝厂、天津贻来牟机器磨坊等一批民用工业的创建。1899 年，“状元实业家”张謇，创办了南通大生纱厂，开辟了近代轻纺工业之路。毛泽东在谈到中国民族工业时曾说：“轻工业不能忘记张謇”。办军队需要用钱，由此引发财政改革和近代银行体系的建立。练兵需先练将，由此引发近代军事教育和民间办学热潮。到甲午战前，洋务派办的外语、军事、实业等学堂不下 30 所，此间还派遣了第一批留美、留欧的学生，翻译了第一批科技书籍。

先进的实业离不开先进的思想。甲午海战的惨败，终结了洋务运动，也使人们认识到只有更大程度地吸纳西学，进行体制和观念变革，才能真正挽救国家危亡。此时，严复翻译了英国生物学家赫胥黎的《天演论》，其“物竞天择”思想成为维新变法理论依据。1898 年，近代中国出现了历史上第一次大规模的资产阶级思想启蒙运动——戊戌变法，维新志士们以西学为启蒙武器，大力主张学习西方的思想文化。自由、平等等西方民主思想第一次得到大规模传播。虽然维新运动仅 103 天就失败了，但它初步奠定的新文化结构体系却在中华文明由古代转入近代的历程中发挥了具有决定意义的枢纽作用。

20 世纪初，列强的侵略使清朝统治者开始认识到，要摆脱贫弱，必须振兴工商，把发展工商实业作为立国之本。在这种思想指导下，清末新政试图进行有别于洋务运动和戊戌变法的制度改革，但它构建的主要是中层制度，而对诸如国家政体这些高层制度一仍其旧，这势必引出更大革命风暴。其实，此时的清政府根基已烂，已无改革价值。1911 年辛亥革命成功，宣告了封建君主专制的根本倾覆和民主共和制的新生，也使中国民族工业迎来黄金发展期。棉纺织业、面粉、发电和水泥四大行业在 20 世纪 20 年代获得大幅增长。据统计，1922－1927 年间，全国华厂的棉纱、棉布产量、发电度数与上海面粉销量，分别增长了 45 万件、333 万匹，16300 万度与 1049 万包。出现了荣氏家族、刘鸿生华东煤矿公司、南洋兄弟烟草公司等较大民族资本集团。

遗憾的是，第一次世界大战后，由于诸多原因，中国民族工业再度受挫后就再也没得到恢复。但列强枪炮开启的近代工业文明发展却让国人明白了落后就要挨打的道理，明白了重建与复兴中国梦的艰巨与伟大。

（三）中国特色社会主义新型文明的开创

公元前 1000 年的《诗经》说："周虽旧邦，其命维新。"公元前 500 年的老子《道德经》又讲："大方无隅，大器晚成，大音希声，大象无形；道隐无名。夫唯道，善始且善成。"今日来看，这却是中华文化元典对中国之道的伟大预言，是中国命运的哲学写照。从20世纪40年代毛泽东同志提出新民主主义论，80年代邓小平同志提出改革开放和建设有中国特色社会主义理论，再到21世纪我们党提出建设富强、民主、文明、和谐的中国特色社会主义，中国共产党人正在以建设中国特色社会主义新型文明为主题，创造大器晚成、现代复兴的中华文明新形态，以21世纪新型世界文明的熔铸托起奋斗百余年的中国梦。

中国特色发展道路蕴含了现代社会文明新形态。从世界历史的角度来看，中国的地理位置、基本国情、文化传统以及历史道路都有极大的特殊性，因而中国现代化道路必然独具特色。独具特色的发展道路需要新型社会文明加以支撑。中国特色社会主义就是要通过经济、政治、文化、社会和生态五大文明建设，实现经济富强、政治民主、精神文明、社会和谐、生态美好。因为虽然中国经济总量已连续三年位居世界第二，但“老二”的背后，是经济发展模式的亟待转型，是几千万的贫困人口，是被视作“世界工厂”的尴尬，是基本公共服务和公共产品的不足。我们只有百尺竿头，共建五大文明，才能真正彻底地实现民族复兴的中国梦。而这一追求必将使21世纪的中国以崭新的现代社会文明形态屹立在世界东方，不仅作为一个政治大国、经济大国，而且作为一个科技大国、教育大国、文化大国、绿色大国。

中国特色的理论创新蕴含了价值理性新资源。理论是旗帜，是方向。旗帜立，才知所趋附；方向明，才能干劲足。理论创新的根本在于新型价值观体系的锻造。中国现代文化和现代智慧最有价值之处，首先集中体现为中国特色社会主义的新型价值系统。面对新时期更为复杂多变的国际局势和国内攻坚形势，党的十八大提出了"富强、民主、文明、和谐，自由、平等、公正、法治，爱国、敬业、诚信、友善"的社会主义核心价值观。这种新型价值观，认真汲取中国文化的"和为贵"思想，同时也汲取西方现代化进程造成全球问题和人类困境的深刻历史教训，以普遍和谐为基点，建构了中国特色社会主义的新型价值观体系：更加注重人际和谐，以求共同富裕和共同发展；更加注重身心和谐，寻求人的全面发展；更加注重社会和谐，寻求社会公平正义。这种新型价值观，必将为21世纪人类价值理性提供新的思想资源，有助于解决西方现代化过程中工具理性与价值理性的矛盾，有助于整个人类走出困境，共同发展。

中国特色的制度创新蕴含了现代制度文明新体系。制度承载的是百年中国梦的价值理想。新中国成立后，社会主义基本制度的确立为"中国梦"的实现奠定了根本制度基础。如今，中国特色社会主义制度作为中国共产党奋斗90多年的伟大成就，是对社会主义基本制度的继承和发展，既不同于苏联模式所代表的那一套制度，也不同于西方资本主义国家的制度。邓小平同志曾经指出："我们的制度将一天天完善起来，它将吸收我们可以从世界各国吸收的进步因素，成为世界上最好的制度。这是资本主义所绝对不可能做到的。"[1]胡锦涛同志也强调："中国特色社会主义制度必将在深化改革、扩大开放中不断完善。"[2]坚持中国特色社会主义制度的实践自觉，展现了社会

① 《邓小平文选》第二卷，人民出版社1994年版，第337页。

② 胡锦涛：《在庆祝中国共产党成立90周年大会上的讲话》，人民出版社2011年版，第11页。

主义制度的新活力和新希望，去积极参与全球化进程，彰显中国特色社会主义制度对世界制度文明的贡献，这是中国的使命。

二、我们创建了美好家园

自古以来，“国泰民安”、“政通人和”、“安居乐业”，就是人类孜孜以求的社会理想，但直到社会主义新中国建立，在中国共产党的领导下，中国才建立起了一个主权独立、初步繁荣的社会主义美好家园。

（一）经济发展一枝独秀

面对新生的人民共和国，曾有人说，共产党打仗可以得一百分，搞政治能得八十分，搞经济建设只能得零分。但从毛泽东同志庄严宣布“中华人民共和国成立了”那一刻起，就标志着：我们有能力砸烂旧世界，就有能力建设新世界。事实胜于雄辩。建国初期，全国各地先后发生四次大规模的物价上涨，以毛泽东同志为首的中央人民政府历时一年，终于打赢了这场经济战线上的重大战役，结束了国民党统治时期延续10余年的恶性通货膨胀，建立起物价稳定的新民主主义经济新秩序，为迅速恢复发展国民经济创造了良好的条件，在社会主义过渡时期，我们创造了用和平赎买而不是前苏联暴力掠夺的方式，顺利完成了生产资料私有制的社会主义改造任务。“一五”时期（1953年—1957年）全国工业增长18%。“二五”时期（1958年—1962年）虽受“大跃进”影响，年均工业增长速度也高达

38%。[①] 从1953年到1978年的26年间，除6个月份经济出现倒退外，总体上国内生产总值平均年增长率达到6.78%，人均国内生产总值年均增长率也达到4.5%。[②] 应当说，在基础十分薄弱，又缺乏大规模经济建设经验的情况下能取得这样的成就，确实让人赞叹，也有力地证明了中国共产党的经济治国能力。这一能力随着改革开放的深入，越来越生动地予以展现。

改革开放30多年来，我国成功地抵御了东南亚金融危机和2008年世界性金融危机的冲击，以年均9.8%的速度增长，创造了堪称世界一枝独秀的"中国经济增长奇迹"。我国经济总量从世界第六位上升到第二位，国家面貌发生新的历史性变化。在世界经济普遍低迷，甚至出现负增长的国际经济形势下，2012年我国国内生产总值达到51.9万亿元。按可比价格计算，比上年增长7.8%，高出年初预期目标0.3个百分点。2012年全国粮食总产量达到58957万吨，比上年增长3.2%，连续9年增产；全国规模以上工业增加值按可比价格计算比上年增长10%；2012年中国外贸进出口38667.6亿美元，增长6.2%，虽未实现保十目标，但也高于市场预估的5%。2012年三大产业均呈增长之势，其中第二、三产业均增长8.1%，高于第一产业4个百分点，表明产业结构调整取得新进展。

展望未来，"打造中国经济的升级版"，把改革的红利、内需的潜力、创新的活力叠加起来，形成经济转型新动力，并且使质

① 鞠立新：《经济腾飞——中共上海市委党校纪念中国共产党成立90周年丛书》，上海人民出版社2011年版，第279页。

② 鞠立新：《经济腾飞——中共上海市委党校纪念中国共产党成立90周年丛书》，上海人民出版社2011年版，第334页。

量和效益、就业和收入、环境保护和资源节约有新提升。已成为新一任政府的执政目标。

(二)民主脉搏跳动强劲

1980年12月5日通过的《中共中央政治局会议通报》记载了这样一段话:“许多同志曾提议邓小平同志担任中央主席兼军委主席,因为这是众望所归。邓小平同志认为,由他担任中央主席不相宜”,因为“从三中全会以来,中央一直致力于让比较年富力强而能坚持正确政治方向的同志担负领导工作”。在推荐了更年轻的中央主席人选后,邓小平表示,“军委主席,暂时没有其他适当的人选,他可以担任一段时间,以便培养新的比较年轻的同志将来接替”。[①] 这段话反映的正是20世纪80年代邓小平推行的一项重要政治制度改革——党的领导制度改革。30年春花秋实。改革开放以来,党和国家领导制度不断健全,废除了实际上存在的领导干部职务终身制,确立了国家政权机关和领导人员有序更替,党和国家活力不断增强。特别是十六大、十七大以来,中国共产党形成以党内民主带动人民民主的新理念,将党内民主与思想理论、执政能力、干部人事制度、基层党建、反腐倡廉并列为六项党建新工程,地位与水平之高前所未有。以习近平同志为代表的新一届中央领导集体以调查研究求务实,以转变作风树形象,以严惩腐败强肌体,成为释放民主正能量的表率。中央转作风的“八项规定”公布之后,文风、会风、工作作风大为改观,“舌尖浪费”、“车轮腐败”遭禁,人民群众拍手称快。

① 《十一届三中全会以来重要文献选读》(上),人民出版社1987年版,第231页。

在党内民主建设的示范和带动下，整个华夏大地，从高层到基层，民主的脉搏日益强劲，中国的民主制度大树逐渐郁郁葱葱。2013年首次实行城乡按相同人口比例选举产生了十二届全国人大代表，呈现出基层代表数量增加、党政领导干部代表数量下降、农民工代表倍增等诸多特色和亮点。从吸收大学生当村官就业，到土地承包的调整，以自我管理、自我服务、自我完善为特征的城乡群众自治组织已经成为我国公民在基层行使当家作主权利的重要形式。截至2010年底，全国共有村委会59.5万个，村委会成员230多万人，95%以上的村委会依法实行了直接选举。人民代表大会制度、中国共产党领导的多党合作和政治协商制度、民族区域自治制度以及基层群众自治制度，构成了具有中国特色的社会主义民主政治制度。2011年中国特色社会主义法律体系已经基本形成，为政府依法行政，推进社会主义民主政治的制度化、规范化、程序化无疑奠定了重要法制基础。

（三）文化发展展露新风

文化是一个民族的根基与血脉。文化强，则民族强；文化兴，则国家兴。文化已经从过去的"社会主义社会的重要特征"这一简单认识，一跃而为"中国梦"蓝图中的文化强国战略。

从党的十六大提出文化建设和文化体制改革以来，仅仅10年，我们建成了世界最大的广播电视网，出版了世界最多的书报杂志，主要文化产品和文化服务规模位居世界前列。目前我国年出书品种、总量稳居世界第一位；电影产量连年保持在500部以上，是世界第三大电影生产国；年产电视剧上万集，是世界第一大电视剧生产国。即便在国际金融危机肆虐的时候，我国文化产业仍然逆势上扬，表现出强劲的活力。

“流水不腐，户枢不蠹”。10多年里，文化创新体制改革成效显著，载人航天、探月工程、载人深潜、超级计算机、高速铁路等实现重大突破。数千家报刊，570多家出版社，3000多家发行企业，2100多家文艺院团，上千家影视公司从“吃皇粮”的事业单位转变为自负盈亏企业。改革已经成为中国文化创新发展的强大推动力。我国建成了世界规模最大的公共文化服务体系。文化部“春雨工程”正用四个元素不断加强民族文化交融，广播电视村村通、农家书屋等一大批文化惠民工程顺利开展，基本覆盖全国有条件的行政村，正在向自然村延伸。遍地开花的文化设施把科学文化送到了农民的家门口，极大缩小了城乡间的文化差距。

文化建设的主体在民众，只有全民热情参与，中国文化才能真正大发展大繁荣。目前，全国从事图书、电影、电视剧、动漫、游戏制作的民营投资主体逐步增多。电影业80%的市场份额由民营主体占据，近几年票房过亿元的国产大片几乎全部出自民营影视公司。在演艺领域，全国民间职业剧团已有2773个，个体演职人员共计2万余人。在出版发行领域，民营及民营控股的出版物总发行企业有13家，全国连锁企业8家，民营发行网点已达10万多个。民间资本参与改制国有文艺院团，民间资本火热投资大型文化项目，民营文化企业在国内外资本市场倍受青睐。以网络文化、动漫游戏等新兴文化产业为代表的新型文化业态正在蓬勃兴起。

如今，中华文化正以昂扬的姿态走向世界。我国在100多个国家经对方邀请建立了大约350所孔子学院。2012年，中国作家莫言成为中国历史上获得诺贝尔文学奖的第一人。2012年,来自中国深圳的陈西峰凭借原创动画《卖猪》获得2012东京动画大奖中的最佳公募作品奖。而早在2010年,自学动画出身的杨宇就凭借作品《打,打个大西瓜》在第26届德国柏林国际短片节中获奖。

文化的繁荣不仅在于文化产业的繁荣和文化事业的发展,其根本在于核心价值体系的建设,在于国民基本素质的提高,在于增强国家和民族的凝聚力。核心价值体系建设工程深入开展。城乡免费义务教育全面实现。我国的文化建设按照以正确的舆论引导人,以高尚的精神塑造人,以优秀的作品鼓舞人的要求,坚持正确导向,弘扬社会正气,践行社会主义荣辱观,提升了全民族的道德素质,促进了社会风气的改善。层出不穷的道德模范和"最美中国人",无数感动中国人物的涌现,充分说明崇德向善、知礼守义的文明之风已经遍吹华夏。

(四)社会治理凸显成就

"利莫大于治,害莫大于乱"。维护稳定,促进和谐,释放社会正能量,是一件事关国家最高利益和各族人民根本利益的头等大事。改革开放以来,我们党始终坚持改革是动力、发展是目的、稳定是前提,在加强社会管理创新,保障民生就业中,释放和谐正能量。

基本公共服务是直接影响和衡量社会和谐稳定的重要指标。目前我国基本公共服务水平和均等化程度显著提高。截至2012年8月31日,全国所有的2853个县级行政区全部启动了新农保的试点。绝大多数县级行政区启动了城镇居民社会养老保险的覆盖工作,新型社会救助体系基本形成。全民医保基本实现,城乡基本医疗卫生制度初步建立。全国31个省(市、自治区)均已建立农村最低生活保障制度。目前,国家扶贫标准上升为农民人均收入2300元(2010年不变价),比2009年提高了92%。实际上有14个省份扶贫标准高于2300元国家线,如浙江4600元、江苏4000元等。重庆、广东正在探索扶贫标准动态调整机制。

就业是民生之本,稳定之要。2012年末全国就业人员76704万人,比上年末增加284万人,其中城镇就业人员37102万人,比上年末增加1188万人。年末城镇登记失业率为4.1%,与上年末持平。人口与就业形势总体稳定。

收入是衡量百姓生活质量变化最直观的“真金白银”。2012年,城镇居民人均可支配收入24565元,比上年增长12.6%,扣除价格因素,实际增长9.6%;2012年农村居民人均纯收入7917元,实际增长10.7%。10年来,城乡居民收入年均增速是新中国历史上增长最快的时期之一。其中,2010、2011、2012年农村居民收入增速连续三年快于城镇,城乡居民收入差距有所缩小。

安居才能乐业。近年来,我国保障房建设大规模推进,正在向“住有所居”目标迈进。2012年房地产开发投资71804亿元,比上年增长16.2%。新开工建设城镇保障性安居工程住房781万套(户),基本建成城镇保障性安居工程住房601万套。今年将新开工630万套,继续推进农村危房改造。

三、我们培育了民族精神

五千年来,中华民族在不懈奋斗中培育了生生不息的伟大民族精神,并在托举"中国梦"的热血与汗水中,熔铸成更富民族生命力、创造力和凝聚力的新时代民族精神,成为社会主义核心价值体系中不可或缺的一部分。

（一）生生不息的民族精神

1."位卑未敢忘忧国"的爱国主义精神

这是光照千秋的中华之魂。指一个国家的人民在千百年来的社会实践中形成的一种对祖国最深厚的报国情怀和忧患意识。如西汉霍去病的"匈奴未灭,何以家为";南宋爱国诗人陆游大病初愈写下的"位卑未敢忘忧国";文学家范仲淹的"先天下之忧而忧,后天下之乐而乐";文天祥的"人生自古谁无死,留取丹心照汗青";民族英雄林则徐的"苟利国家生死以,岂因祸福避趋之";顾炎武的"天下兴亡,匹夫有责"和铁血女侠秋瑾的"拼将十万头颅血,须把乾坤力挽回"等,尽显民族精神好风流!尽管那时的爱国主义带有某种历史局限性,但能将爱国深情升华为崇高的道德责任,创造无数可歌可泣的爱国主义业绩,是具有历史进步性的。新民主主义革命时期,爱国主义主要表现为致力于推翻帝国主义、封建主义、官僚资本主义反动统治的斗争,争取民族独立和人民解放。在现阶段,则主要表现为献身于建设和保卫社会主义现代化事业,献身于促进祖国统一事业。

2."四海之内皆兄弟"的团结统一精神

团结统一是中华民族的立身之本。指一个民族为了实现共同的理想和目标,万众一心,众志成城,同心同德、群策群力的互助合作精神。无论在国家顺利发展、兴旺发达的时期,还是在祖国面临危难、生死存亡的关头,团结统一精神都能够迸发出强大力量。虽然中华各民族都有着自己的传统和文化，但几千年的融会交流已铸成你中有我，我中有你的“大一统”历史文化，共同具有“龙的传人”的民族认同感和自豪感，维护国家统一、反对民族分裂的强烈自尊心和责任感。儒家所说的“四海之内，皆兄弟也”就是这种文化精神的代表性解读。盛唐“胡越一家，自古从未之有也”、清康熙“卜世周垂历，开基汉启疆”的诗句都见证了这一点。“兄弟齐心，其力断金”、土尔扈特东归、郑成功收复台湾等都是团结统一精神的历史写照。

3.“化干戈为玉帛”的爱好和平精神

爱好和平是中华民族的固有本性。指一个民族与其他民族平等相待、友好相处，求同存异，团结合作，为了维护世界和平，促进共同发展而努力奉献的精神。源远流长的中华“和合”文化使中华民族素以爱好和平的“礼仪之邦”闻名。秦王朝统一以后，直到十六、十七世纪，中国富可敌国，但从未侵略他国，而是同世界其他民族积极友好往来。汉武帝派遣使者出使西域，唐太宗发展西域交通，郑和七下西洋，著名的“丝绸之路”等，都是鲜活的历史见证。直至今天，我们一直奉行合作共赢为核心的独立自主和平外交方针。虽然当今世界并不太平，中国也面临着维护国家主权、安全、发展利益的严峻考验，但我们将根据事情本身的是非曲直决定自己的立场和政策，决不会屈服于任何外来压力，坚持把中国人民利益同各国人民共同利益结合起来，以更加积极的姿态参与国际事务，发挥负责任大国作用，共同应对全球挑战。

4.克勤克俭、敢为人先的勤劳勇敢精神

勤劳勇敢是中华民族的传统美德。指中华民族在漫长的社会历史发展进程中，为了求生存、谋发展而逐渐形成的克勤克俭、吃苦耐劳、不惧艰难、敢为人先的精神。"中国人从来就是一个伟大的勇敢的勤劳的民族"[①]，"中华民族不但以刻苦耐劳著称于世，同时又是酷爱自由、富于革命传统的民族"。[②] 相传在远古时代，神农氏就"教民农作"，教给人民耕作方法。《史记》中有"舜耕历山"的记载，颂扬了古圣贤以身作则、勤于劳作的高尚品德。大禹治水13年，却三过家门而不入。《尚书·大禹谟》中的"克勤于邦，克俭于家"，韩愈的"业精于勤，而荒于嬉；行成于思，而毁于随"，都把勤劳看作是立身之本、兴国兴邦之基。勇敢和勤劳结合，就成为"不畏强御"、"勇于义而果于德，不以贫富贵贱死生动其心"、"富贵不能淫，贫贱不能移，威武不能屈"、"舍生取义，杀身成仁"的独立人格和勇敢精神。可以说，脚踏实地的勤劳创造了社会繁荣，敢为人先的勇敢扛起了民族振兴的脊梁。它将使中华民族永远立于不败之地。

5."天行健"的自强不息精神

这是中华民族不懈追求的精神。自强不息就是锐意进取，迎难而上，胜不骄，败不馁，锲而不舍，孜孜以求的精神品质。"自强不息"最早见于《易传·象传上》中的"天行健，君子以自强不息"。指人要以"天"为法，充分调动自己的积极性和能动性，拼搏向前，努力奋斗，永不松懈怠慢。习近平同志对自强不息精神作了当代的阐释："自强不息，就是要总结历史经验，增强民族自尊心、自信心和自豪感，激励人民把激发出来的爱国热情转化为学习、工作的精神动力，抓住机遇，发愤图强，在各

① 《毛泽东文集》第五卷，人民出版社1996年版，第343页。
② 《毛泽东选集》第二卷，人民出版社1991年版，第623页。

自的岗位上扎实工作、积极奉献，努力为在全面建设小康社会、推进社会主义现代化建设中走在前列作出新的贡献。”[①]在历代中国人民的创业实践中，“天行健”的自强不息精神逐渐积淀为中华民族的内在气质，不断鞭策中华儿女开拓进取、奋发向前。

（二）创新发展的民族精神

中国共产党领导中国人民在壮丽的社会主义征程中，用革命热血和建设汗水浇灌出了光彩夺目的新时代民族精神，使之成为传统精神与时代精神、传统形态与当代形态的统一。

1. 井冈山精神

井冈山被称为“中国革命的摇篮”，是毛泽东等老一辈无产阶级革命家创建的中国第一个红色革命根据地，在开辟“以农村包围城市、武装夺取政权”的艰苦卓绝的斗争中，铸就了“坚定信念、艰苦奋斗、实事求是、敢闯新路、依靠群众、勇于胜利”的井冈山精神，在中国革命和建设中发挥了重大作用。

2. 长征精神

1934 年 10 月，第五次反“围剿”失败后，红军被迫长征，在贵州遵义召开了挽救了党和红军的遵义会议。1936 年 10 月中国工农红军第一、二、四方面军在甘肃会宁胜利会师，长征胜利结束。长征不仅是一次人类精神和意志的伟大远征，也是一段中国共产党领导中华优秀儿女寻求中华民族复兴的伟大征程。[②] 红军长征中所表现出来的敢于斗争、敢于胜利、不怕牺

① 习近平：《铭记历史自强不息，大力弘扬伟大抗战精神》，浙江在线 2005 年 8 月 26 日。

② 习近平：《弘扬伟大长征精神，推进和谐社会建设》，人民网 2006 年 10 月 23 日。

牲、一往无前的革命英雄主义精神，被后人称为"长征精神"。

3. 延安精神

巍巍宝塔山、绵绵延河水，见证着以毛泽东同志为主要代表的中国共产党人在延安13年的不平凡岁月和辉煌伟业。从1935年到1948年，中共中央和毛泽东在这里领导、指挥了抗日战争和解放战争，奠定了中华人民共和国的基石，并在这片黄土地上形成了了以全心全意为人民服务，加强党同人民群众的血肉联系为主要内涵的延安精神。是党的性质和宗旨的集中体现，是党的优良传统和作风的集中体现。它教育滋养了几代中国共产党人，并将继续为推动科学发展、促进社会和谐提供强大精神动力和坚强组织保证。

4. 西柏坡精神

西柏坡被誉为党领导解放全中国的"最后一个农村指挥所"，在这里，中共中央不仅领导新民主主义取得全国胜利，而且为实现党的工作重心从农村到城市、从战争到建设的转变，为从新民主主义向社会主义过渡开辟了通途。和井冈山精神、长征精神和延安精神一样，它体现的是永不停顿的建功立业、艰苦奋斗的精神。"两个务必"——务必保持谦虚谨慎的作风，务必保持艰苦奋斗的作风——是这一精神的主题。

5. 雷锋精神

2013年3月6日，曾为雷锋拍摄200多张照片的沈阳军区原工程兵政治部宣传助理员张峻，在沈阳军区学雷锋座谈会上发言时，突发心脏病，经抢救无效，不幸去世。是什么样的精神能让一位只与雷锋相处过79天的八旬老人50年来自费40余万并耗尽一生去大力宣扬？这就是雷锋精神。周恩来同志概括为："憎爱分明的阶级立场，言行一致的革命精神，公而忘私的共产主义风格，奋不顾身的无产阶级斗志"。① 其核心是全心全意为人民服务，为了人民的事业无私奉献。雷锋生前系中国人民解放军沈阳部队工程兵某部运输连班长，1962 年因公殉职，年仅 22 岁。1963 年 3 月 5 日，毛泽东同志发表"向雷锋同志学习"的题词，刘少奇、周恩来等领导人也于次日发表题词，随后学习雷锋活动成为全国性群众运动。在雷锋精神哺育下，已涌现了一大批新时期学习雷锋好榜样，如"当代雷锋"鞍钢工人郭明义、"中国肝胆外科之父"吴孟超、在贵州支教 37 年的徐德光、多年捐资助学的"最美洗脚妹"刘丽等。雷锋已经成为我们这个时代精神文明的同义语、先进文化的表征。

6."两弹一星"精神

20 世纪 50 年代末至 70 年代初，在党中央和毛泽东同志以长远的眼光和非凡的胆略，果断决定研制"两弹一星"这一对人民共和国的发展和安全具有重大战略意义的英明决策后，钱三强、钱学森、郭永怀等广大科技工作者发扬热爱祖国、无私奉献，自力更生、艰苦奋斗，大力协同、勇于登攀的"两弹一星"精神，依靠自己的力量，仅用 10 年左右的时间就取得了"两弹一星"事业的成功。"两弹一星"精神，反映出科技工作者报效祖国的坚定的理想信念和崇高的精神境界，是新时期推动我国社会主义建设事业不断发展的强大精神力量。

7.抗击非典精神

2003 年的春天注定是一个不平凡的春天，当战火染红美

---

① 《周恩来军事文集》第四卷，人民出版社 1997 年版，第 479 页。

索不达米亚平原上空的时候,另一场没有硝烟的战争序幕正在亚洲大陆悄然拉开序幕。这就是抗击非典。一种被称为"非典型肺炎"的病毒搅乱了一个中国,并波及了小半个世界。对于SARS这个耳熟能详的医学术语,人们赋予它两种特别的解读:Smile and retain smile——微笑,并保持微笑;另一种解释是,S——sacrifice:牺牲小我完成大我,A——appreciation:欣赏别人为我做的一切,R——reflection:反思人生的意义,S——support:互相支持共渡难关。这恰好形象解读了"万众一心、众志成城、团结互助、和衷共济、迎难而上、敢于胜利"这一抗击非典精神的深层内涵。

8. 载人航天精神

2003年10月15日,我国自行研制的"神舟"五号载人飞船,成功发射并准确进入预定轨道,中国首位航天员被顺利送上太空。我国自此成为世界上第三个能够把宇航员送上太空的国家。伟大的事业孕育伟大的精神,伟大的精神推动伟大的事业,广大航天工作者正是靠着"特别能吃苦、特别能战斗、特别能攻关、特别能奉献"的载人航天精神将神舟系列飞船送上太空。它是"两弹一星"精神的延续和发展。

9. 抗震救灾精神

2008年是个不平凡的一年,南方冰雪灾害,汶川特大地震,到2010年又出现舟曲泥石流,在这些灾害面前全国人民共谱爱的赞歌,形成了万众一心、众志成城,不畏艰险、百折不挠,以人为本、尊重科学的伟大抗震救灾精神。这一精神"集中体现和进一步发展了爱国主义、集体主义、社会主义精神,集中体现和进一步发展了我们党和军队的光荣传统和优良作风,集中体现和进一步发展了中华民族的伟大民族精神和当代中国人民的时代精神，是党的人民极为宝贵的精神财富。”①

四、我们坚守了理想信念

众所周知，中国的近代史，是中华民族水深火热，遭受帝国主义侵略和压迫的屈辱史、苦难史。为改变命运，兴起了一浪高过一浪的革命救国运动，但希望被燃起又不断破灭。直到中国共产党的诞生，才打开“中国梦”的大门，靠着中国梦的坚守与奋斗，将苦难的中国领进了幸福的伊甸园。

（一）大浪淘沙中的忠诚与背叛

理想信仰之于政党，是一把双刃剑。脆弱错误则如沙，可自毁城墙；坚定正确则如山，可撑起一片天。在近三十年的新民主主义革命中，中国共产党经历了大浪淘沙般的忠诚与背叛的考验。

1927 年 4 月 12 日，以蒋介石为首的国民党新右派在上海发动反革命政变。3 天中，上海共产党员和革命群众被杀 300 多人，被捕 500 多人，失踪者 5000 多人，优秀共产党员汪寿华、陈延年、赵世炎等光荣牺牲。4 月 15 日，广州的国民党反动派也发动反革命政变。优秀共产党员萧楚女、熊雄、李启汉等被害。奉系军阀也在北京捕杀共产党员。4 月 28 日，李大钊和其他 19 名革命者从容就义。面对这场错综复杂的矛盾和尖锐激烈的斗争，中国共产党急需认清形势，果断行动，挽救革命。党的第五次全国代表大会就在这样的背景下于 1927 年 4 月底

① 胡锦涛：《在全国抗震救灾总结表彰大会上的讲话》，人民出版社 2008 年版，第 13 页。

在武汉召开。大会第一次选举产生了中央监察委员会,用以清查肃清大量危害党组织生存的登报脱党者、投敌叛变者和腐化堕落者。电影《忠诚与背叛》真实地记录了这一段历史。在五大上,陈独秀的错误思想虽遭批判,但无产阶级如何争取领导权,如何领导农民进行土地革命,特别是如何建立党的革命武装等迫在眉睫的重大问题,都未有定论,因此,并未真正挽救大革命。

1927 年 5 月,反动军官许克祥在军长何健策划下发动长沙马日事变,一万多名党员群众被害。7 月,汪精卫在武汉发动七一五反革命政变,标志着国民党政府与共产党决裂。而中国共产党此时已由五大时的 5 万多人被清洗为 1 万多人。

在关系党和革命事业前途和命运的关键时刻,3 个月后,在汉口召开了在我党历史上占有重要地位的八七会议,纠正了陈独秀右倾机会主义错误,正式确定了实行土地革命和武装起义的方针,给正处于思想混乱和组织涣散的中国共产党指明了新的出路,为挽救党和革命作出了巨大贡献。中国革命从此开始由大革命失败到土地革命战争兴起的历史性转变。在这一转变中,毛泽东同志通过对中国社会各阶级的分析,特别是对湖南农民运动的调查,认识到只有把党的工作重心由城市转入农村、转向山区建立根据地,革命才有出路。随后苏维埃地方政权在根据地相继建立。1931 年 11 月召开的第一次全国苏维埃代表大会宣告了中华工农苏维埃政权的建立,由此开创了土地革命战争的大好局面。

党的八七会议虽然吸取了陈独秀右倾机会主义教训,但却没有注意防止"左"倾错误,这直接导致了第五次反围剿的失败。

1933年9月25日至10月间，蒋介石在四次反“围剿”失利后，又发动了第五次大“围剿”。这时，王明“左”倾机会主义在红军中占据了统治地位，拒不接受毛泽东的正确建议，用阵地战代替游击战和运动战，用所谓“正规”战争代替人民战争，使红军完全陷于被动地位。经过一年苦战，反“围剿”失败，开始了艰苦卓绝的万里长征。长征途中召开了著名的遵义会议，改变了“左”倾机会主义的领导，建立了以毛泽东为代表的新的中央的领导。12月红军长征到达陕北后，中央政治局召开了瓦窑堡会议，在批判了党内那种认为中国民族资产阶级不可能和工人农民联合抗日的错误观点后，决定建立抗日民族统一战线，推动全民族的团结抗日。会后，毛泽东再撰文《论反对日本帝国主义的策略》，在批判狭隘的关门主义和革命急性病等错误思想基础上，再次分析重申了联合民族资产阶级抗日的可能性和重要性，强调了共产党和红军在这一统一战线中具有决定意义的领导作用，以及革命的长期性，从而为建立抗日民族统一战线奠定了重要的思想政治基础，也为赢得抗日战争胜利，为最终获得民族的独立和解放迈出了关键性一步。

（二）重大历史关头的抉择与坚守

经过轰轰烈烈的北伐战争、艰苦卓绝的土地革命战争、浴血奋斗的抗日战争和气势磅礴的人民解放战争，中国人民终于能够当家作主。这一来之不易的胜利果实激发了新中国人民无比高涨的干劲。仅用三年时间就恢复了濒临崩溃的国民经济，人民生活水平显著提高。1949年城镇居民人均现金收入不足100元，到1952年就增长56.8%，达到156元。“一五”时期又比1952年增长62.8%,扣除物价因素实际增长48.5%,达到254元。农民收入也由解放前的44元增长到1957年的73元。原本计划十到十五年完成的社会主义三大改造,不到八年就宣告胜利完成。

"一五"计划的超额完成、抗美援朝战争的胜利和苏联老大哥十年赶美战略等因素的影响,使人们对"二五"计划目标有了过于乐观的估计。八届八中全会提出只用两年完成"二五"计划,用"十年左右而不是十五年"完成"主要工业产品的产量赶上英国"[①]的目标。为了完成目标,全国开始户户冒烟、村村冒烟大炼钢铁,浮夸风盛行,农村开始"人民公社化",跑步进入共产主义。然而,以重工业为主的发展战略并没有使钢产量增长,相反,1962年,我国的钢产量从1866万吨猛降至667万吨。1961年的粮食产量也降到了1951年的水平——2800亿斤。加上三年自然灾害,我国进入三年困难时期。

面对内忧外患、天灾人祸,我们党痛定思痛,迅速制定了国民经济"调整、巩固、充实、提高"方针,号召全国集中力量加强农业、大办农业、大办粮食。全会还批准成立东北、华北、华东、中南、西南、西北六个中央局,加强各省、市、自治区的党委领导。可惜的是,由于"左"倾指导思想并未得到彻底纠正,加上当时党的领导人对国内国际斗争形势的过高估计,意识形态的斗争愈演愈烈,最终使中国陷入十年"文化大革命"这一更大危机。

大跃进以及十年文革的错误,实质反映的是我们党对"什

① 《宋庆龄选集》下卷,人民出版社1992年版,第349页。

么是社会主义、怎样建设社会主义”这个问题还没有完全搞清楚。对这些问题的判断与抉择，被我们党称为第一个重大历史关头。在叶剑英、陈云等老一辈革命家的果断决策下，“四人帮”被粉碎，“文化大革命”宣告结束，而三次被打倒的邓小平同志再次复出，并成为党的第二代领导核心。中国从此在解放思想、实事求是思想路线指引下，走上了一条改革开放求发展的中国特色社会主义道路。

在20世纪八九十年代，我们还曾面临八九政治风波和苏联解体、邓小平去世后举什么旗走什么路等重大历史关头的考验，这些考验涉及的问题都是中国发展的方向和道路问题，因此它们考验的实质都是理想信仰的抉择与坚守。在中国共产党的正确领导下，我们始终坚定中国特色社会主义理想信念，胜利闯关，成功地把中国特色社会主义推向21世纪。

（三）新形势下的考验与应对

21世纪注定是个不平凡的世纪。仅仅十多年过去，虽未像福山所言那样历史终结，但却几乎使资本主义世界经济崩溃。美国次贷危机引发的全球金融危机愈演愈烈，以致“后危机时代”、“后金融危机时代”成为关键词。2012年，诸多国家集中换届与大选，迎来政坛新格局，这也给2013年的国际和地区形势增加了新变数。美俄分别加重对亚太地区战略关切，平添了更多不确定因素；以安倍为首的日本右翼势力重新掌控日本政坛，引发了东亚国家对未来局势的担忧；朝鲜半岛紧张局势进一步升温……

在这复杂的国际政治经济军事形势面前，中国进行了改革开放新的伟大革命，完善和发展了中国特色社会主义。科学发展观重大战略思想提出并和邓小平理论、“三个代表”重要思想一起被确立为全党指导思想。中国特色社会主义道路、中国特色社会主义理论和中国特色社会主义制度三大成就，极大地彰显了中国特色社会主义的实践特色、理论特色、民族特色和时代特色，彰显了21世纪中华民族实现“中国梦”所具有的道路自信、理论自信和制度自信！

理想信念的坚定明确使我们众志成城，有效应对了四川汶川特大地震、青海玉树强烈地震、甘肃舟曲特大山洪泥石流等重大自然灾害，夺取了抗灾救灾和灾后恢复重建工作的重大胜利，并孕育了伟大的抗震灾精神，加深了党和人民群众的感情，检阅锻炼了党员干部联系群众、服务群众的能力、应对复杂危机的能力等。

在劳动力成本提高、绿色生产成本增加、全球经济放缓之际，我国仍然保持了7.8%的增长速度，有效应对了国际金融危机的冲击所造成的困难，继续保持经济和社会发展的良好态势，充分显示出中国共产党人统筹全局、驾驭市场经济的能力。

60多年来，中国从来没有像今天这样接近实现民族复兴的“中国梦”。今后的前进道路上，来自各方面的困难、风险、挑战肯定还会不断出现，关键看我们有没有克服它们、战胜它们、驾驭它们的本领。21世纪多种考验的应对实质是理想信仰在能力危机中的坚守，在本领恐慌中的坚守。对此，早在2009年，习近平同志就已提出六种能力要求：统筹兼顾的能力，开拓创新的能力，知人善任的能力，应对风险的能力，维护稳定的能力和同媒体打交道的能力。这些能力用一句话来概括，就是提高科学发展的能力。如何提高？2013年，在中央党校建校80

周年庆祝大会讲话中，习近平同志给出了答案："只有加强学习，才能增强工作的科学性、预见性、主动性，才能使领导和决策体现时代性、把握规律性、富于创造性，避免陷入少知而迷、不知而盲、无知而乱的困境，才能克服本领不足、本领恐慌、本领落后的问题。"①

延伸阅读

"中国梦"：内涵·路径·保障

每个人都有自己的梦想，每个民族也都有自己的梦想。习近平总书记指出，实现中华民族伟大复兴，就是中华民族近代以来最伟大的梦想。这个梦想，凝聚了几代中国人的夙愿，体现了中华民族和中国人民的整体利益，是每一个中华儿女的共同期盼。

走过"雄关漫道真如铁"的昨天，跨越"人间正道是沧桑"的今天，"中国梦"正指引当代中国向着"长风破浪会有时"的明天迈进。

伟大复兴："中国梦"的深刻内涵

有所思即有所梦，梦的内容反映的是追求、体现的是抱负。在中华民族伟大复兴的背后，是千年的回响、百年的渴望。

中华民族有着悠久灿烂的文明，长期居于世界文明发展的先进行列。据有关学者测算，直到18世纪末期，中国的经济规

① 《新挑战考验中共执政底气，习近平讲话25次提本领》，中华网2013年3月5日。

模仍是世界上最大的，相当于上个世纪末期美国经济总量在世界经济总量中的比重。但近代以来，在西方坚船利炮的侵略下，中华民族遭受了深重苦难、付出了重大牺牲，辉煌不再，尊严难立，中华儿女也从此开始了百年"中国梦"的辛苦求索、艰难追寻。

对近现代中华儿女来说，实现中华民族伟大复兴绝不仅是一句豪言壮语，而是有着十分深刻的内涵，这就是让国家更强盛、人民更幸福，中华民族对世界作出更大贡献。

——国家不富强，就会被人欺侮；民族不复兴，就无颜担当龙的传人。实现中华民族伟大复兴，不是简单地重寻昔日的荣光，而是要让曾经饱受列强欺侮、目前尚是发展中国家的中国经济发展、政治昌明、文化繁荣、社会和谐，到本世纪中叶成为富强民主文明和谐的社会主义现代化国家。

——强国才能富民，强国也是为了富民。没有人民富裕，发展就不算成功；没有人民幸福，复兴就不算完成。实现中华民族伟大复兴，就是要让中国人民有更好的教育、更稳定的工作、更满意的收入、更可靠的社会保障、更高水平的医疗卫生服务、更舒适的居住条件、更优美的环境，让我们的孩子们成长得更好、工作得更好、生活得更好。进一步说，就是要让中国人民过上更加富裕、更有尊严的生活，实现每个人自由而全面的发展。

——处于伟大复兴进程中的中国，在追求本国利益时兼顾他国合理关切，在谋求本国发展中促进各国共同发展；处于伟大复兴进程中的中国，坚持把本国人民利益同各国人民共同利益结合起来，以更加积极的姿态参与国际事务，共同应对全球性挑战，共同破解人类发展难题。一句话，"中国梦"不仅是属于中国的，也是属于世界的。

“三位一体”:“中国梦”的路径选择

梦不同，圆梦的道路亦不同。

近现代西方发展道路，是在其几百年的资本主义背景下确立起来的，背后更有着上千年的西方文化滋养，有着崇尚个人奋斗、自我实现的核心价值观，还有着几百年海外殖民掠夺的“资本”。这些都与崇尚和平、崇尚集体主义的中华文化存在重大差异。鸦片战争以来170多年的历史告诉我们，实现“中国梦”一定要走中国自己的路。

经过几代中国共产党人和中国人民的艰辛探索，我们终于找到了实现“中国梦”的科学道路——中国特色社会主义。这就是在中国共产党领导下，立足基本国情，以经济建设为中心，坚持四项基本原则，坚持改革开放，解放和发展社会生产力，建设社会主义市场经济、社会主义民主政治、社会主义先进文化、社会主义和谐社会、社会主义生态文明，促进人的全面发展，逐步实现全体人民共同富裕，建设富强民主文明和谐的社会主义现代化国家。

中国特色社会主义道路，是一条爱国主义、集体主义道路。国家好，民族好，大家才会好。中国特色社会主义道路，将个人的奋斗发展与全体人民、全民族的奋斗发展有机统一起来，充分尊重人民群众的主体地位，充分发挥人民群众的积极性主动性创造性，让人民群众自己当家作主实现自己的发展，建设自己的社会；它始终注意经济社会发展由人民群众主导、由人民群众决定；始终注意让经济社会发展的一切成果，包括物质成果和精神成果都能为人民群众共享。

中国特色社会主义道路，是一条和谐发展、和平发展道路。饱受帝国主义、殖民主义之害的中华民族深深懂得和谐与和平的宝贵，决不会再走西方列强殖民侵略、霸权扩张的老路。中国的发展不是自私自利、损人利己、你赢我输的发展，对他国、对世界决不是挑战和威胁。中国决不会称霸，决不搞扩张。中国越发展，对世界和平与发展就越有利。中国不仅是合作共赢的积极倡导者，更是合作共赢的切实践行者。

中国特色社会主义道路，是经过90多年艰辛探索、为30多年成功实践所证明的正确道路。连续30余年的经济高速增长、世界第二的经济总量、13亿人口的总体小康、在全球性金融危机中一枝独秀的表现、在一系列大事难事喜事方面的作为等等，充分证明了中国特色社会主义的巨大优越性。特别是随着中国特色社会主义道路、理论体系、制度“三位一体”的确立，我们在未来发展的征程上将越来越自觉、越来越自信。

实干兴邦：“中国梦”的根本保障

梦想照进现实，关键在于行动、在于实干。

邓小平同志曾讲过，不干，半点马克思主义都没有。同样道理，不干，中华民族伟大复兴也只能停留在梦中。空谈误国，实干兴邦。只有行动第一、实干第一，才能为“中国梦”照进现实打下坚实基础、提供根本保障。

坚持求真务实。行百里者半九十。中国特色社会主义的发展，让我们今天比历史上任何时期都更接近中华民族伟大复兴的目标，比历史上任何时期都更有信心、有能力实现这个目标。同时，我国仍处于并将长期处于社会主义初级阶段的基本国情没有变，人民日益增长的物质文化需要同落后的社会生产之间的矛盾这一社会主要矛盾没有变，我国是世界最大发展中国家的国际地位没有变。这就要求我们牢牢把握社会主义初级阶段这个最大国情和最大实际，既不妄自尊大，也不妄自菲薄，而是一切从实际出发，出实策、鼓实劲、办实事，夙夜在公、勤勉工作，杜绝追求表面文章，不讲实际效果、实际效率、实际速度、实际质量、实际成本的形式主义，一步一个脚印地描绘蓝图、实现梦想。

勇于攻坚克难。"中国梦"的实现不会一蹴而就，也不可能一帆风顺。在圆梦的征程中，还必须准备进行具有许多新的历史特点的伟大斗争，可能会遇到巨大的阻力，遭受巨大的压力，需要趟过深水区、踏过地雷阵。这会让我们已经习惯了的行为模式不再管用、不再能用，需要我们以更大的政治勇气和智慧、更大的政治觉悟和热情，突破制约"中国梦"实现的利益固化的藩篱，消除阻碍"中国梦"实现的不正当行为，为"中国梦"的实现扫清障碍、铺平道路。

善于开拓创新。从很大程度上说，"中国梦"是以开拓创新为支撑的梦想。在社会主义初级阶段的背景下实现中华民族伟大复兴，在发展中国家的基础上建设现代化，在13亿多人口的国度中实现共同富裕，在为西方主导的世界格局中实现大国的和平发展等等，所有这些都是过去从来没有过的全新事物、全新探索、全新实践。在这个意义上，"中国梦"也是人类社会前所未有的一个崭新的梦。这就要求我们不能满足于寻常的做法，更不能因循守旧，而要以开拓创新的精神寻找新方法、探索新路径、积累新经验、采取新举措，用创新走出新路，用创新实现新梦。

（来源：《人民日报》2013年1月4日）

第二章

中国梦是强国富民梦

习近平同志指出:"实现中华民族伟大复兴的中国梦,就是要实现国家富强、民族振兴、人民幸福,既深深体现了今天中国人的理想,也深深反映了我们先人们不懈奋斗追求进步的光荣传统。"[①]这段话深刻揭示了"中国梦"的核心内涵——经济富足、精神富有、国民福祉、世界和谐。这个梦想,凝聚了几代中国人的夙愿,体现了中华民族和中国人民的整体利益,是每一个中华儿女的共同期盼。在新的历史征程上,我们必须以更加坚定的信念、更加顽强的努力,来实现中华民族的伟大复兴,赋予中华民族伟大复兴以新的时代内涵。国家好,民族好,每个人都有自己的殷殷期盼,属于我们的"中国梦"正冉冉升起。

① 习近平:《在第十二届全国人民代表大会第一次会议上的讲话》,《人民日报》2013年3月18日。

一、国家富强

走过“雄关漫道真如铁”的昨天，跨越“人间正道是沧桑”的今天，“中国梦”正指引当代中国向着“长风破浪会有时”的明天迈进。近代以来，“强国梦”、“复兴梦”、“现代化之梦”是中国人孜孜不倦的追求。新中国成立后、特别是改革开放30多年来，国家经济独立富强了，中国人才有机会真正接近这个梦想。

（一）“中国梦”的首要目标是国家富强

国家富强的“强”是指综合实力的强大，就是中国在综合发展水平方面要走到世界的前列，实现综合国力进一步跃升。国家富强，就是要以经济建设为中心，全面推进社会主义经济建设、政治建设、文化建设、社会建设、生态文明建设，把中国建成富强民主文明和谐的社会主义现代化强国。

可以从以下三方面加以理解：其一，以经济为主的综合国力得到进一步增强，达到世界中等发达国家的水平，人民生活水平基本达到现代化。其二，实现社会的全面进步和各个领域整体协调发展，科技、教育、医疗水平进入世界先进行列。科技进步对经济增长的贡献率大幅上升，进入创新型国家行列。其三，社会主义民主更加完善，法制更加完备，人民的政治和文化权益得到切实尊重和保障，文化软实力显著增强，社会秩序良好。

实现国家富强，根本是大力发展社会生产力，建设雄厚的经济基础，使国家富裕起来。进入21世纪，中共中央提出了伟大中国“三部曲”：第一部曲，用20年时间，到中国共产党成立100年时全面建成小康社会。第二部曲，再花30年时间，到新中国成立100周年,全面实现中国特色社会主义现代化。第三部曲,在整个21世纪一步步实现中华民族伟大复兴。

(二)国家富强最重要的是物质生产的极大丰富

没有物质生产的丰富和发展,就谈不上"中国梦"。从人类历史来看,中国文明是独一无二的。早自秦汉就进入盛世。作为其载体的古代中国曾以世界上头号富强大国"独领风骚"达1500年之久。

但1840年"鸦片战争"之后,中国沦为半殖民地半封建社会,遭受了数次侵略战争,被迫签订了多个不平等条约。历史证明,落后就会挨打,要生存必须自强。因挨打而奋起,就有了孙中山"振兴中华"的夙愿,但是并没有找到真正的复兴之路,中国仍然加速衰落。新中国成立后,经过几代中国人的自力更生和艰苦奋斗,把一穷二白的旧中国改造成日益繁荣富强的新中国。今天的中国,已经是世界第二大经济体、第一大外汇储备国、第一大出口国,经济增长率名列全球前茅;人民生活水平显著提高,社会建设取得巨大进步;"神舟"上天,"蛟龙"入海,各领域成果不断涌现。我们距离"中国梦"越来越近。

同时,应对国际国内严峻挑战,需要强大的物质作支撑。越接近梦想,前进的路就越艰辛。党的十八大报告指出:"世情、国情、党情继续发生深刻变化,我们面临的发展机遇和风险挑战前所未有。"

从世情看,世界多极化、经济全球化深入发展,世界格局进入深度调整期,国际金融危机影响深远,发达国家经济增长乏力,欧债危机持续发酵,全球总需求低迷,国际贸易增速明显回落,各种形式的保护主义抬头,霸权主义、强权政治和新干涉主义有所上升，局部动荡频繁发生，传统安全威胁和非传统安全威胁相互交织，世界政治、经济、社会等领域不稳定不确定因素增多，世界仍然很不安宁。当前，全球经济仍然低迷，如果国家不富强，就不能成功抵御国际金融危机的冲击。中国经济的快速增长是世界经济摆脱困境的“发动机”，给各国人民带来了巨大红利。事实无可辩驳地证明，中国人的“中国梦”是与各国共赢之梦，是维护世界和平之梦。只有中国富强，才对世界和平、和谐世界有积极意义。

从国情看，发展中不平衡、不协调、不可持续问题依然突出，资源环境约束加剧，城乡区域发展差距和居民收入差距依然较大，民生领域一系列突出问题尚待解决，制约经济社会发展的体制机制难题亟须破解。特别是目前追求扩大数量的发展模式已行不通，中国要加快转变经济发展方式，提升发展质量和效益，以激活个人消费等内需的潜在增长力。如果国家不富强，没有强大的物质基础，我们要加快完善社会主义市场经济体制和加快转变经济发展方式就是一句空话。

（三）国家富强才能更好地改善民生

“中国梦”不是虚无缥缈的空中楼阁，梦想落地，民生是最佳承托；梦想成真，民生是最终诠释。“中国梦”的实现离不开民生的改善，民生问题涉及国家长治久安、人心向背。只有国家富强了，才有能力更好地解决有关民生的难点热点问题。正如两会上传递出来的“民生强音”：谈到奶粉问题，国家工商总局局长周伯华不禁落泪，誓言采取更为有效的专项管理办法确保婴幼儿奶粉安全，措施将不日推出；谈到异地高考问题，教育部部长袁贵仁坦言，现在要完全解决、人人满意，不太可能，但要实事求是、因地制宜地制定实施方案;谈到雾霾问题,环保部部长周生贤回应,《重点区域大气污染防治“十二五”规划》已经批复实施,将努力推动全国统一实施新的《环境空气质量标准》。

党的十八大报告根据我国经济社会发展实际,提出了一些更具明确政策导向、更加针对发展难题、更好顺应人民意愿的新要求,以确保到 2020 年全面建成的小康社会,是发展改革成果真正惠及十几亿人口的小康社会,是经济、政治、文化、社会、生态文明全面发展的小康社会,是为实现社会主义现代化建设宏伟目标和中华民族伟大复兴奠定坚实基础的小康社会。在全面建成小康社会的进程中,发展仍是解决我国所有问题的关键。只有推动经济持续健康发展,才能筑牢国家繁荣富强、人民幸福安康、社会和谐稳定的物质基础。

“中国梦”里,有“强国”也有“富民”。没有人民的富足和幸福,强国之路就不算真正抵达成功彼岸。强国才能富民,强国也是为了富民;没有人民富裕,发展就不算成功。

只有蛋糕做大了,才能为分好蛋糕提供强大的物质基础。党的十八大报告指出:“必须坚持走共同富裕的道路。”牢牢把握这一基本要求,对于逐步解决城乡区域发展差距和居民收入分配差距较大的问题、充分发挥中国特色社会主义优越性,具有重大意义。社会主义物质和精神财富都是靠人民创造、由人民共享的。坚持走共同富裕道路,实现全体人民物质上共同富足、精神上共同富有,这是中国特色社会主义的根本原则,也是经济社会全面协调可持续发展具有持久动力、整个社会始终充满生机活力的重要保证,更是实现中华民族伟大复兴的根本要求。邓小平同志早在1992年视察南方重要谈话中指出："走社会主义道路，就是要逐步实现共同富裕。"

（四）国家富强才不会受人欺辱

历史用鲜活的事实证明，只有国家富强了，我们才不会受人欺负、受人侮辱。

一方面，只有国家富强了，才有能力建设一支强大的军队。一个国家要自立于世界民族之林，既要有雄厚的经济实力，又要有强大国防力量作后盾。在世界政治舞台上，富国不等于强国。科威特富甲全球，但国防虚弱，以至被伊拉克几小时之内占领。大宋王朝是中国历史上生产力发达、社会繁荣的朝代，"走卒类士服，农夫蹑丝履"，但"国虽富而兵不强"，自始至终受制于周边少数民族政权，最后摆脱不了衰亡的厄运。百年屈辱，百年渴望。当中华民族面对"千年未有之变局"、"千年未有之强敌"，中华儿女就萌生了一个执着的梦想，一个民族复兴的梦想。

富国与强军，是实现中华民族伟大复兴的两大基石。两者相互依存，不可或缺。没有富国，衣食尚忧，难以强军；没有强军，国家失去安全护佑，也不可能实现真正的富国。强国梦包含着强军梦，强军梦支撑着强国梦。经济社会越发展，国家利益越拓展，安全需求就越迫切，强军要求就越紧迫。当今时代，我国面临的生存安全问题和发展安全问题、传统安全威胁和非传统安全威胁相互交织，国家安全问题的综合性、复杂性、多变性愈益增强，要求国防和军队现代化建设必须有一个大的发展。历史已经并将继续证明，没有国防的强大，就没有全面小康和国家富强，就不可能实现完整意义上中华民族的伟大复兴。正因为如此,党的十八大明确提出,"建设与我国国际地位相称、与国家安全和发展利益相适应的巩固国防和强大军队"。一个"相称"、一个"相适应",道出了"兵者,国之大事"的战略分量,道出了使命的神圣和任务的艰巨。国防和军队现代化建设,既是民族复兴的重要内容,又是实现民族复兴的基本保障。无论是根本破解安全难题,还是有效化解发展"瓶颈",都要求我们统筹好经济建设与国防建设,在新的历史起点上实现富国与强军的统一。在中国特色社会主义道路上,人民解放军已由昔日的"小米加步枪",发展成为诸军兵种合成、具有一定现代化水平并开始向信息化迈进的强大军队。

另一方面,只有国家真正强大,中国人民乃至海外华人华侨才能真正活得有尊严。正如华盛顿地区中国和平统一促进会会长吴惠秋所说:"锅里有,碗里才有,国家好,大家才会真正好。"他说,人在海外,更能切身体会到游子对于中国国强民富的炽热期待,这种爱国情操不是一朝一夕养成的,有着先天的血缘基础和深厚的历史渊源。

"雾起在南方,雾落在南方,重重迷雾锁南洋。望远方天水茫茫,浓雾中何处是家乡……"早期的中国移民,漂洋过海,客居异邦,一首辛酸曲,一部血泪史。伴随着中国实力的增强,今天的海外华侨华人早已不是史书中描述的旧模样。

二、民族振兴

但凡伟大的文明,大都有伟大的梦想。一百多年来,在面临巨大挑战和危机时,中国人都怀着一个伟大的"中国梦"。梁启超在 1902 年的《新中国未来记》中写出了他对于中国未来的期望:“无端忽作太平梦,放眼昆仑绝顶来”。“中国梦”是民族复兴之梦,也是在这复兴的过程中每个个体自我实现之梦,是中华民族面对未来之梦。实现“中国梦”必须凝聚全国各族人民的力量,振兴中华民族。

（一）民族振兴,就是要创造中华民族更辉煌灿烂的明天

今天的世界对“中国奇迹”充满惊叹、对中华文化充满兴趣,今天的中华民族越来越走向世界舞台的显著位置,赢得越来越多的民族荣耀与民族尊严。中国将按照“五位一体”总体布局,不断夺取中国特色社会主义的新胜利,标志着中华文明格局开启了向物质文明、政治文明、精神文明、社会文明和生态文明全面发展的更高阶段演进的新里程。坚定不移地推进“中国梦”的实现,中华文明必将放射出更加灿烂的光芒。

中国的伟大复兴是全面的复兴,是人类历史上前所未有的新天。中国的伟大复兴根本上是文化和文明的复兴,中国的复兴是有根的复兴,有历史之根、文化之根、文明之根,才能形成参天大树,也才能形成浩瀚林海。

中华民族有着悠久灿烂的文明,是世界上唯一几千年不断延续、传承至今的文明,屹立在世界东方。中华文明所蕴含的自强不息、厚德载物的精神,经世致用、实事求是的哲学思想,“以和为贵、和而不同”的“和合思想”将成为中国文明复兴的不竭的“源头活水”。“亦古亦新”的21世纪中国文化,将如浴火重生的凤凰,以美妙的身姿照亮整个人类的天空。任何一个能够引领民族发展进步的梦想都是美好的,任何美好的梦想都必然伴随时代的节拍、顺应现实条件的变化而变化。

实现"中国梦",需要中国政府和人民下大气力弘扬中华文化。中华文化的连续性是我们弥足珍贵的历史遗产。正是这种连续性给了中国人在现代民族危亡的时刻一种坚定的力量和信念——自己的民族不可能在危机中沉沦,一定能够迎来一个民族复兴的辉煌未来,也必然为人类文明的发展做出新的贡献。中国人在19世纪中叶之后的奋起,正是这种精神的具体而生动的体现。20世纪的中国经历了历史的低点,中国人体验了国运的衰败和三千年没有的大变局,也在这种转变中体验了痛苦和艰难,也有深沉的民族悲情和苦难记忆。但这一切最终得到了历史的报偿,国家在今天的发展为我们展开了"中国梦"的新的前景。和一些国家所具有的殖民主义的历史完全不同,中国"现代化"的进程没有侵略和掠夺他国,也没有扩张和占领,我们这个民族在追求自身崛起的路上表现出自己的"以德报怨"、"扶弱抑强"等情怀。

(二)实现民族复兴,路漫漫其修远兮

民族不复兴,就无颜担当龙的传人。但近代以来,中华民族遭受了深重苦难、付出了重大牺牲,辉煌不再,尊严难立,中华儿女也从此开始了百年"中国梦"的追寻。"中国梦"记录着中华民族从饱受屈辱到赢得独立解放的非凡历史。

实现中华民族伟大复兴的"中国梦",是随着另一场梦的破碎产生的。长期以来,中华文明以其独有的特色和辉煌走在了世界文明发展的前列,为世界文明进步做出过巨大的贡献。然而,随着资本主义生产方式的兴起,随着近代工业革命脚步的加快,中国很快落伍了。固步自封的封建统治者仍然沉浸在往日的辉煌所造就的梦想之中,等待着"万国来仪"。不料,等来的却是西方列强的船坚炮利，等来的却是亡国灭顶之灾。

1840 年爆发的中英第一次鸦片战争，不但打开了中国的国门，也打碎了“天朝之梦”。从此，中国逐步沦为半殖民地半封建社会。一系列的侵略战争接踵而至，一系列的不平等条约被迫签订，中华民族遭受的屈辱与苦难世所罕见。1840 年以后，中华民族开始面临亡国灭种的危险。正是在这种背景下，中国人喊出了“救亡图存”的口号。值得注意的是，在喊出这一悲壮口号的时候，中国人不是单纯地抵抗来自国外列强的威胁和侵略，而是同时反思自己的落后和积弊：一是反对来自外国列强的挑衅、威胁和侵略，争取民族独立。二是向西方列强学习，变革中国落后的生产力和腐朽的制度，争取人民解放和人民民主，为实现工业化和现代化创造必要的政治条件。也就是说，中国人不仅认识到来自外部的侵略是中国面临亡国灭种危险的主要原因，而且认识到中国自己的落后是导致我们在列强面前每战即败、割地赔款的根本原因。经历了鸦片战争失败的中国有识之士，为挽救民族危亡，提出了向西方学习工业化知识的救亡主张。可以说，这是中国工业化之梦的最初表达形式。但是，要救亡图存必须争取民族独立和人民解放。

1894 年中日甲午战争的悲惨结局，使得先进的中国人意识到，中国要效法西方推进工业化，必须先进行社会变革，改变社会制度。于是，先有康有为、梁启超领导的变法运动，后又有孙中山领导的辛亥革命，试图建立多党竞选的资产阶级民主制度，来改变中国积贫积弱的面貌。孙中山领导的革命及其建立的中华民国，虽然结束了统治中国两千多年的封建君主专制制度，但并没有能够改变中国半殖民地半封建社会的性质，多党竞选的民主也蜕变为军阀混战和军阀统治。

直到1921年中国共产党正式宣告成立以后，中国革命的面貌才为之一新，中国人在实现"中国梦"的历史进程中由此翻开了崭新的一页。经过28年艰苦卓绝的奋斗，中国共产党终于领导各族人民赢得了新民主主义革命的伟大胜利，建立了中华人民共和国。1949年对于中国来讲，是人民的胜利，为人民梦寐以求的"中国梦"的实现带来了希望：一是中国人为救亡图存，实现工业化和现代化而奋斗的梦想，终于迈出了第一步。这一步就是当年毛泽东自豪地宣布的：占人类总数四分之一的中国人从此站立起来了。二是中国人在争取民族独立、人民解放的斗争中取得的胜利，为动员全国人民恢复和发展国民经济，开展大规模的社会主义建设，一步一步地实现工业化，赶上世界现代化的进步潮流，提供了重要的政治条件。从此，中国共产党人开始启动了实现"中国梦"的历史车轮。

从19世纪中叶到20世纪中叶的一百年间，中国人民的一切奋斗都是为了实现祖国的独立和民族的解放，彻底结束民族屈辱的历史。这个历史伟业，以中华人民共和国的建立为标志，已经完成了。从20世纪中叶到21世纪中叶的一百年间，中国人民的一切奋斗则是为了实现祖国的富强、人民的富裕和民族的伟大复兴。这个历史伟业，我们党领导全国人民已经奋斗了半个多世纪，取得了巨大的进展。

新中国成立后，我们党创造性地完成了由新民主主义到社会主义的过渡，实现了中国历史上最伟大最深刻的变革，开始了在社会主义道路上实现中华民族伟大复兴的历史征程。十一届三中全会以来，我们党找到了中国特色社会主义的正确道路，赋予民族复兴新的强大生机。中华民族的伟大复兴展现出灿烂的前景。中国人在19世纪中叶之后的奋起，正是这种精神的具体而生动的体现。20世纪的中国经历了历史的低点，中国人体验了国运的衰败和三千年没有的大变局，也在这种转变中体验了痛苦和艰难，也有深沉的民族悲情和苦难记忆。但这一切最终得到了历史的报偿，国家在今天的发展为我们展开了“中国梦”的新的前景。

无论面对多少挑战、多大困难，始终以中华民族深厚的文化积淀和历史智慧为底蕴，给人以希望、给人以信心、给人以力量。梦想不灭，希望永在。“中国梦”是中华民族自强不息的不竭动力，牵引着中国砥砺前行的脚步。“风景这边独好”的“中国故事”精彩呈现，中国人民从未像今天这样离伟大的“中国梦”如此之近。我们将继续立足自身，努力奋斗，同时吸收借鉴人类一切先进的文明成果，实现中华民族复兴的伟大梦想。

（三）为实现祖国完全统一而努力奋斗

中华民族是一个统一的大家庭，中国的领土和主权不容分割。香港、澳门回归祖国十多年，“一国两制”实践取得举世公认的成功；但尚未实现祖国大陆和台湾统一。没有祖国的完全统一，就不会有真正意义上的民族复兴。统一也是“中国梦”不可或缺的内容，海峡两岸应共同携手实现中华民族的统一大业。

大陆和台湾虽然尚未统一，但两岸同属一个中国的事实从未改变，国家领土和主权从未分割、也不容分割。维护国家统一和领土完整，是一个主权国家的神圣权利，也是实现民族复兴的必然要求。大陆和台湾虽然尚未统一，但割不断两岸同胞血浓于水的骨肉之情,挡不住两岸最终走向统一的历史潮流。大陆和台湾同属一个中国,中国是两岸同胞的共同家园。实现祖国和平统一,是两岸中国人的共同心声,是中华儿女的神圣使命,也是实现中华民族伟大复兴的重要内容。

推进两岸关系和平发展,为实现祖国和平统一创造更充分的条件,进行全方位的准备。在这一过程中,既不能违背客观规律,超越发展阶段,急于以和平统一的总要求取代和平发展的阶段性任务;也不能安于现状,消极等待,忘记了和平统一的神圣使命。当前,两岸关系和平发展由开创阶段进入巩固深化阶段。我们要全面贯彻两岸关系和平发展重要思想,抓住机遇,巩固和深化两岸关系和平发展的政治、经济、文化、社会基础。在政治上,两岸双方要巩固反对"台独"、坚持"九二共识"的共同基础,并且在认同两岸同属一个中国、维护一个中国框架这一原则问题上形成更为清晰的共同认知和一致立场;在经济上,重点推进两岸经济合作框架协议的后续协商,促进两岸贸易自由化,加强两岸金融和产业合作,建立健全有利于深化两岸经济合作的各种长效机制;在文化上,更加重视交流合作的规范化和制度化,更加注重弘扬中华优秀文化传统,增强两岸同胞的文化和民族认同;在社情民意上,要把寄希望于台湾人民的方针落实到对台工作的方方面面,更加关心和信任台湾同胞,更加重视与台湾同胞的沟通,更加主动地为台湾同胞办实事,更加积极地鼓励和支持台湾同胞参与两岸交流合作。

同时,我们也要对解决台湾问题的长期性、艰巨性、复杂性保持情形头脑,对两岸关系和平发展中可能出现的各种困难和曲折做到心中有数,牢牢掌握对台工作的正确方向,推动形成两岸同胞共同反对“台独”的强大声势，积极塑造两岸同胞携手共同实现中华民族伟大复兴的主流民意，共同开创两岸关系和平发展新前景。

（四）实现全国各族人民大团结

中华民族是一个命运共同体。民族团结，是我国各族人民的根本利益的所在，是各民族在权力平等的基础上自愿联合起来，互相帮助，密切合作以实现共同目标。各族人民的团结和友谊是我国民族关系的主流，共同的命运和斗争使各族人民紧密团结在一起，形成统一的祖国大家庭。毛泽东同志曾经指出：“国家的统一，人民的团结，国内各族人民的团结，这是我们的事业必定胜利的基本保证。”建立和维护平等、团结和共同繁荣的新型民族关系，是一个关系到国家和各民族命运前途的重大问题，也直接关系到中华民族伟大复兴的进程。

新中国成立后，在党的正确领导下，我国各民族相互学习、相互帮助，平等、团结、互助、和谐的社会主义民族关系不断巩固和发展。但要看到，我国各民族的民族特点和相互之间的差异将长期存在，各民族由于历史、自然条件等原因在经济、文化发展上形成的差距很难在短期内完全消除；历史上遗留下来的民族隔阂以及民族分裂活动还依然存在。近年来，某些西方国家的敌对势力不希望看到中国的统一和强大，不会放弃对我国“西化”、“分化”的图谋。他们利用所谓的“西藏问题”、“人权问题”等对我们施加压力，妄图用民族问题作为突破口，对我国进行颠覆和渗透。在这样的情况下，维护各民族人民的大团结，具有特别重要的意义。如果民族大团结受到破坏，外部势力就会乘机而入，国家的独立、主权就会受到侵犯，各族人民就会陷入痛苦的深渊。历史表明，民族团结，则政通人和，百业兴旺；民族纷争，则丧权辱国，人民遭殃。

我们要牢牢把握各民族共同团结奋斗、共同繁荣发展的主题，充分发挥民族区域自治制度的优越性，全面贯彻落实民族区域自治法，切实保障少数民族的合法权益。坚持以科学发展观统领民族地区经济社会发展全局，坚持国家帮助、发达地区支援与民族地区自力更生相结合，加快民族地区发展。积极发展民族地区教育、科技、文化等事业，提高少数民族群众的科学文化素质，大力培养适应民族地区建设需要的各类人才，建设一支高素质的少数民族干部队伍。加强民族团结的宣传教育，广泛开展民族团结进步活动，坚决防范和打击境内外敌对势力利用民族问题进行的各种分裂、破坏活动，维护民族团结和社会安宁。

三、人民幸福

实现中华民族伟大复兴，让人民更幸福，就是要让中国人民有更好的教育、更稳定的工作、更满意的收入、更可靠的社会保障、更高水平的医疗卫生服务、更舒适的居住条件、更优美的环境，让我们的孩子们成长得更好、工作得更好、生活得更好。进一步说，就是要让中国人民过上更加富裕、更有尊严的生活，实现每个人自由而全面的发展。

（一）"中国梦"就是要使人民物质生活更加丰裕

没有人民富裕，发展就不算成功；人民不富裕，就谈不上人民幸福；没有人民幸福，复兴就不算完成。没有人民的富足和幸福，中华民族伟大复兴之梦就不算真正实现。

党的十六大以来的10年，以胡锦涛同志为总书记的党中央团结带领各族人民，以邓小平理论和“三个代表”重要思想为指导，深入贯彻落实科学发展观，抓住机遇、应对挑战，顽强拼搏、开拓进取，朝着党确定的目标迈出了坚实步伐，取得一系列新的历史性成就，为全面建设小康社会打下了坚实基础。从2002年到2011年，我国人均国内生产总值从1000多美元增加到5400美元；城乡居民收入大幅度提高，城镇居民人均可支配收入从7703元增加到21810元，农村居民人均纯收入从2476元增加到6977元，是改革开放以来增长最快的时期之一。居民家庭财产普遍增加，衣食住行用条件显著改善，城乡低收入群体基本生活得到保障。但我们要看到，我国仍处于并将长期处于社会主义初级阶段的基本国情没有变，人民日益增长的物质文化需要同落后的社会生产之间的矛盾这一社会主要矛盾没有变，我国是世界最大发展中国家的国际地位没有变，发展仍是解决我国所有问题的关键。

据有关方面计算，目前我国的人均国内生产总值只相当于日本的10%。半个世纪后，我国的经济总量即使超过了最发达国家，但如果用十几亿人口一除，讲人均指标，其差距还很大。我国刚刚跨入世界中等收入国家门槛，经济发展水平仍然较低，2011年人均国民总收入排在世界第114位(213个国家和地区参加排序)，只及高收入国家平均水平的1/8多，还有1.28亿人口需要国家扶持才能脱贫。我国城乡、区域发展差距仍然较大：2011年，城乡居民收入之比为3.13∶1，东部地区人均地区生产总值分别为中部地区、西部地区的1.83倍、1.92倍。联合国开发计划署日前发布的一份报告显示，2012年，在全球 187 个国家和地区中,中国的人类发展指数位列第 101 位,处于中等发展水平。可见,我们要使人民物质更加丰裕,还有很长的路要走。

人民物质要丰裕,收入是关键。收入是民生之源。为让源头活水来,收入倍增是渠道。2012 年的《政府工作报告》在谈及经济工作的预期时提出:“城乡居民人均收入实际增长与经济增长同步,劳动报酬增长和劳动生产率提高同步。”这“两个同步”意味着收入分配制度改革将得到进一步推进,让人民能最大程度享受到改革带来的发展成果,走共同富裕的道路。

在十二届全国人大一次会议闭幕会上,习近平同志特别强调了“中国梦”的实现路径,强调在不断实现好维护好发展好最广大人民群众的根本利益,使发展成果更多更公平惠及全体人民,在经济社会不断发展的基础上,朝着共同富裕方面稳步前进。

经过 30 多年改革开放,我国在促进共同富裕方面取得长足进展,广大人民群众从改革发展中得到越来越多的实惠,社会贫困人口大幅减少,生活水平有了不同程度提高。同时,地区之间、城乡之间、不同群体之间收入差距扩大的趋势还没有得到有效遏制,国民收入分配格局不合理,严重影响了人民群众的积极性,在发展经济的基础上促进共同富裕,已经成为发展中国特色社会主义、实现中华民族伟大复兴必须认真解决好的重大现实课题。

党和政府实施的一项项“圆梦行动”,正在把宏大的“中国梦”变成真切实在的“就业梦”、“上学梦”、“安居梦”……

（二）"中国梦"就是要使人民更加幸福安康

习近平同志指出："人民对美好生活的向往，就是我们的奋斗目标"。

我们要随时随刻倾听人民呼声、回应人民期待，保证人民平等参与、平等发展权利，维护社会公平正义，在学有所教、老有所得、病有所医、老有所养、住有所居上持续取得新进展，不断实现好、维护好、发展好最广大人民群众的根本利益，使发展成果更多更公平惠及全体人民，在经济社会不断发展的基础上，朝着共同富裕方向稳步前进，进而提升全社会的幸福指数。

提升幸福指数是个复杂的系统工程，既要考虑物质因素，又要考虑非物质因素，从根本上讲，就是要进一步提升社会和谐的水平。党的十八大着眼于提升人民的幸福指数，将"保障和改善民生"作为社会建设的重点。这些和谐因素的充实，对"中国梦"的阶段性特征作了更为清晰的描绘，也为"中国梦"增添了更加美丽的幸福光环。从上学就业到住房就医，尊严的保证、事业的成功、价值的实现，每个人向着梦想的不断努力，描绘出一个时代最为壮阔的梦想图景。

要使人民幸福安康，就应加大顶层设计力度，制定时间表、路线图尽快破解我们面临的难题。加大改革力度，协调推进城乡改革及深化民生保障和社会领域的改革，全面推进医药卫生体制改革和国家创新体系建设，继续完善和深化城乡养老保险制度、土地管理制度改革和户籍制度改革，建立健全保障性住房规划建设管理体制，逐步建立及调整和优化城乡统一的建设用地市场，研究国民收入分配格局等。

中国当前面临严峻的缩小城乡差别和地区差别的挑战，这种差别不仅是物质上的贫富差别,还有精神和文化上的发展水平差别。城乡二元分割,两者收入差距逐步扩大,以医疗、教育、住房、社会保障为基本内容的公共服务体系不完善,是制约国民收入分配格局调整、扩大居民消费的重要因素。温家宝同志也曾说过:“改革开放30多年来,经济快速增长是我们最大的成就,而出现的最具有挑战性的问题就是收入分配差距问题。”

“蓝蓝的天,蓝蓝的梦……”,这首歌唱出了人们的心声。环境是人的生存之本、发展之基。让老百姓喝上干净的水,在良好的环境中生产生活,是关乎社会发展和人民福祉的大事。现阶段,环境问题不仅是经济问题、发展问题,更是政治问题、民生问题。前两年,有一部灾难片《2012》在国内热映,天崩地裂、地动山摇、火山喷发、洪水肆虐、城市毁灭……这些惊心动魄的场面让无数观众深深震撼。虽然这只是影片虚构的2012年出现的“世界末日”的景象,却形象地揭示了破坏环境必将受到大自然惩罚的道理。应该看到,改革开放30多年来特别是近年来我们在加强环境保护方面采取了一系列措施,取得了积极的进展。但我们也要清醒地看到,我国环境形势依然十分严峻,长期积累的环境问题尚未解决,新的环境问题又在不断产生。发达国家上百年工业化过程中分阶段出现的问题,在我国已经集中出现。一些地区环境污染和生态恶化已经到了令人触目惊心的程度。水污染无处不在,水污染事件几乎每天都在发生。2012年,我国的汽车保有量已经超过1亿辆,汽车增长所带来的污染物排放很大程度上抵消了我们城市应对大气污染所付出的努力。另外,工业是大气污染的一个重要来源,工业排放到大气中的污染物种类繁多，性质很复杂，有烟尘、硫的氧化物、氮的氧化物、有机化合物、卤化物、碳化合物等。这一问题在我国经济率先发展的城市群区域表现得尤其突出，在以二氧化硫、氮氧化物、可吸入颗粒物为特征的传统煤烟型污染，再到以臭氧和颗粒物细粒子等二次污染又接踵而至，且污染态势愈加严峻、危害更大。加大环境治理力度，建设资源节约型、环境友好型社会，使全体人民更加美好的生活，任重而道远，需要我们每一个人继续付出辛勤劳动和艰苦努力。

（三）“中国梦”就是要实现人的全面发展，使每个人都能梦想成真

随着改革开放的深入推进，我们正经历空前的社会巨变：经济体制深刻变革，社会结构深刻变动，利益格局深刻调整，人们的价值追求也越来越多元化。《共产党宣言》指出，共产党人的最终目标是建立“每个人的自由发展是一切人的自由发展的条件”的“联合体”。“中国梦”具有多个维度，而其价值维度就是要实现人的全面发展。党的十八大明确把“促进人的全面发展”纳入中国特色社会主义道路的内涵之中，并且强调，“不断在实现发展成果由人民共享、促进人的全面发展上取得新成效。”这标志着中国特色社会主义把实现人的自由全面发展作为终极价值追求，必将极大提升“中国梦”的吸引力、凝聚力和感召力。

最美乡村医生钟晶的故事，就体现了梦想无大小，实现价值最可贵。钟晶是一位乡村医生，2013 年 1 月出席了中央电视台“寻找最美乡村医生”颁奖典礼。她说：“我们的梦想有大有小，它不遥远，它就在我们日常生活中，和我周边的乡村医生

共同构筑健康乡村梦就是我的中国梦。”“乡亲健康的梦跟乡亲健康生活的梦凝结在一起，就是健康乡村梦。人生的精彩就在于自己的梦跟周边乡亲、跟服务对象的梦结合起来，‘私’梦跟‘公’梦结合起来才是‘大’梦，‘大’梦的平台更大更高。个人充分发挥才智，为他人带去快乐时幸福自己，在被社会的认可与接受中，每个人的人生也不知不觉出彩。”为了梦想，敢于奋斗。2008年，钟晶辞去贵阳长江医院的工作，跟随在乡镇工作的丈夫来到黔西南州贞丰县龙河村，为当地缺医少药的老百姓开起了村卫生室。这也是龙河村4000多名村民唯一能进行新农合报销的卫生室。从此，她便再也没有离开，一呆就是4年多。“敢想、敢试、敢做、敢拼、敢成功”，“最美乡村医生”钟晶用自己朴实的信念和坚定的行动努力实践着美丽“健康乡村梦”。

“中国梦”是一个“大梦”，但这个民族“大梦”，无时无刻不在改变着个人命运的“小梦”。普通中国人投入民族复兴这样一种伟大事业中，也实现了个人的价值理想，实现了自己的生活改善和幸福追求。这正是‘中国梦’的魅力所在。“中国梦”与“个人梦”紧密联系。

我们梦想着有一天，每位老年人都能够在晚辈的簇拥下，共享天伦之乐；我们梦想着有一天，每位中年人都能够在事业的疆场上，尽情地挥舞人生精彩的画笔；我们梦想着每位年轻人都能在学习中受益匪浅，在生活中收获纯洁甜蜜的爱情；我们梦想着每位少年儿童，都能无忧无虑，生活在健康、自然、洁净的环境中。这是每个中国人的梦，也是我们共同的“中国梦”。

我们要按照中国特色社会主义事业“五位一体”总体布局，全面推进经济建设、政治建设、文化建设、社会建设、生态文明建设，满足人民需要、改善人民生活、激发人的潜能、实现人的价值，把改革发展取得的各方面成果，体现在不断提高人民的生活质量和健康水平上，体现在不断提高人民思想道德素质和科学文化素质上，体现在增强人民幸福、促进人的全面发展上。

由此可见，“中国梦”既是对百年来中华民族奋斗历史的渴望和追寻的概括，也是当下中国人对自己未来的期许；既是对中国人共同命运中凝聚的感情和力量的表达，也是对普通个人的希望和追求的表达。国家富强、民族振兴和人民幸福是实现中华民族伟大复兴之“中国梦”的有机统一体，三者相辅相成，缺一不可。中华民族的梦想和我们每个人的命运息息相关，而我们每个人的具体梦想是“中国梦”的真切展开。国家好，民族好，大家才会好。我们都明白，如果中国不发展，普通人实现梦想的机会就会更小；同时如果没有普通人为梦想而做的坚实的努力，就不可能有中国的进步和繁荣。实现中华民族伟大复兴是一项光荣而艰巨的事业，需要一代又一代中国人为之而艰辛奋斗和埋头苦干。

延伸阅读

共同瞩望中华民族的伟大复兴

——理论、教育、科技、文化工作者寄语中国梦

“共同享有人生出彩的机会，共同享有梦想成真的机会，共同享有同祖国和时代一起成长与进步的机会。”2013 年 3 月 17

日,国家主席习近平在第十二届全国人民代表大会第一次会议上的重要讲话,令每一位心系中国梦的炎黄子孙心潮澎湃,激动不已。

实现中国梦,必须走中国道路,必须弘扬中国精神,必须凝聚中国力量。理论、教育、科技、文化工作者纷纷畅谈自己聆听习主席讲话的感受,共同瞩望中华民族的伟大复兴。

中国道路前景光明

罗文东(中国社科院马克思主义研究院马克思主义发展研究部主任研究员):习近平主席的讲话纵贯古今,站在中华民族5000多年悠久历史和当今世界大发展、大变革、大调整格局的高度,揭示了中国特色社会主义道路深厚的历史渊源和广泛的现实基础,深化了对中国特色社会主义历史必然性和价值合理性的认识。中国特色社会主义道路来之不易,弥足珍贵,关乎国家前途、民族命运、人民福祉,是实现国家富强、民族振兴、人民幸福的宏伟中国梦的根本保证。

郝永平(中央党校科研部副主任、教授):中国道路是一条方向正确的道路,它之所以能够引领中国发展进步,关键在于我们既坚持了科学社会主义的基本原则,又根据我国实际赋予其鲜明的中国特色。当前,世情、国情、党情继续发生深刻变化,这就要求我们必须全面深化改革开放,不断创新,攻坚克难,奋力开拓中国特色社会主义美好前景。中国道路前景光明,只要我们继续拓展和走好中国道路,我们的梦想就一定能够实现。

大学是中国力量的重要组成部分

郝立新(中国人民大学哲学院院长):要实现中国梦,就必须凝聚中国力量,大学发展水平是中国力量的重要组成部分。在推进中国特色社会主义现代化特别是建设文化强国进程中,大学承担着特殊的使命。大学发展水平是文化实力的重要构成部分,是社会文明的一个重要窗口。当代,中国大学肩负的使命被赋予新的时代特征,中国大学的发展承载了中华民族复兴的光荣梦想。面对机遇与挑战并存的复杂情势,应有更加自觉而强烈的使命感。大学的发展应自觉着眼于建设中国特色社会主义的总依据、总布局、总任务,自觉服务于使“社会主义文化强国建设基础更加坚实”“文化软实力显著增强”的目标。

科技要提供人才和智力支撑

周济(中国工程院院长):习近平主席在讲话中深刻阐述了实现中国梦的核心思想,令人鼓舞,倍感振奋,对我们做好各项工作都具有重要的指导意义。当前,我国的经济社会发展进入到新的历史阶段,要突破自身发展瓶颈、解决深层次矛盾和问题,实现科学发展,最根本的是要依靠科技的力量,最关键的是要大幅提高自主创新能力。我们要树立强烈的机遇意识、忧患意识、责任意识,大力实施创新驱动发展战略,加快建设国家创新体系,推动我国经济社会发展尽快走上创新驱动的轨道。

刘双江(中国科学院微生物研究所副所长、研究员):“科学技术是第一生产力”,我们深知其在转变经济发展方式、保障民生、建设美好中国等方面都发挥着重要作用,在现代化建设中具有基础性、先导性、全局性作用。而我们在长期科学实践中形成的“两弹一星”精神、“载人航天”精神,也是中国精神的重要组成部分。“空谈误国,实干兴邦”。作为科技工作者,我将发扬老一辈科学家的优良传统,一方面专心致力于科学研究工作，一方面也要带好学生，为实现中国梦贡献自己的力量。

用文艺描绘中国梦想

范曾（著名艺术家）："中国梦"生动体现了中国人民盼望国家繁荣富强、人民幸福生活的共同心声，具有十分重大的历史和时代意义。鸦片战争后，中华民族经历了不少屈辱，但从不曾丢失脊梁，正如鲁迅先生所说，中华民族自古以来就有埋头苦干、拼命硬干、舍身求法、为民请命的人，所追求的正是中华民族崛起、事业辉煌的中国梦，这是我们民族伟大的、坚定的梦想。我们文化艺术工作者将与全民族一道，竭尽所能，为实现这个伟大的梦想而共同努力！

贾磊磊（中国艺术研究院院长助理、文化发展战略研究中心主任、电影评论家）：我们已在经济领域创造出举世瞩目的奇迹，在世人面前树立了一个强盛、繁荣、发达的国家形象，我们身边发生了无数个美梦成真的真实故事。中国电影对现实生活中的普通大众具有激发斗志、启迪精神的重要励志作用，理应将中国社会无数个美梦成真的真实图景经典化，特别是把这种历史巨变与个人现实命运联系起来，把无数成功的中国故事与电影的叙事模式有机整合、创作出令人振奋的电影作品，让观众在电影艺术中重温这一伟大的梦想。

（来源：光明网 2013 年 3 月 19 日）

第三章

实现中国梦必须走中国道路

2013年3月17日习近平同志在十二届全国人大一次会议闭幕会上指出，实现中国梦必须走中国道路，这就是中国特色社会主义道路。这条道路来之不易，它是在改革开放30多年的伟大实践中走出来的，是在中华人民共和国成立60多年的持续探索中走出来的，是在对近代以来170多年中华民族发展历程的深刻总结中走出来的，是在对中华民族5000多年悠久文明的传承中走出来的，具有深厚的历史渊源和广泛的现实基础。中华民族是具有非凡创造力的民族，我们创造了伟大的中华文明，我们也能够继续拓展和走好适合中国国情的发展道路。全国各族人民一定要增强对中国特色社会主义的理论自信、道路自信、制度自信，坚定不移沿着正确的中国道路奋勇前进。

一、实现中国梦一定要走自己的路

有一句话叫条条大路通罗马，但通往罗马的大路一定通不到香格里拉，不同的道路指向不同的梦境。今天，扬眉吐气站起来、富起来的中国人回望100多年来的辛酸历史，一个问题涌上心头：是什么不可逆转地结束了近代以后中国内忧外患、积贫积弱的悲惨命运，不可逆转地开启了中华民族不断发展壮大、走向伟大复兴的历史进军？答案很清楚，是一条独特的道路！可见，实现中国梦需要正确路线来承载。习近平同志说到：实现中国梦必须走中国道路，必须弘扬中国精神，必须凝聚中国力量。

（一）照抄照搬别国经验，从来都不会成功

我们再次追溯到鸦片战争时期，鸦片战争以后的“中国梦”，主旋律无疑是“强国”。而在这条“强国”的道路上不知道付诸了多少人的热情和努力，失败了继续，再失败再继续，一步一步走到现在，而社会进步、国家富强和个人幸福，又是多少代中国人的中国梦，即使到现在也是国人不断追求的目标，而这一目标几乎是全民的共识。问题是，何为“强大的国家”，何为“富裕的国家”，何又为“幸福的国家”，我们又怎样才能“强大、富足、幸福”？没有谁能够给出一个十全十美的答案，这个答案，我们也只能在实践中去探索寻找，用行动去回答这一系列问题。

当帝国主义侵略者用船坚炮利打开中国闭关锁国的大门之际，中国掀起了一浪又一浪的救亡图存运动，清朝政府内的洋务派在全国各地掀起的“师夷之长技以制夷”的洋务运动，洋务派提倡“中学为体，西学为用”，希望利用先进的技术维护封建统治，改革不触动封建制度，而究其实质只是一场简单的改良运动；中日甲午战争后，中国面临空前严重的民族危机，一部分资产阶级和进步的知识分子掀起了“戊戌变法”，变法主张君主立宪，虽在当时有着积极影响，但是在强大的封建势力的作用下还是难逃被扼杀的命运；再者，清末民初的保皇派，虽然他们主张在中国建立君主立宪制政体，学习西方的先进技术，但是他们的保护对象是清政府，这与历史发展的进程是背道而驰的，只能以失败告终；以孙中山为代表的资产阶级先进分子曾经渴望通过资产阶级民主革命推翻封建帝制，以创建像西方那样的民主共和国，换来的依旧是四分五裂、战乱频仍、人民依然生活在水深火热之中的旧中国。中国人向西方学得很不少，但是行不通，理想总是不能实现。”“一切别的东西都试过了，都失败了。”“十月革命一声炮响，给我们送来了马克思列宁主义。”“就是这样，西方资产阶级的文明，资产阶级的民主主义，资产阶级共和国的方案，在中国人民的心目中，一齐破了产。资产阶级的民主主义让位给工人阶级领导的人民民主主义，资产阶级共和国让位给人民共和国。”

不同国家的历史条件和国情不同，其发展的道路和途径也迥然相异。在世界各种，类似于洋务运动和戊戌变法的例子还很多，我们不可能靠一味地模仿他国经验而达到富国强军的目的，相反的，结合我们自身实际，积极借鉴他人经验和先进技术，将其内化为我们自身的东西，充分发挥其积极作用，这样我们才能在富国强民的道路上走的更远。因此，我们更多的应该是去思考如何根据自身实际情况走出一条适合我国国情的“中国路”。纵观历史，世界上没有放之四海而皆准的发展道路和发展模式，也没有一成不变的发展道路和发展模式。

历史终归是历史，下面我们讲个小故事，《庄子》寓言里有这么一个故事——“邯郸学步”，讲的是一个燕国人不辞辛苦来到赵国的国都邯郸学当地人走路，可这个人不仅没有学会邯郸人走路，反而把自己原来的走路方法也给忘了，最后只好爬回了燕国。这则成语故事告诉我们，邯郸学步、东施效颦、拾人牙慧，跟在别人后面爬行，都是不会有出路的。只有走自己的路，树自己的旗，才会有出路，也才会有地位。

立身中国的国情，纵览世界历史，展望国际形势，实现“中国梦”，一条合适自己的“中国路”是关键。从鸦片战争以来，170 年的发展历史，从中国共产党成立以来 90 多年的发展历史，告诉我们，在发展道路上要走自己的路，不把书本当教条，不照搬外国模式。中国社会要想实现国家富强、民族振兴、人民幸福，只有中国道路，坚持独立自主地走中国特色社会主义道路，才能实现我们的梦想，才能实现我们的追求。

（二）鞋子合不合脚，只有自己穿着才知道

2013 年 3 月 22 日，习近平同志对俄罗斯进行正式的国事访问，当天他来到莫斯科国际关系学院发表演讲。他指出，过去几十年，国际社会沧海桑田般的巨大变化。和平、发展、合作、共赢成为时代的潮流。旧的殖民体系土崩瓦解，冷战时期的集团对抗不复存在，任何国家和国家集团都再也无法单独主宰世界事务。3 月 23 日习近平同志在莫斯科再次强调：“鞋子合不合脚，自己穿着才知道。一个国家的发展道路合不合适，只有这个国家的人民才最有发言权。”

从“五四运动”到“文化大革命”，从“闭关锁国”到“改革开放”，在党的一代又一代领导人的指引下，中国人民用自己的行动去践行着自己的理念和信仰，成功了？失败了？受挫了？不管结果如何，我们都用实践去证明，这条路能走还是不能走，这个理论是正确的还是错误的。正如邓小平同志所说的，实践是检验真理的唯一标准。纵观世界发展史，中国紧紧结合自身实际，无论是上个世纪 90 年代末的全球金融危机亦或是 21 世纪初的“非典”，中国绝不照搬照抄他国经验，我们更多的是取其精华去其糟粕，紧密结合自身实际走出一条属于自己的“中国路”！

“这是一条符合中国国情的道路。鞋子合脚才能走得快、走得远。要以脚定鞋，而不能削足适履。走中国特色社会主义道路和基本国情的关系，就好比鞋和脚的关系。”一个国家实行什么样的主义、走什么样的路，关键要看这个主义、这条道路能否解决这个国家面临的历史性课题。上个世纪七十年代末有则笑话，当时社会上流行喇叭裤，某大学校方担心自己的学生会受到“精神污染”，便在醒目处贴出标语进行规劝：“喇叭裤能吹响向四个现代化进军的号角吗？”学生们则在标语下面贴了张纸条：“请问什么裤吹得响？”这件事发生在改革开放之初，听说的人也大多一笑了之。但十年以后，却有了别样的意义。因为改革开放头十年，胆子最大，步子最快，思想最解放，成就最显著，以至于全国人民争相学习仿效的地方，就是最先穿喇叭裤的地方。

能够选择，敢于选择，就是成功的起点。邓小平同志在党的十二大开幕词中郑重指出：“照抄照搬别国经验、别国模式，从来不能得到成功。这方面我们有过不少教训。把马克思主义的普遍真理同我国的具体实际结合起来,走自己的道路,建设有中国特色的社会主义,这就是我们总结长期历史经验得出的基本结论。"也正是因为邓小平同志的选择,我们才能在"中国路"上追逐属于我们的"中国梦"。

（三）雄关漫道真如铁,而今迈步从头越

历史和现实告诉我们,越是接近梦想,前进的路就越是艰辛。今天的中国,已经是世界第二大经济体,面临着发展方式的转变、改革深水区的挑战。在走向复兴的关键节点上,充分发挥人民代表大会制度的政治优势,发扬民主凝聚攻坚克难的合力,推进法治提升治国理政的成效,中国特色社会主义伟大事业就能不断向前发展。

社会进步、国家富强和个人幸福,是当代中国人的中国梦。中国梦的特别之处也许就在于他她的"中国特色社会主义",正是这种中国特色给中国的前进和发展指明了方向,开创了一条新路子。党的十八大总结了近 10 年来党和人民在实践中对"什么是社会主义,怎样建设社会主义"新鲜经验,对中国特色社会主义做出了新的概括:即建设中国特色社会主义,总依据是社会主义初级阶段,总布局是五位一体,总任务是实现社会主义现代化和中华民族伟大复兴。中国特色社会主义,既坚持了科学社会主义基本原则,又根据时代条件赋予其鲜明的中国特色,以全新的视野深化了对共产党执政规律、社会主义建设规律、人类社会发展规律的认识,从理论和实践结合上系统回答了在中国这样人口多底子薄的东方大国大建设什么样的社会主义、怎样建设社会主义这个根本问题。

毫无疑问，中国必须走自己的路，也只能走自己的路。这就既要植根于我们的传统，又要跟得上世界的潮流。事实上，人类有共同的追求，也有共同的价值，比如真善美，比如生命权、自由权和追求幸福的权利。一旦认识这些价值，加之适当的吸收和消化，就能很好的转化为适合自身发展的良计良策；而站在历史的角度，看似矛盾的儒墨道法，其实不难取长补短，为我所用。关键是，强国梦和幸福梦，融为一体了吗？这就只能靠我们共同努力了。实际上，中国道路从来就不是一个理论问题，而是实践问题。实现"中国梦"，既要追求，又要反思，更要实践。只要有越来越多的践行者，只要有越来越多的人加入这个行列，我们就总有一天能够实现自己的梦想——社会进步、国家富强和个人幸福。

"打铁还需自身硬"；"人民对美好生活的向往，就是我们的奋斗目标"；"一个实际行动胜过一打纲领"；"改革开放只有进行时没有完成时"。这一系列铿锵有力的话语，中国共产党人向全中国、全世界展现了忠诚祖国、造福人民、锐意改革、攻坚克难、求真务实、清正廉洁的新形象。

"长风破浪会有时"。中华民族从来没有像今天这样扬眉吐气，也从来没有像今天这样对更加美好的明天充满自信。伟大的梦想需要正确的路线去承载，只有路线正确，我们才更容易看到梦想前景的光明，才能让中国梦以最快的速度、最高的质量变成现实。我们不但找到了一条康庄大道，而且有可以信赖的主心骨和引路人。而最可珍贵的就是，改革开放伟大成就，中国道路的成功实践，为中华民族找回了曾经一度缺失的道路自信、理论自信、制度自信。这是弥足珍贵的民族自信！

道路关乎党的命脉，关乎国家前途、民族命运、人民幸福！在未来的征程上，实现中华民族伟大复兴的“中国梦”，最根本的仍然是必须始终坚定中国特色社会主义道路自信、理论自信和制度自信。我们从苦难中来，要到幸福中去；我们从屈辱中来，向着尊严走去。让我们怀揣“中国梦”，自豪地踏上“中国路”！

二、增强中国特色社会主义道路自信

党的十八大报告中明确指出：“中国特色社会主义道路，就是在中国共产党领导下，立足基本国情，以经济建设为中心，坚持四项基本原则，坚持改革开放，解放和发展社会生产力，建设社会主义市场经济、社会主义民主政治、社会主义先进文化、社会主义和谐社会、社会主义生态文明，促进人的全面发展，逐步实现全体人民共同富裕，建设富强民主文明和谐的社会主义现代化国家。”[①]这样的道路，在世界上其他任何地方都找不到，是中华民族实现伟大复兴的特色之路。

（一）中国特色社会主义道路的实践探索充满艰辛

道路来自具体的实践。从上个世纪以来，世界上大多数贫穷和不发达国家逐渐摆脱外国殖民统治，开始走上独立发展的道路，但是对如何实现国家的富强，各个第三世界国家却进行了千差万别的探索。直至今日，这些道路有的取得了较大成就，有的发展势头减缓，有的止步不前，还有的倒退甚至导致国家解体。中国特色社会主义道路不但在全球最大的发展中国

① 《十八大报告辅导读本》，人民出版社 2012 年版，第 12 页。

家实现了快速跨越式的发展，更难能可贵的是，这条道路使我们实现了社会主义的阶段性胜利，并且继续保持着强大的发展势头和潜力。正是因为如此，外国反华敌对势力和部分西方发达国家对“中国崛起”感到了强大的压力，不遗余力地挖掘我们前进中出现的各种具体问题并把这些问题扩大化、政治化，不断抹黑中国共产党以及中国特色社会主义道路。同时，来自国内的“左倾”的思想也在另一个方向上对中国特色社会主义道路持反对和否定态度。另外，随着全球化、信息化的到来，各种思潮纷纷涌现，对中国特色社会主义道路的质疑声音也越来越纷杂。

面对各种质疑、否定的声音，我们要擦亮眼睛，认真分析这些声音的来源、目的，进一步坚定中国特色社会主义道路自信。首先看一下来自“左倾”的质疑。主要是指针对以“反思改革”为名否定改革的、希望回到改革开放前的传统社会主义。再看一下来自“右倾”的否定。这方面大致可以分为两部分：第一部分是指走完全西化的资本主义道路，复制西方自由民主版本（如新自由主义），或效仿西方民主制模式（如多党执政、三权分立等）；第二部分是指民主社会主义等。一些发展中国家或不发达国家按照西方的药方进行社会改革，造成了贫富分化、城乡差别、持续社会动荡等。这些道路不顾各个国家的基本国情，照搬照抄西方民主模式，或者曲解马克思主义的本质和精髓，导致国家经济附庸发达国家或者走向自由资本主义模式，其发展都走向了难以为继的死胡同。还有其他各种新思潮的影响。当下我国正处在社会矛盾凸显期，这个时期与网络媒体的出现恰好大致相当，来自于各种社会矛盾中的声音在网络中逐渐汇聚，又与当下世界政治舞台中出现的各种思潮一起，形成了对中国特色社会主义道路的巨大质疑声音。这些声音没有正确看待中国改革开放以来取得成绩，片面扩大矛盾的焦点，导致失去了正确的价值判断，其根本上是片面和错误的。

（二）中国特色社会主义道路被证明是一条成功之路

从以下三个方面，我们就能够知道，中国特色社会主义道路自信的事实来自哪里。

首先，中国特色社会主义自信来源于国家整体实力的提高。2007 年 11 月，意大利发行的电影大师安东尼奥尼的作品《中国》的 DVD 镜头里是 30 多年前的中国，当时的中国处在经济崩溃的边缘，而这却是当时世界了解中国的重要途径。经过 30 年的改革开放，中国的经济和社会发生了翻天覆地的变化。1978 年至 2008 年，中国经济年均增长率为 10%，是同期世界经济年均增长率的 3 倍。2010 年国民生产总值达到 39.8 万亿元，超过日本而成为世界第二大经济体，出口和外汇储备均居世界第一。目前，不论是中国经济增长速度还是中国制造业以及信息化的发展速度，都是举世瞩目的。这些成就的取得本身就是中国特色社会主义道路的胜利。

其次，中国特色社会主义自信来自于国民生活水平的提升。改革开放前，由于中国长期战争、国际社会经济封锁、自然灾害和大跃进等多种因素造成的经济水平低下、发展缓慢，所有的国民消费都是按计划进行，匮乏的粮票、布票、油票等等，是当时经济水平的真实反映。改革开放后，我国人均国民生产总值增长 17 倍，国民平均预期寿命提高到 73 岁，农村贫困人口减少了 2.4 亿，截至 2012 年，我国城市化率为 52.57%。这些实实在在的惠及民生的成就，不仅是解决了解放初期中国人民吃饭的问题，更是描绘了带领全国各族人民齐奔小康的美好前程。

第三，中国特色社会主义自信来自于宏伟壮美的未来愿景。实现中华民族的伟大复兴，是中华民族近代以来最伟大的“中国梦”。十八大报告中明确提出：“到2020年国内生产总值和城乡居民人均收入将在2010年的基础上翻一番，在中国共产党建党100年时全面建成小康社会，在新中国成立100年时建成富强民主文明和谐的社会主义现代化国家。”这样的宏伟蓝图绘就的不仅是中国共产党和中华民族的共同愿望，更是对中国特色社会主义道路的坚定自信。

在新的历史起点上，我们展望未来，世界仍然处在大调整大变革的重要历史时期，国际形势风云变幻，发展环境日趋复杂，特别是随着利益格局的深刻调整，党引领社会思潮、凝聚社会共识的难度越来越大，中国特色社会主义道路上可能还会遇到许多困难和挑战。但是，经受了90多年磨砺，有着30多年改革开放经验，至今已拥有8200多万党员和400多万个基层组织、思想素质和执政本领都不断提高的中国共产党，不管是抵御和化解风险的能力，还是领导和带领全国各族人民促进科学发展的能力，都已今非昔比。如今，我们正在全面建成小康社会道路上勇往直前、创新发展，这条牵连着亿万人民群众福祉的道路，具有伟大的历史意义和坚强的民心基础。它不仅是应对一切艰难险阻的铜墙铁壁，更是党和人民对未来道路永葆自信的力量源泉。

（三）我们既不能妄自菲薄、也不要妄自尊大，必须脚踏实地

经过新中国成立特别是改革开放30多年的发展，我们已经取得了举世瞩目的成就，已经站在现代化建设新的历史起点上。然而，“发展中国特色社会主义是一项长期的艰巨的历史任务，必须准备进行具有许多新的历史特点的伟大斗争。”为此，我们必须清醒地看到，要进一步推进社会主义的伟大事业，还面临许多前所未有的新情况新问题新挑战，任重道远。国际金融危机给世界经济造成了深度冲击，世界经济增长速度减缓，围绕市场、资源、人才、技术、标准等的竞争更加激烈，各种形式的保护主义抬头，气候变化和能源资源安全、公共卫生安全等全球性问题更加突出，国际和地区热点问题此起彼伏，我国发展的外部环境更趋复杂。国际敌对势力对中国快速发展感到不安和不快，加紧对我实施西化分化战略，特别是在意识形态上竭力对我进行渗透，妄图把我纳入资本主义世界体系，让我变成西方强国的附庸。在这种情况下，强调坚定不移地走中国特色社会主义道路，不仅具有特别重大的理论和实践意义，而且具有重大的政治意义。中国革命和建设的全部历史告诉我们，中国政治上的完全独立自主是我国前进的最基本的条件。我们必须独立自主地坚持中国特色社会主义道路，绝不能偏离这条道路。

我们还没有从根本上摆脱不发达的状态，仍然带有社会主义初级阶段的明显特征。“在任何情况下都要牢牢把握社会主义初级阶段这个最大国情，推进任何方面的改革发展都要牢牢立足社会主义初级阶段这个最大实际。”不平衡、不协调、不可

持续问题依然突出，长期形成的结构性矛盾和粗放型增长方式尚未根本改变。随着利益格局的深刻调整，协调各方面关系、化解社会矛盾的压力不断加大，推动科学发展、促进社会和谐的任务十分艰巨繁重。作为一个后发现代化国家，时间压缩，空间叠加，在拥有13亿多人口的大国推行现代化，面临的考验和挑战世所罕见。我们的发展会面临诸多可以预见与难以预见的风险，这就需要我们必须保持清醒的头脑，既要坚定信心和信念，又要具备足够的勇气和智慧，做好克服各种困难的精神准备，善于在复杂斗争中坚持、拓展中国特色社会主义道路。

"在中国特色社会主义道路上实现中华民族伟大复兴，寄托着无数仁人志士、革命先烈的理想和夙愿。"[①]站在新的历史起点，我们一定要高举中国特色社会主义伟大旗帜，坚持以邓小平理论、"三个代表"重要思想、科学发展观为指导，不断丰富中国特色社会主义的实践特色、理论特色、民族特色、时代特色，坚持把以经济建设为中心同四项基本原则、改革开放这两个基本点统一于中国特色社会主义伟大实践，既不妄自菲薄、也不妄自尊大，既不走封闭僵化的老路、也不走改旗易帜的邪路。历史已经证明也必将继续证明，中国特色社会主义道路是实现民族振兴、国家富强和人民幸福的必由之路。

三、增强中国特色社会主义理论自信

中国特色社会主义道路之所以正确，关键在于有正确理论的指引。党的十八大报告指出："中国特色社会主义理论体系，

① 《十八大报告辅导读本》，人民出版社2012年版，第56页。

就是包括邓小平理论、‘三个代表’重要思想、科学发展观在内的科学理论体系，是对马克思列宁主义、毛泽东思想的坚持和发展。”这个表述系统回答了建设什么样的社会主义、怎样建设社会主义等一系列重大问题，是马克思主义中国化的最新成果，是党最宝贵的政治和精神财富，是全国各族人民团结奋斗的共同思想基础。

（一）中国特色社会主义理论是在改革实践和斗争中总结出来的

所谓理论自信，是对理论价值的充分肯定，对理论发展进程和未来的充分认识，对理论的生命力有坚定的信心。马克思说，理论在一个国家的实现程度，决定于理论满足这个国家的需要程度。中国特色社会主义理论自信建立在中国历史发展及中国革命、建设、改革经验和理论自身的科学性基础之上。党的十七大以来，我们党坚持以邓小平理论和“三个代表”重要思想为指导，深入贯彻落实科学发展观，取得了中国特色社会主义伟大事业的新胜利。胡锦涛同志指出：“总结十年奋斗历程，最重要的就是我们坚持以马克思列宁主义、毛泽东思想、邓小平理论、‘三个代表’重要思想为指导，勇于推进实践基础上的理论创新，围绕坚持和发展中国特色社会主义提出一系列紧密相连、相互贯通的新思想、新观点、新论断，形成和贯彻了科学发展观。”①

但是，中国特色社会主义理论从产生至今，一直受到“左”和右两种错误思想倾向的干扰。“左”的思想主要认为我们应

① 《十八大报告辅导读本》，人民出版社2012年版，第8页。

该回到改革开放前的状态，完全否定改革开放；右的思想主要认为我们应该全盘西化，走西方资本主义道路。思想僵化，党和国家就会丧失活力，把已经搞活的市场完全关闭，最终导致国家行为僵化；思想西化，不顾我国的基本国情和历史传统，党和国家就会走上“邪路”，最终成为西方发达资本主义国家的附庸，即人们通常所说的“依附型国家”。这两种思想倾向都会葬送我们的事业和前途。面对党内外这两种声音，胡锦涛同志提出的中国特色社会主义理论自信，恰恰是对这两种声音，即“老路”、“邪路”主张的回应和批判，是代表中国共产党向党内外、国内外回答我们党举什么旗、走什么路，以什么样的精神状态、朝着什么样的目标继续前进等一系列重大问题，也是对中国特色社会主义事业的战略部署。

2013 年“两会”之后，新任的国家主席习近平同志同样秉持了这一理论自信。在 3 月 23 日出访俄罗斯时，习近平同志进一步用中俄两国的俗语、古诗和古谚语来表述这一理论自信：“鞋子合脚不合脚，自己穿了才知道”、“大船才能驶得远”、“长风破浪会有时，直挂云帆济沧海”。这些语言看似简单明了，其蕴含的道理也一点即透，却是我们党在执政 60 多年后用实践、用几代共产党人的艰辛探索和共同智慧凝聚才得来的，是在同各种伪马克思主义、西方民主化浪潮等的坚决斗争中总结出来的，来之何等不易。因此，增强中国特色社会主义理论自信，一方面是对这一理论本身的认识问题，另一方面是对中国特色社会主义道路和制度的坚持问题。具体来讲，就是能否用马克思主义的唯物论来判断当前和今后我党、我国所处的历史方位、发展方向，能否用国际化的长远战略眼光来分析我党、我国所遇到的历史机遇和挑战，能否用科学理性的思维来审视国内外、党内外的各种矛盾。如果我们在面对党和国家取得了如此的成就的时刻，在改革开放进行到关键的时刻，丧失了中国特色社会主义理论自信，就等于放弃了中国特色社会主义的理想信念，最终使我们党和国家失去精神的支柱，其后果可想而知。

（二）中国特色社会主义理论是被人民群众认同的科学理论

我们对一种理论的自信，其前提是这种理论本身的科学性。而理论是否具有科学性的问题，实践最有“发言权”，我们党早在1978年改革开放初期就明确了“实践是检验真理的唯一标准”。在改革开放30多年后的今天，这一标准已经成为共产党人用来检验所有理论的“试金石”。中国特色社会主义理论体系，由邓小平理论、“三个代表”重要思想和科学发展观所构成，它坚持用马克思主义的立场、观点和方法，对中国特色社会主义新的伟大实践中不断出现的情况和问题进行深入分析和解答，深化了对社会主义建设规律、共产党执政规律、人类社会发展规律的认识。这一理论体系本身是在改革开放后的三十多年执政实践中总结出来的，是对这一伟大变革的理性总结和认识，是经过了这一实践检验又成功指导这一实践的伟大理论体系。正是在中国特色社会主义理论体系的指导下，我国成功排除了来自“左”和右的各种思潮的干扰，成功经受住了国际国内各种风浪的考验，成功推进了社会主义伟大事业，使社会主义在中国这片土地上独树一帜、欣欣向荣。实践已经证明：中国特色社会主义理论体系完全适用于中国现阶段的发展和实践，已经指导并将继续指导中华民族的伟大复兴和中国的社会主义事业。

对中国特色社会主义理论的自信，其根本和关键还是广大人民群众对理论的认同。国家主席习近平同志在访俄期间一再用鞋子合脚论来说明中国特色社会主义理论体系的正确性，明确地指出："一个国家的发展道路合不合适，只有这个国家的人民才最有发言权。"人民群众不认同的理论，必然不能付诸实践，这就自然会对理论产生怀疑和动摇；人民群众认同的理论，必然会化成广大人民群众实实在在的行动，这就自然会对理论信心十足。中国特色社会理论体系的核心就是以人为本，这既反映了党的根本宗旨的内在规定，也体现了党的执政理念的本质要求。在经济建设上，着眼于改善人民的生活条件，提高人们的生活水平；在政治建设上，着眼于发展人民民主，保障人民当家作主的民主权利和合法权益；在文化建设上，着眼于满足人民的精神文化需求，丰富人们的精神世界；在社会建设上，着眼于在学有所教、劳有所得、病有所医、老有所养、住有所居方面持续取得新进展，促进社会和谐；在生态建设上，着眼于资源节约和环境保护，努力建设美丽中国，实现中华民族永续发展。正是由于中国特色社会主义理论体系，充分反映广大人民的根本意愿，直接体现为广大人民谋利益的价值取向，所以深得广大人民群众的真心拥护和支持。

（三）中国特色社会主义理论是开放和发展着的当代中国马克思主义

在当代中国，坚持中国特色社会主义理论体系，就是真正坚持马克思主义。无论当代资本主义和当代社会主义发生了怎样的变化，马克思主义因其世界观的科学性，始终保持着其时代价值。从世界坐标看：马克思主义依然是批判资本主义现代性的思想武器，是探索当代社会主义新道路的基本原则。从当代中国坐标看：马克思主义是中国道路和经验、赋予中国特色社会主义理论特色的基本理论源泉，是避免成为具有强势话语权的西方的附庸、坚定社会主义价值目标的根本保证，能够整合多样化价值观，确保社会稳定和人民利益的实现。当下，我国经济社会发展进程中，还存在诸多不符合、甚至违背科学发展的问题。党的十八大报告指出"发展中不平衡、不协调、不可持续问题依然突出，……制约科学发展的体制机制障碍较多，……城乡区域发展差距和居民收入分配差距依然较大"[①]。面向未来，始终保持中国特色社会主义理想信念，坚定对马克思主义的信仰，是最基本的思想问题。只有坚持了中国特色社会主义理论自信，才能具备基本的理论勇气和底气，把马克思主义的中国化推向前进，继续指导我们的社会主义建设事业。其次，马克思主义在世界观和价值观上，与其他各种社会思潮和理论相比具有它的比较优势。马克思主义是以唯物主义世界观为基础、客观地分析物质世界和人类社会的发展，以实现全部人类的解放为根本的价值取向。这一分析方法方式和价值目标的有机统一，实现了马克思主义理论体系的唯物性和人类共同价值的统一，超越了其他任何社会理论。坚持中国特色社会主义理论自信，本身就是要把马克思主义理论体系的这一精髓进一步发扬光大，结合中国的实际情况，进一步用唯物主

① 《十八大报告辅导读本》，人民出版社 2012 年版，第 5 页。

义的眼光分析自身发展的需求和矛盾，不断用科学理性指导具体实践，使我们少走弯路、邪路，确保思想上的正确路线。

同时，坚持中国特色社会主义理论自信，必须坚持解放思想、实事求是、与时俱进、求真务实的思想路线，反对教条主义和经验主义。党的十八大报告指出："我国仍处于并将长期处于社会主义初级阶段的基本国情没有变，人民日益增长的物质文化需要同落后的社会生产之间的矛盾这一社会主要矛盾没有变，我国是世界最大发展中国家的国际地位没有变。"[①]中华民族的伟大复兴需要坚定不移地走中国特色社会主义道路，完成当代中国的历史任务同样需要坚定不移地走中国特色社会主义道路。必须用发展着的马克思主义指导发展着的实践，时刻防止和戒除"僵化"教条主义，防止"左倾"思想干扰；坚持把马克思主义基本理论用于当下具体实践，根据世情、国情、党情的发展，适时作出科学理性的判断，坚决防止和戒除"拿来主义"，防止"右倾"思想干扰。当然，还要防止轻视理论作用、忽视理论指导的经验主义，自觉确立中国特色社会主义的理论自信。

四、增强中国特色社会主义制度自信

党的十八大报告明确指出："中国特色社会主义制度，就是人民代表大会制度的根本政治制度，中国共产党领导的多党合作和政治协商制度、民族区域自治制度以及基层群众自治制度等基本政治制度，中国特色社会主义法律体系，公有制为主体、

① 《十八大报告辅导读本》，人民出版社 2012 年版，第 16 页。

多种所有制经济共同发展的基本经济制度,以及建立在这些制度基础上的经济体制、政治体制、文化体制、社会体制等各项具体制度。"[①]中国特色社会主义制度吸收了人类文明进步的优秀成果,符合中国的国情,符合时代发展要求,符合人民群众的根本利益。

(一)中国特色社会主义制度应该对人类政治文明有较大贡献

邓小平同志曾指出,社会主义制度优势的根本表现"就是能够允许社会生产力以旧社会所没有的速度迅速发展,使人民不断增长的物质文化生活需要能够逐步得到满足"[②],"再加上发挥社会主义制度能够集中力量办大事的优势"[③]。邓小平是改革开放以后第一个明确论述中国特色社会主义优越性的领导人,而他又将"优越性"改为"优势"加以阐述,不但能够更合理地概括中国特色社会主义,而且也能赢得更广泛的认同。

近些年来,我们之所以能够成功举办北京奥运会、上海世博会,从容应对国际金融危机,战胜一系列特大自然灾害,说到底都是得益于中国特色社会主义制度的坚强保障。这个制度本身具备的集中力量办大事的优势在上述一系列具体事件中得到了充分的体现。相对来讲,西方资本主义国家在集中力量应对大事的能力上则劣于中国。举例来讲,欧债危机中希腊国家金融体系面临破产,希腊政府显得毫无应对之力,只能任凭国家金融信用一降再降。而同样是经受1997年亚洲金融危机

① 《十八大报告辅导读本》,人民出版社2012年版,第13页。
② 《邓小平文选》第2卷,人民出版社1994年版,第128页。
③ 《邓小平文选》第3卷,人民出版社1993年版,第377页。

和 2008 全球金融危机的中国，在带领全国人民击退洪水灾害、地震灾害，胜利举办奥运会、残奥会的同时，顺利度过危机，并且保持了经济的高速增长。而且，在国家经济总量和人民生活水平迅速提升的同时，坚持中国特色社会主义制度的中国和西方世界的领头羊——美国表现出了完全不同的对外政策。中国在经历了 30 多年的改革开放之后，并没有形成威胁对其他国家，而是团结大多数国家，进行多边交流和磋商，积极为世界的和平而努力。

可以毫不犹豫地说，中国特色社会主义道路是近代以来人类政治文明中一种具有极大贡献的和谐的国家发展途径。

（二）中国特色社会主义制度彰显了巨大的政治优势

胡锦涛同志在 2011 年“七一”讲话对中国特色社会主义制度特点和优势概括了“五个有利于”：有利于保持党和国家活力，调动广大人民群众和社会各方面的积极性、主动性、创造性；有利于解放和发展社会生产力，推动经济社会全面发展；有利于维护和促进社会公平正义，实现全体人民共同富裕；有利于集中力量办大事儿，有效应对前进道路上的各种风险挑战；有利于维护民族团结、社会稳定、国家统一。2012 年 11 月 17 日，习近平同志在十八届中共中央政治局第一次集体学习时的讲话中，把中国特色社会主义制度的特征概括为三个有机结合。第一，坚持把根本政治制度，基本政治制度，同基本经济制度，以及各方面的体制机制等具体制度有机结合起来。第二，坚持把国家层面民主制度与基层民主制度有机结合起来。第三，坚持把党的领导、人民当家作主、依法治国有机结合起来。

两任总书记把我国的政治制度的特点进行了高度的概括

和总结，具体来讲，中国特色社会主义制度具有以下的制度构成和基本特点：中国共产党是中国特色社会主义事业的领导核心、人民代表大会是保证人民当家做主的根本政治制度、中国共产党领导的多党合作和政治协商制度是管理国家的成功模式、基层群众和民族自治制度是解决多民族大国基层民主和民族自治的有效平台、中国特色社会主义法律体系的完善为依法治国提供了坚强的保障、社会主义市场经济体制是确保经济平稳有效和谐增长的最佳途径。

经过30多年的探索和实践，中国特色社会主义制度已经初具规模，在制度层面已经基本实现了全方位的稳妥部署，其特色是极其明显的，形成了完全不同于西方社会的经济发展模式、政治实现途径和社会进步前景。从制度自我完善的角度看，中国特色社会主义制度仅用了30多年的发展就实现了自身的基本完善，速度超于其他任何国家的政治制度且成效显著；吸收和借鉴了世界各国的制度经验而又不盲从别国，大胆探索创新，走出了一条完全不同于其他国家政治制度的道路。

因此，中国特色社会主义制度是已经证明了的能够解决中国基本问题的正确的政治制度，它已经在中国这片土地上取得了历史性的胜利，并且一定能够继续不断完善自身，创造性地解决现在仍旧存在的和未来将要面对的多种挑战。

（三）中国特色社会主义制度需要不断自我完善

在物质文化条件比较落后的情况下，使社会主义制度完善并充分发挥它的优越性，需要一个相当长的时间。邓小平曾经指出：“巩固和发展社会主义制度，还需要一个很长的历史阶段，需要我们几代人、十几代人，甚至几十代人坚持不懈地努力奋斗，决不能掉以轻心。”如果以为社会主义制度一建立，其优越性就显示出来了，那是幼稚的想法。当然，中国特色社会主义制度所具有的特点和优势并不会自动显现。客观地讲，中国特色社会主义制度在取得巨大成就的同时，也同其他制度一样，面临着多方面的问题和压力，也有其目前难以解决的重大难题，需要通过继续深化改革，完善各方面体制机制，减少制度漏洞、克服制度弊端，不断提高制度建设的科学化水平。

一是必须坚持正确的政治方向。中国特色社会主义制度的自我完善和发展，最终目的是通过破除生产关系和上层建筑不适应生产力发展要求的体制机制障碍，解放和发展社会生产力，推动经济社会科学发展，维护和促进社会公平正义，实现全体人民共同富裕。我们的一切改革举措，都应当与改革的目的相符合而不是相背离，都应当与社会主义的本质要求相符合而不是相背离，都应当与中国特色社会主义制度的特点和优势相符合而不是相背离，充分发挥中国特色社会主义制度的优越性。

二是要增强改革的协调配套。中国的发展正面临多种现实问题：如何顺利转变发展方式，突破各种瓶颈实现全面协调可持续发展；能否增强自主创新能力掌握发展和竞争的主动权；怎样平稳实现政治改革，廓清制约发展的障碍；能否有效缩小收入差距、促进社会公平，保持社会和谐稳定；如何实现文化的振兴和繁荣，鼓舞凝聚民族精神、提升全民文明水平和国际影响力；如何推进中国民主制度的健全，使人民在法制的框架下有序实现其民主权利；能否有效遏制腐败，永葆共产党的执政地位；能否提升国际话语权，在建立国际新秩序、维护世界和平和安全上有大的作为等等。这些问题既现实又紧迫，并且未来可能遇到的难题和矛盾会更多、更棘手，这些问题的解决都要依靠制度自身的完善和发展，需要不断地借鉴古今中外的政治智慧，对改革进行科学谋划，加强顶层设计，提高改革决策的科学性，增强改革措施的协调性，找准深化改革的突破口，明确深化改革的重点，不失时机地推进重要领域和关键环节改革，深入推进经济体制、政治体制、文化体制、社会体制改革创新。

三是要按照客观规律完善制度。建章立制是科学，需要讲求科学精神，全面认识和自觉运用规律。法律制度只有遵循事物发展规律才会有生命力，才能发挥应有作用。经济领域的制度创新，应当按照经济社会全面协调可持续发展的内在要求，建立健全充满活力、富有效率、更加开放的体制机制。政治领域的制度创新，应当优化权力配置，强化权力监督，不断完善决策权、执行权、监督权既相互制约又相互协调的权力结构和运行机制，防止权力失控、决策失误、行为失范，确保公正用权、依法用权。文化领域的制度创新，应当建立健全党委领导、政府管理、行业自律、企事业单位依法运营的精神文化产品生产经营和管理体制，推动文化事业全面繁荣，文化产业快速发展。社会领域的制度创新，应当正确处理改革发展稳定的关系，完善党委领导、政府负责、社会协同、公众参与的社会管理格局，着力改善民生，着力维护稳定。这样，中国特色社会主义制度就能保持旺盛不竭的发展动力，就一定能克服任何艰难险阻，应对来自各方面的挑战，劈波斩浪，把中国特色社会主义事业推向前进，实现中华民族的伟大复兴！

今天，我们站在新的历史起点上回首过去，展望未来。既不能为眼前所取得的成绩沾沾自喜、固步自封，也不能因“中国梦”的美好而忽略、轻视实现梦想过程中的种种困难、掣肘。纵观国际国内大势，我国发展仍然处于可以大有作为的重要战略机遇期，我们要准确判断重要战略机遇期的内涵和条件的变化，全面把握机遇，沉着应对挑战，赢得主动，赢得优势，赢得未来。无数事实证明，中国特色社会主义道路、理论体系和制度，是确保中国取得伟大成就和走向美好未来的根本保证。我们要坚定不移地高举中国特色社会主义伟大旗帜，不走封闭僵化的老路，也不走改旗易帜的邪路，以强大的信心凝聚力量，就完全有可能继续实现经济社会又好又快发展，在中国共产党成立一百年时全面建成小康社会，在新中国成立一百年时建成富强民主文明和谐的社会主义现代化国家。这是我们坚定道路自信、理论自信、制度自信的深厚时代根据。

延伸阅读

实现“中国梦”的三个重要因素

习近平总书记近日指出，实现中华民族伟大复兴，就是中华民族近代以来最伟大的梦想。实现“中国梦”，最重要的就是要紧紧把握三个重要因素，即“道路是决定因素，发展是根本因素，实干是关键因素”。

道路是决定因素

世上的路有千万条。但找到一条能够让一个曾经深陷苦难的民族站起来、富起来、强起来的路，却是那么的艰难！从旧民主主义革命到以马克思主义为指针、以共产党为领导的新民主主义革命，中国人民积百年之力推翻了帝国主义、封建主义和官僚资本主义的统治，结束了半殖民地半封建社会，建立了新中国，确立了社会主义制度，走上中国特色社会主义道路，在初步实现国家繁荣富强之后，正为建设一个富强民主文明和谐的社会主义现代化国家而努力奋斗——这就是历史的选择、时代的选择、人民的选择！

道路决定命运。“人间正道是沧桑”，我国经过改革开放，确立了中国特色社会主义道路，中华民族自此走上了复兴高速路。中国特色社会主义道路，就是在中国共产党领导下，立足基本国情，以经济建设为中心，坚持四项基本原则，坚持改革开放，解放和发展社会生产力，建设社会主义市场经济、社会主义民主政治、社会主义先进文化、社会主义和谐社会、社会主义生态文明，促进人的全面发展，逐步实现全体人民共同富裕，建设富强民主文明和谐的社会主义现代化国家。实践证明，中国特色社会主义道路使我们国家在新时期空前活跃起来，快速发展起来，日益繁荣富强起来，彰显了巨大优越性和强大生命力。走中国特色社会主义道路，是通往中华民族伟大复兴锦绣前程的必由之路。今天，我们走中国特色社会主义道路，这是一条中国几代人不断探索而来的“人间正道”。找到一条正确的道路多么不容易，我们必须坚定不移走下去。只要我们沿着这条道路前进，就一定能实现中华民族伟大复兴的最美“中国梦”。

发展是根本因素

落后就会挨打，发展才能自强。发展才能自强，自强方能自立，自立方能无愧于这个伟大的时代。

"中国梦"的实现,关键在于我们自身的发展。

当代中国发展的本质要求是坚持科学发展。以科学发展为主题,以加快转变经济发展方式为主线,是关系我国发展全局的战略抉择。全党必须更加自觉地把推动经济社会发展作为第一要务,坚持聚精会神搞建设、一心一意谋发展,着力把握发展规律、创新发展理念、破解发展难题,加快形成符合科学发展要求的发展方式和体制机制,不断解放和发展社会生产力,不断实现科学发展、和谐发展、和平发展,为坚持和发展中国特色社会主义打下牢固基础。必须更加自觉地全面落实经济建设、政治建设、文化建设、社会建设、生态文明建设五位一体总体布局,促进现代化建设各方面相协调,促进生产关系与生产力、上层建筑与经济基础相协调,不断开拓生产发展、生活富裕、生态良好的文明发展道路。必须统筹城乡发展、区域发展、经济社会发展、人与自然和谐发展、国内发展和对外开放,把实现"中国梦"的美好愿望,转化为发展的强大动力,以绿色崛起的辉煌业绩,铺就中华民族的伟大复兴之路。

实干是关键因素

要圆"中国梦",关键在行动。中华民族之所以迎来复兴的曙光,靠的就是一代又一代人的艰辛奋斗和埋头苦干。空谈误国,实干兴邦。面对上世纪 90 年代初期出现"姓资"和"姓社"之类的争论不休,邓小平同志果断提出"不争论",其实就是担心空谈和争论会使中国错失发展的战略机遇。实现中华民族伟大复兴是一项光荣而艰巨的事业,把"中国梦"变成现实,还有很长的路。中华民族的伟大复兴,究竟复兴的是什么?复兴的是经济基础,是科技进步,是文化飞跃,是民富国强的全方位发展。然而每一个方面的复兴,都需要不懈的努力和大量的投入,每一份坚持和每一份成绩都不能是空口白话,开拓进取只能靠实干。中华民族的复兴是一个漫长的历史过程,不会一蹴而就,更不能一劳永逸,只有承前启后,继往开来,拼搏进取,真抓实干,通过坚持不懈的努力,中华民族的伟大复兴才不会是海市蜃楼。我们清醒懂得,即使到2020年全面建成了惠及十几亿人口的更高水平的小康社会,我国还是处在并且仍将相当长时期处在社会主义初级阶段。由此而来的多方面任务的艰巨性、复杂性,要求我们高度关注。只有既不妄自菲薄,也不妄自尊大,始终做到不动摇、不懈怠、不折腾,顽强奋斗、艰苦奋斗、不懈奋斗,才能实现两个"百年目标"。

(来源:《湖北日报》2012年12月19日)

第四章

实现中国梦必须弘扬中国精神

实现中国梦，不仅需要物质动力，也需要强大的精神动力。习近平同志在十二届全国人民代表大会第一次会议上的讲话中指出："实现中国梦必须弘扬中国精神。这就是以爱国主义为核心的民族精神，以改革创新为核心的时代精神。这种精神是凝心聚力的兴国之魂、强国之魂。爱国主义始终是把中华民族坚强团结在一起的精神力量，改革创新始终是鞭策我们在改革开放中与时俱进的精神力量。全国各族人民一定要弘扬伟大的民族精神和时代精神，不断增强团结一心的精神纽带、自强不息的精神动力，永远朝气蓬勃迈向未来。"

一、以爱国主义为核心的民族精神

民族精神是一个民族生生不息、薪火相传的精神血脉，是民族文化最本质、最集中的体现。爱国主义是民族精神的核心。在当代中国，爱国主义同社会主义是紧密结合的。高扬爱国主义、社会主义旗帜，就能最大限度地凝聚和动员全民族的力量，为实现中国梦而奋斗。弘扬和培育民族精神，既要继承优良传统，从祖国源远流长、博大精深的灿烂文化中汲取营养，又要紧跟时代前进的步伐，体现时代和社会发展进步的要求；既要以开放的心态面向世界，虚心学习世界其他民族的长处，又要自觉维护国家、民族的利益和尊严，决不妄自菲薄。

（一）生生不息的民族精神

何谓民族精神？民族精神是一个民族在长期共同社会实践中形成的民族意识、民族文化、民族心理、民族品格、民族信仰、民族气质，民族价值观念和价值追求等共同特质，是指民族传统文化中维系、协调、指导、推动民族生存和发展的精粹思想，是一个民族生命力、创造力和凝聚力的集中体现，是一个民族赖以生存和发展的精神支撑，具有独特的民族性和鲜明的时代特征。正如马克思主义唯物史观所认为的，社会意识的发展具有历史继承性。民族精神也是在民族的发展历程中逐渐形成、不断丰富、日趋成熟的精神特征或思想意识，是民族文化传统不断积淀和升华的产物。任何特定的民族精神，都与该民族的传统文化有着水乳交融的联系，与该民族的历史文化血脉相连。因此，民族精神是时代精神与民族传统文化的有机结合。

1. 一面永不褪色的旗帜

在爱国主义这面旗帜下，炎黄子孙们可以克服任何艰难险阻，去战斗、去建设、去改革。"在五千多年的发展中，中华民族形成了以爱国主义为核心的团结统一、爱好和平、勤劳勇敢、自强不息的伟大民族精神。我们党领导人民在长期实践中不断结合时代和社会的发展要求，丰富着这个民族精神。”[①]这是对以爱国主义为核心的民族精神科学内涵的精辟概括，也是中华民族五千多年来薪火相传、发展壮大的精神支柱，是中国人民在未来岁月里继往开来、自强不息的精神动力。这种以爱国主义为核心的民族精神，既源远流长，又与时俱进；既包括民族优良传统，又包括党领导人民在长期革命、建设和改革的社会实践中中形成的一系列崇高精神。它不仅表现为对祖国和家乡的热爱和深切的眷恋，对祖国统一、民族团结的强烈期盼，更体现了对祖国繁荣昌盛的坚定信念，对祖国主权和尊严的坚决捍卫，对卖国求荣的无比鄙视，对爱国志士的无比崇敬等。可见，爱国主义是指对祖国和民族的忠诚、热爱与报效的思想及行为有机统一的完整体系。正如列宁所指出的：“爱国主义是千百年来固定下来的对自己的祖国的一种最深厚的感情。”[②]爱国主义是一个历史范畴，在社会发展不同阶段、不同时期有不同的内涵。在我国古代社会，爱国主义主要是同反对分裂、反对民族压迫、反对统治阶级内部昏庸腐败和封建专制的斗争相联系。进入近代之后，爱国主义主要表现为对外反对殖民主义和帝国主义的侵略，捍卫祖国的独立和领土完整；对内反对同列强相勾结、出卖祖国利益的反动统治阶级，要求改变造成祖国贫弱、阻碍祖国振兴的封建专制制度。新中国成立后，爱国主义又同建设富强民主文明的社会主义国家、实现社会主义现代化、实现中华民族伟大复兴的宏伟大业相联系；同推进现代化建设、完成祖国统一、维护世界和平与促进共同发展这些历史

① 《中国共产党第十六次全国代表大会文件汇编》，人民出版社 2002 年版，第 38 页。
② 《列宁选集》第 3 卷，人民出版社 1995 年版，第 579—580 页。

任务相联系。当代中国,爱国主义和社会主义本质上是一致的,建设中国特色社会主义是新时期爱国主义的鲜明主题。我们要始终高扬爱国主义、社会主义旗帜,最大限度地凝聚和动员全民族的力量,为实现中国梦而奋斗。

2.位卑未敢忘忧国

俄国著名作家杜勃罗留波夫曾十分中肯地讲道:“真正的爱国主义不应表现在漂亮的话上,而应表现在为祖国谋福利、为人民谋福利的行动上。”的确,为国家富强、民族振兴、人民幸福,甘愿奉献自己的一切力量,甚至牺牲自己宝贵生命的伟大献身精神,是爱国主义的最高境界。在历史上,我们的先人对爱国奉献观的认识是很早的。战国时的孟子曾说:“志士不忘在沟壑”,即有志之士为保卫祖国应该视死如归。西汉时期伟大的史学家司马迁写道:“常思奋不顾身,而殉国家之急。”近代民族英雄林则徐也说:“苟利国家生死以,岂因祸福避趋之?”认为只要对国家民族的生存与发展有利,个人的祸福都可以置之度外。这种乐于为祖国奉献、为民族牺牲的信念,充分体现了中华民族源远流长的爱国精神。正是由于这种传统献身精神的鼓舞和激励,才使得我们中华民族璀璨夺目的历史中涌现出了无数的为祖国而英勇献身的光辉典范。尤其是在中华民族生死存亡的紧要关头,这种献身精神就更为集中与突出,并且有着十分广泛的民族性。就拿近代抗日战争中我们民族的爱国主义献身精神来说,既是十分宝贵的,也是十分感人的。我们的《中华人民共和国国歌》,正是当时整个中华民族同仇敌忾,为祖国独立和民族自由而甘愿牺牲一切的写照,表现了国人以爱国主义为核心的民族精神挽救中华民族于危难之中。

(二)凝心聚力的兴国之魂

1.爱国主义精神永放光芒

民族凝聚力是一个民族得以生存和发展的内在动力,是一个民族的生命力之所在,是一个国家发展、强盛的"软实力",是一种巨大的精神力量。探究一个民族、一个国家的兴衰存亡,一个重要的原因在于民族精神的兴衰。民族精神的突出表现就是爱国主义。国家无论大小,民族无论强弱,如果在人民中失去了爱国主义的精神支柱,就会成为一盘散沙,必然经不起任何风浪的考验。我国自秦汉以来,就形成了一个多民族统一的国家。两千多年来,尽管各民族之间也发生过矛盾与战争,国家也曾出现过几次分裂的局面,但分久必合,最终总是复归于统一。这有着深刻的经济、政治、历史等原因,其中爱国主义精神所具有的巨大凝聚力就是不可忽视的重要因素。凝聚力,指聚合、凝结中华民族形成统一力量的能力。爱国主义是各族人民团结奋斗的思想基础,它把不同出身、不同阶级、不同职业、不同信仰、不同性别的成员集合在自己的旗帜下,精诚团结,献身祖国。按照"一国两制"的伟大构想,实现祖国和平统一大业,是包括台湾同胞、港澳同胞和海外同胞在内的所有炎黄子孙的共同心愿,是任何别的力量无法阻挡的历史潮流。1997年香港和1999年澳门顺利回归祖国怀抱,就充分说明了这一点。

2.团结一心的精神纽带

在祖国前进和发展的道路上,不管遇到多大的困难,尤其在面临外敌入侵、祖国处于生死存亡的严重关头,爱国主义精神总能及时地召唤各族人民的优秀儿女到保卫祖国的战场上,去战斗，去捐躯，去克服困难，去夺取胜利。历史上，岳飞“还我河山”的豪言，文天祥“留取丹心照汗青”的壮语，吉鸿昌“国破尚如此，我何惜此头”的悲壮，《国歌》中“我们万众一心，冒着敌人的炮火，前进”的呐喊……宛如涓涓细流，汇集成中华民族爱国主义精神的滔滔大海，感召着每一个真正的炎黄子孙去为保卫祖国作出最大的贡献。在新的历史时期，“托起中国梦”的爱国主义精神，同样生发出强大的号召力和感染力。它昭示人们，应该时刻关心祖国的前途和命运，认清自己在中国特色社会主义建设中的历史责任，以主人翁的姿态，实事求是，解放思想，勇于开拓，忘我劳动，把社会主义的改革和现代化建设事业不断推向前进。

3. 自强不息的精神动力

自强力是人们基于对自己祖国的热爱，在强烈的民族自尊心和自信心基础上产生的一种心理意向。世界上各个民族都对自己国家的自然风物与历史文化情有独钟，引为自豪。任何民族和国家不论大小与强弱，都在人类文明中占有一席之地，对人类文明的进步都作出过应有的贡献。人们在对这些价值的认识中，必然形成对本民族生存和发展能力的自我肯定，形成关于本民族光辉灿烂前景的确信。这种确信能激励和鞭策人们，为了本民族的不断发展，积极发扬自力更生、艰苦奋斗的精神，使自己的祖国永远自立于世界民族之林。中国历史上所产生的居安思危的“忧患意识”，增强了中华儿女的危机感、使命感与自强力。在国家安泰时期，它能使人们保持警惕，防患于未然；在国家多事之秋，又能使人们正视危难，立志于变革创新。这种忧患意识，能变压力为动力，变劣势为优势，促使中华民族锐意进取,始终保持勃勃生机。在新的历史时期,我国人民为了社会主义祖国的腾飞,抓住历史机遇,积极推进改革开放,不仅继承与发扬本民族的光荣传统,而且努力向世界各国先进的方面学习,为再创中华民族的现实辉煌而奋斗,正是这种自强力的体现。

4.实现人生价值的推动力

江泽民同志科学地阐明了一个人正确的人生观和价值观的本质内涵,他指出:“人为什么而活着?如果只是为自己、为家庭而活着,那个意义是很有限的,只有为国家为社会为民族为集体为他人的利益奋不顾身地工作着,毫无保留地贡献自己的聪明才智,这样的人生才有真正的意义,才是光荣的人生、闪光的人生。”只有对自己的祖国爱得越深,其历史责任感与使命感才会越强,他对祖国和人民的贡献才会越多,因而其人生价值也才会越大。历史和现实的无数事实告诉人们,凡是有为之士,无不同时都是一个坚贞的爱国主义者。鲁迅先生便是一个光辉的榜样。他在青年时代就具有了“我以我血荐轩辕”的爱国豪情,因此他一生骨头最硬,没有丝毫的奴颜和媚骨,始终“横眉冷对千夫指,俯首甘为孺子牛”。人民给予他高度的人生价值评价,把他的精神视为中华民族之魂。毛泽东、周恩来、朱德、邓小平等老一辈无产阶级革命家也都是如此。

(三)始终高扬爱国主义大旗

1.家国天下的情怀

自国家产生以来,国与家就如同水乳相交,密不可分。中国是传统家国同构的国家,一方面,家是国的细胞,没有家就没有国;另一方面,国是家的保障,国破则必然家亡,国盛才能家兴。正是由于家国之间这种密不可分的关系,中华民族历来强调"家兴国盛、家败国亡"、"保家卫国"、"以天下为己任",高度注重国与家的统一。因此,无论古今,一提到爱国主义,人们自然就会想到,在爱家的同时也必须担负起对国家的责任和义务,必要时甚至要不惜舍弃小家而保证国家的利益。这样,在中国社会,即使是在市井之中,也有"虽在吠亩,不忘天下之忧","求民疾于一方,分国忧于千里"的说法。国是家的延伸和扩展。中华民族自古形成的强烈的家庭观念保证了家庭的凝聚力,也构成了爱国主义的重要基础。这种基础,实际上可以从中国传统文化中的家国观念中寻找到支撑。爱国主义始终是把中华民族坚强团结在一起的精神力量。不管是民族危亡关头的同仇敌忾,还是众志成城抵御重大灾害,凝聚在爱国主义旗帜下,个人命运才会与民族命运紧密相连,滴水之微才能汇聚成无坚不摧的磅礴力量。家是最小国,国是最大家,中国梦的本质内涵就是国家富强、民族振兴、人民幸福。在实现中国梦的征程中,大力弘扬爱国主义精神,就能最大限度凝聚共识,团结一切可以团结的力量,汇聚每个人的梦想成就伟大的中国梦,形成推动社会发展进步的强大正能量。

2.我们的爱国主义并不狭隘

中华民族是有着悠久爱国主义传统的民族,中国人民热爱自己的祖国,为了保卫国家敢于牺牲自己的一切。爱我中华、忧我中华、兴我中华,是每一代中华儿女的不变情怀和不懈追求。这种对自己国家最深厚的感情,不断地延续、积淀和发展,已经深深融入我们的民族意识、民族性格中,形成了内容丰富影响深远的爱国主义传统。不管是在祖国兴旺发达、安宁太平、顺利发展的时期，还是在祖国面临危难的时刻，这种爱国主义传统从未中断过，成为千百年来中华民族坚强团结、永葆生机的源泉。与此同时，我们的爱国主义也从来不是狭隘的。中国古人一直所主张的就是“海内皆兄弟”、“天下大同”。到了近代，孙中山明确提出：“一旦我们革新中国的伟大目标得以完成，不但在我们的美丽的国家将会出现新纪元的曙光，整个人类也将得以共享更为光明的前景。”[①]新中国成立不久，毛泽东也向世界庄严宣告：“中国应当对人类有较大贡献。”我们反对大国沙文主义与霸权主义，也坚决反对狭隘的民族主义。中华民族始终是维护世界和平、推动人类社会发展进步的坚定力量。我们已经并且还将继续为世界发展和人类进步贡献出自己的力量！我们是爱国主义者，同时又是国际主义者。中华儿女热爱自己的民族和国家，同时也心系天下，追求世界和平和人类解放。抗美援朝谱写了国际情怀；“中非一家亲”，国家主席习近平首次出访就到非洲“走亲戚”，永远和非洲人民做可靠朋友和真诚伙伴，为中非友好关系续写了新篇章。

3. 化爱国之情为报国之行

马克思曾经指出：“一步实际行动比一打纲领更重要”。[②]毛泽东在著名的《实践论》中，也强调要坚持唯物论的“知行统一观”。爱国主义精神作为一种社会意识形态，对人们的行为有着能动的指导作用。但爱国主义不仅仅是一种对祖国的深厚感情，更是一种报效国家的实际行动。我们要做一个真正的爱国者，必须把爱国主义的思想与爱国主义的实践有机统一起

① 《孙中山全集》第1卷，人民出版社1982年班，第30页。

② 《马克思恩格斯选集》第3卷，人民出版社1972年班，第3页。

来，即不断化爱国之情为报国之行，认真落实在自己的具体行动中，立足本职岗位多为祖国做贡献，使中华民族爱国主义的光荣传统在实现中国梦的壮丽征程中进一步发扬光大。一要树立远大的报国志向。志向，是人关于自己要做什么事或成为什么人的意图与决心，反映了对自己人生的基本设计。立志是人生奋斗的起点，也是人生事业的开端。"志当存高远"，自古以来，多少仁人志士，正是由于立下了报效祖国的远大志向，在社会实践中勇担重任，勇为大事，才在其人生奋斗的途程中，镌刻下彪炳史册的丰功伟业。二要锤炼过硬的报国本领。俗话说："打狼要用棒，杀敌靠硬功。"我们每个人都必须发扬战争年代那么一股劲、那么一种革命热情、那么一种拼命精神，推动爱国热情从感性向理性转化、从自发向自觉转化、从思想向行动转化；都必须锤炼过硬的报国本领，这样才能成为名副其实的爱国主义者。三要做好具体的报国工作。爱国报国是人民团结奋斗的光辉旗帜，是推动国家前进的强大动力。爱国报国是一种信念、一种信仰，是最重要的道德情操。古人云：天下兴亡，匹夫有责。我们一定要脚踏实地，自觉从我做起，从点滴做起，从现在做起，以切切实实的求实精神，践行自己崇高伟大的报国理想。

二、以改革创新为核心的时代精神

改革创新始终是激励我们在时代发展中与时俱进的精神力量。30 多年来，从农村改革的兴起，到深圳等特区的创立，从社会主义市场经济体制的发展，到中国特色社会主义多项事业的开拓，改革创新精神激荡神州，造就了历史的巨变，成就了今天的中国。改革没有完成时，站在新起点上的中国，无论是冲破思想观念障碍，还是打破利益固化藩篱，无论是破解发展难题，还是释放改革红利，都需要继续发扬改革创新精神，逢山开路、遇水搭桥，迈过沟沟坎坎、越过发展陷阱，才能赢得更加光明的前景。

（一）时代精神的特质

1.凝心聚力的强国之魂

时代精神是每一个时代特有的普遍精神实质，是一种超脱个人的共同的集体意识。时代精神是历史时代的本质特征及其发展趋势在社会心理、群众情绪以及精神文化等方面的反映，是一个在社会最新的创造性实践中孕育和激发出来的、反映社会进步方向、引领时代进步潮流的社会集体意识，是一个社会最新的精神气质和精神风貌，是社会的思想体系反映经济关系和政治制度的重要环节。[①] 它也是当代世界发展潮流和基本趋势的本质反映，是一个社会、民族和国家顺应人类社会历史发展要求，在推进社会发展、民族进步的实践活动中体现出来的精神风貌和优良品格。在时代精神的有机整体中，改革创新居于核心地位，这是因为改革创新是中华民族繁荣发展的灵魂，是我们党和国家兴旺发达的不竭动力。民族精神与时代精神紧密相连，是一个有机统一的整体。在实现中国梦的征程中，民族精神和时代精神相辅相成、相得益彰，共同服务于中国特色社会主义共同理想的实现，两者不可偏废。民族精神离开了时代精神，不能及时地从实践中吸纳鲜活的力量，就会失去

① 包心鉴：《时代精神与当今人类文明》，《江汉论坛》2007 年第 8 期，第 5—6 页。

其时代的价值,民族精神的弘扬和培育也就无从谈起;时代精神离开了民族精神,就寻找不到民族的承载体,缺少了自己的基础和依托,就会失去民族特征,时代精神的弘扬和培育同样也无从谈起。

2.时代精神的精华

时代精神集中表现于社会的意识形态中,但并不是任何意识形态中的现象都表现着时代精神,只有那些代表时代未来发展潮流,能对社会生产的发展产生积极影响的思想才是时代精神的体现。时代的客观潮流是第一性的,时代精神是第二性的,时代精神的能动作用归根结底取决于其对时代潮流反映的程度。时代精神具有时代的、历史的特点,它随着时间的推移,而不断变化发展,并推陈出新。在当今的历史时代里,以马克思主义为指导的思想是时代精神的精华。时代精神反映一个时代人类社会发展变化基本趋势并已成为世界绝大多数国家和人民共同的意志和精神追求。当今时代,和平与发展是时代的主题。时代精神是一定历史时期具有鲜明特点的起主导作用的社会意识,代表着多数人的进步思想和精神风貌,是多数人思维和行动、情感和意志的统一,是多数人风格、心理和智慧的结晶,是多数人理想、信念和追求的载体。时代精神表现着时代的真、善、美,展现着社会文明的风骨,体现着时代政治、经济、文化及社会生活的面貌,闪耀着真理和正义的光芒。时代精神是在人类文明高度发展的基础上产生的。在人类进步、社会发展过程中,人们创造的具有时代特点的物质财富及精神财富,具有时代气息的意识形态的总和便形成了时代精神。时代精神既涵盖传统文化精华,又涵盖现代文化精髓,实现着人们精神境界质的飞跃。

3. 时代召唤新的时代精神

当前，我国虽无累卵之危，却也面临着国际竞争之烈、振兴大业之艰。面对建设中国特色社会主义的伟大历史任务，我们比以往任何时候都需要新的时代精神。需要用新的时代精神，促进人们自觉地建立科学、合理的思维方式；需要用新的时代精神，树立正确的理想信念，树立正确的人生观和价值观；需要用新的时代精神，唤起人们对祖国深厚的感情，激发起报效祖国、振兴中华的进取欲望；需要用新的时代精神，营造一个和谐的社会环境，为建立社会主义市场经济扬帆壮行。尤其对处在改革开放进程中努力向现代化攀登的中华民族来说，时代精神更是一面具有强烈感召力、凝聚力的旗帜，为提高社会生产力，为加快经济发展提供动力和推力。与中华民族迈向现代化的雄健步伐相伴，是一种昂扬向上、艰苦奋斗的时代精神，此精神已在神州大地激越弘扬。

(二)时代精神的丰碑

1. 时代精神的标尺——罗阳式奉献

时代精神是一面透视人的灵魂的镜子，是一把衡量人生境界的标尺。有了时代精神，一个人才能在高尚与卑鄙、光荣与耻辱、奉献与索取等人生基本问题上划清界限；有了时代精神，一个人就会真正懂得人生的目的意义，使自己的人生过得更充实、更有价值；有了时代精神，一个人就会迸发出巨大的工作热情，产生无穷无尽的力量，把自己溶入他人和社会中，以为他人服务、为社会服务为最大的快感；有了时代精神，一个人的人格就会升华，就会获得人生价值的最高体验。2012 年 11 月 25

日，歼－15舰载机研制现场总指挥罗阳，在大连执行任务时突发疾病逝世，为祖国鞠躬尽瘁到最后一秒。罗阳为国家、为国防工业无私奉献的行为感动了无数国人。默默奉献、持续坚守、敢于担责、将国家发展内化为个人使命——这正是"罗阳式奉献"的核心内容，也是当今时代精神的精华。罗阳并非一个人，而是代表了一群为国家航空、航天、国防事业的发展，在背后默默奉献的人。中国很多历史片段，往往就是靠一些曾经默默无闻的人默默书写的。中国青年报社会调查中心对全国31个省（自治区、直辖市）的11224人，进行的一项在线即时调查显示，九成年轻人坦言罗阳式奉献激励了自己。"祖国终将选择那些忠诚于祖国的人，祖国终将记住那些奉献于祖国的人！"

2.时代前进的主旋律

在我国历史上，时代精神从来就是各族人民的共同寄托，在维护祖国统一和推动社会进步中发挥着重大作用。关于时代精神的理论表述，毛泽东同志总结出三种革命精神，邓小平同志倡导了五种革命精神。毛泽东同志明确指出，要保持过去战争时期的那么一股英勇气概，那么一股革命热情，那么一股拼命精神。邓小平同志大力倡导革命和拼命精神，严守纪律和自我牺牲精神，大公无私和先人后己精神，压倒一切敌人和压倒一切困难的精神，坚持革命乐观主义、排除万难去争取胜利的精神。毛泽东同志和邓小平同志所倡导的"革命精神"，既显现了民族精神的新的历史内涵，又成为新的时代精神的基石，必须加以继续坚持和发扬。江泽民同志倡导和弘扬五种精神：解放思想、改革创新的精神，尊重科学、真抓实干的精神，顾全大局、团结协作的精神，谦虚谨慎、崇尚先进的精神，艰苦奋斗、无私奉献的精神。在90多年奋斗的各个历史时期，先后形成了井冈山精神、延安精神、雷锋精神、铁人精神、焦裕禄精神、孔繁森精神、“两弹一星”精神、抗洪抢险精神、抗震救灾精神、奥运精神等一系列闪烁着时代光辉的伟大精神，影响和激励着一代代中国人，深刻地改变了一个时代的面貌。所有这些伟大精神都成为时代前进的强大精神动力。人们把时代精神内化为干好本职工作的光源热泉，用实际行动振奋、弘扬时代精神，涌现出了李素丽、李向群、任长霞、方永刚等一批闪烁着时代精神的英雄模范人物。这些英雄模范的事迹，既体现了时代精神引导人、塑造人的威力，又丰富了时代精神的内容。

3.争做时代精神的排头兵

随着经济、科技的发展，时代的特征有了不少新的内涵，当今时代有了诸如信息时代、知识经济时代、经济全球化时代、数字时代等等之类的新概念。这些新概念都不同程度不同侧面反映了当今世界日新月异的发展和变化。我们在复杂的形势下能不能抓住机遇，加快发展，实现民族振兴，关键在我们的民族是否具有强烈的时代意识，是否具有改革创新、与时俱进的时代精神。培育时代精神是百年树人的巨大工程，弘扬时代精神是兴国安邦的重要事业。追求时代精神是每个人应有的人生态度。我们要用中国特色社会主义理论武装自己的头脑，把时代精神作为前进的坐标、航灯，作为工作的加力器、推进器，作为发扬爱国主义精神的催化剂、助燃剂，作为规范言行的规矩、准则。要增强使命感、责任感和危机感，强化奉献意识，努力通过自己无私奉献的实际行动和人格力量，向社会、向人民奉献光和热。要以无所畏惧的气质和超越前人的才智，长民族之志，强爱国之心，扬时代之魂。将强烈的爱国之心化为扎实的报国之举，将自己的人生追求融入党和人民的事业中，将积极性、创造性凝聚到改革开放事业上，把滚烫的爱国情怀倾注到建设中国特色社会主义的宏伟事业中。

（三）改革创新是时代精神的核心

1. 奏响时代精神的最强音

古人云：“穷则思、思则变、变则通、通则久。”秦国因商鞅变法而称霸七雄、统一中国，汉朝因文景之治，唐朝因贞观之治而使中国傲然挺立于东方，直至康乾盛世。历史也一再告诫我们，不思进取，不与时俱进，不改革创新，就会被历史淘汰。正是由于乾隆推行“持盈保泰”的治国方略，将“盛世”推向“衰败”。历史上，墨守成规是不可能长期维持繁荣状态的，只有不断向社会注入新的活力，向社会成员提出理性而富有刺激性的新的奋斗目标，才能促进繁荣的深入发展。社会演变是不可能停止的，停止的只可能是人们的进取与奋斗。若统治者一旦丧失了开拓创新的动力，丧失了努力的方向，陶醉于眼前的繁荣，沉醉于已有的辉煌，各种危机和矛盾就会酝酿和滋生。18世纪就是这样，乾隆皇帝“持盈保泰”的结果，就是集中精力“护守成宪”，对眼前的问题作小修小补，而用更多的时间享受盛世的繁华，使封建的盛世一去不返。历史的教训是深刻的。因此，我们党带领人民破除一切妨碍发展的思想观念、体制机制和政策措施，进行系列改革创新，正是依靠这种精神，中国人民创造了改革开放30多年来举世瞩目的辉煌成就。深圳特区的建设就是鲜活的事例，就如温家宝同志所说，敢闯、敢干、改革、创新是深圳特区取得重大成就的重要原因。

2. 改革是一场深刻的革命

中国的改革开放，是决定中华民族前途和命运的伟大抉择，没有成熟的经验可以照搬，没有成功的模式可以复制。书写这一新篇章，离不开中国共产党的正确领导，离不开全体中国人民的团结奋斗，离不开全球炎黄子孙共襄盛举。而在这一新篇章上，始终凝聚和折射着创新精神。创新是一个民族、一个国家发展与进步的灵魂。因循守旧、固步自封，只会把一个国家、一个民族推向衰败和灾难。中国古代的王朝兴衰，无不是“其兴也勃焉，其亡也忽焉”。主宰兴亡的根本因素之一，就是能不能抓住历史机遇、迎接历史挑战。放眼世界，这一兴亡率的主导力量，同样是创新。我们可以看到，有的国家不失时机的抓住了历史机遇，正确回应历史挑战，以科技创新、制度创新，开创了人类历史的工业革命时代。同样，有的国家也是通过科技创新、制度创新，进入了信息时代。历经 90 多年奋斗创造，中国共产党带领亿万人民，开辟中国特色社会主义道路，形成中国特色社会主义理论体系，确立中国特色社会主义制度，开创了前无古人的伟大事业。这样的探索，不可不谓当今世界创新之至大者。

3. 大胆地试，大胆地闯

创新是实现中华民族伟大复兴的不竭动力。当前，中国的改革开放和现代化建设进入了以科学发展为主题，以转变发展方式为主线的关键时期。中国当下的改革，也进入了攻坚阶段。进一步的改革开放，就是要进行科学的、为最广大的人民群众拥护的体制创新、政策创新。与此同时，中华民族要在全球化、工业化、城镇化、信息化的时空中，实现伟大复兴，完成西方近二百年才完成的任务，建成现代化国家，必须要有源源不断的科技超越前人，同时也超越自己。再如，信息时代、自媒体时代的社会管理问题，已成全球面对的共同课题。因应这一变化，创造社会管理和社会治理新的体制机制，更好地维护社会稳定，亦是迫在眉睫的重大创新课题。没有创新就没有未来。必须解放思想，实事求是，与时俱进，永不僵化、永不停滞。创新，是为了创造更加美好的明天。中华民族最贴近的明天，就是实现两个"百年目标"。围绕这两大目标，所有的创新，都在以人为本、科学发展的旗帜下集结。所有的力量，都在以人为本、科学发展的旗帜下汇聚。一切为了人，围绕人，实现人的全面发展。这就是当代中国精神的最高价值。这一价值，必将随着中国的发展与进步，给人类发展提供新的精神动力。苟日新，日日新，又日新。可以断言，随着十八大的胜利召开，中国必定能进入一个更加伟大的创新时代。中国人的世纪梦想，正在发出振奋中国精神的时代呼唤。

三、永远朝气蓬勃迈向未来

中华民族具有以爱国主义为核心的民族精神和以改革创新为核心的时代精神，民族精神是一个民族赖以生存和发展的精神支撑，时代精神是激励一个民族奋发图强、振兴祖国的强大精神动力。中华民族所具有的民族精神和时代精神，统称为中国精神，这种精神是凝心聚力的兴国之魂、强国之魂。实现中国梦必须弘扬中国精神，中国精神源远流长、博大精深、经久不衰，是支撑、凝聚和激励中华民族团结奋斗、励精图治、勇往直前的伟大力量。

（一）人无精神不立，国无精神不强

1.人是要有点精神的

人类与其他生物的根本区别，就在于人类有意识、精神。因而，人类的生存状态，与其精神的存在状态分不开。精神是一个人的灵魂，是维系生命活力的阳光。任何人不管是否拥有高深的哲学知识，如果他的精神是实在的，就是上扬的。一个人的精神有所寄托，就会热爱生活，就会朝气蓬勃，就会勇往直前，不屈不挠，就会使世界变得绚丽多彩。反之，如果一个人失去了精神，他就失去了支柱，失去了意志和骨气，就会变得得过且过，无所事事，不思进取，就会萎靡不振，就会萎缩不前自暴自弃，也就失去了一切。因此，精神支柱和精神动力是人类的真实生命，是民族的力量源泉。一个人最可怕的，不是他的贫贱状况，而是他的精神萎顿；一个民族最可怕的，不是它的贫弱状态，而是它的精神疲软。一个人只要有点精神，就永远都有希望；一个民族只要精神振奋，就迟早能够改变其贫弱的面貌。

2.精神力量不断创造奇迹

一个民族有强大的精神支柱和精神动力，就会创造世界的奇迹。反之，如果缺乏坚强的精神支柱和精神动力，就会造成民族的创造性衰竭，就会使民族走上灭亡。没有人的精神的有力支撑，就没有全民族精神力量的充分发挥，一个国家、民族就不可能屹立于世界民族之林。物质贫乏不是社会主义，精神空虚也不是社会主义。实现中国梦，要求我们不仅在物质上强大起来，也要在精神上强大起来。以爱国主义为核心的民族精神和以改革创新为核心的时代精神，是动员和团结全国各族人民共建美丽中国的精神动力，是团结、凝聚、支撑党和人民自强不息、开拓进取的精神支柱，也是“中国奇迹”的精神源泉和动力，这是推动中国持续发展的内在的、本质的、根本的优势。今天，中国进入社会转型期、改革攻坚期，精神力量的作用也愈加凸显。面对纷繁复杂的观念世界，如何在多元中立主导，在多样中谋共识？面对艰巨繁重的改革发展任务，如何以更大智慧与勇气啃硬骨头、涉险滩？离梦想越近，就越需要不断增强团结一心的精神纽带，越需要持续激发自强不息的精神动力。

3. 社会发展需要精神动力

人类社会的发展，有着与自然界根本不同的规律，它不仅需要强大的物质动力，而且还需要有强大的精神动力。甚至在一定的条件下，精神动力对社会发展所起到的作用更大。因为人类社会发展的根本动力，是社会生产力，而在社会生产力中起主导作用的是人而不是物。特别是在现代社会，随着经济增长方式从粗放型向集约型的转变，从劳动力密集型结构向科技密集型结构特别是文化密集型结构的转变，人在经济社会发展中的作用愈来愈大，对人才的呼唤，对“以人为本”的重视，已经成为当今世界的共同要求。而人，是物质与精神的统一体，是以精神为主导的物质体，精神的力量是人所特有的强大力量。它对于社会生产力乃至整个社会的发展都有着不可缺少的巨大价值。同时，时代精神既然是当代世界发展潮流和基本趋势的本质反映，是一个社会、民族和国家顺应人类社会历史发展要求的与时俱进的精神风貌和优良品格，是保证一个社会、民族和国家不落伍的精神力量。中华民族要在当代激烈的国际竞争中立于不败之地，不仅要创造强大的物质力量，而且要创造强大的精神力量：而民族精神和时代精神正是这种强大的精神力量，它必将成为持续不断地推动民族凝聚力向前发展和社会主义现代化建设的巨大精神动力。

（二）积聚正能量，孕育新希望

1．"正能量"是最近出现频率较高的一个词

"正能量"指一种积极向上的态度和敢于拼搏的精神，指所有能给予人希望和追求，使人行动的动力和感情，包括豁达、愉悦、进取等。这一热潮是由"英国大众心理学传播第一教授"理查德·怀特曼的《正能量》一书引起的，书中讲述通过各种有趣新奇的实验，归纳出一系列行之有效的方法，以帮助身处人生低谷、长期焦虑、沮丧、消沉、自我怀疑的人改变自己的工作、生活、行为模式，破除了"性格决定命运"、"情绪决定行为"等惯常认知。怀特曼认为：每个人身上都有"正能量"和"负能量"，只有正确地引导，才能激活体内的正能量，向周边的人传递积极正面的情绪。

2．正能量在我们身边

被誉为"中国人的年度精神史诗"的《感动中国 2012 年度人物评选颁奖典礼》上，无论是"纵使终令汗竹香"的林俊德、"长使英雄泪满襟"的罗阳，还是"能受天磨为铁汉"的李文波、"孝更绝伦足可矜"的陈斌强……那一个个闪烁人性光芒的道德楷模，那一张张至刚至伟的和善面孔，那一段段至真至柔的动人故事，点亮了观众的目光，震撼着人们的心灵，挺立起中华民族的"精神脊梁"。继不久前河南郑州"全城吃面"为患癌面馆老板筹集医疗费后，乌鲁木齐也出现了"全城买鹅"为白血病患者筹药费的场景。南京的雪夜，人们出行不便，不少私家车主动义务送路人，当被问及姓名和电话时，车主的回答只有一

句:我是雷锋!无数普通人那一双双温暖的手、那一颗颗滚烫的心,演绎着最伟大、最圣洁的人间真情,蕴藏在民众之间的点滴善意,正是我们这个国家和民族的灵魂和希望。正能量并不遥远。更多的时候,它不是轰轰烈烈、舍己为人,而是伸手就可做到的细小之举:在公交车上给老人让座,照顾生病的邻居生活起居,甚至是把路旁的垃圾随手丢到垃圾箱里。很多事情也许并不伟大,但足以温暖我们的心灵。

3.令人无限感动的正能量

“人之初,性本善。”这炽热的道德光泽,闪耀着人们的精神星空,击中着我们内心的柔软,也温暖着整个社会。这发自人们心底的善,是一种无形的力量,让我们享受着精神的沐浴,也陷入了长久的思索;当我们因为个别现象埋怨整个社会道德失语与底线失守的时候,突然发现,世间有大量坚持内心良善的人存在,而且就在我们身边;我们最需要的,是睁大善于发现的眼睛,用纯洁的内心感知对善的追求、对爱的渴望、对美的向往,不断激发继续前行的力量。助人收获快乐,奉献创造幸福。“积善之家,必有余庆”,“好人走过的地方开满鲜花”。助人收获的快乐是一种动力补给,使我们更乐于助人,习惯渐成自然。感动的过程,就是精神被激荡、被洗礼和被砥砺的心路历程,也是同频共振的过程。感动到行动,有时存在着一定的距离。缩短这个距离,需要在内心埋下爱的种子,积聚人人向善的正能量。承载着社会主流道德价值取向的雷锋精神,就是这种震撼心灵的正能量。它巩固着人们的思想基础、凝聚着民族的精神力量、弘扬着社会主义核心价值观。总有一种力量,让我们泪流满面;总有一种精神,让我们信心倍增;总有一种人格,驱使我们不断寻求自我完善。让我们都铭记:做一个有坚定信仰的人、有温热情怀的人、有美好价值观的人,用自己的一言一行筑牢国家发展的道德基石,更精彩地续写中国人的精神史诗。

(三)精神力量在生动伟大的实践中激发

1.理想信念永放光芒

中华民族在绵延五千年的文明中,孕育、锻造出了许许多多光彩夺目、普照人间的中国精神。这些历久弥新的中国精神,是中华民族昂立于世界民族之林的精神脊梁。每个历史时期的精神积淀,在历史场景的实践中被激发出来,那些反映社会进步与发展方向、引领时代潮流、为大家普遍认同和接受的思想观念、道德规范,是那个时代的精神气质和精神风貌的综合体现。中国共产党领导人民取得革命、建设、改革开放事业的胜利,是对理想的不懈追求和对信念坚定执着追求的胜利。对理想信念坚定执着的追求,照耀着党领导人们前进的方向,激励着党率领群众奋勇前行。在构建社会主义和谐社会,全面推进中国特色社会主义建设事业的新征程中,同样需要对理想信念坚定执着的追求精神。正如邓小平指出的"我们一定要经常教育我们的人民,尤其是我们的青年,要有理想。为什么我们过去能在非常困难的情况下奋斗出来,战胜千难万险使革命胜利呢?就是因为我们有理想,有马克思主义信念,有共产主义信念。"[①]只有共同的理想、坚定的信念、执着的追求,才能把广大人民的积极性、创造性凝聚到实现中华民族伟大复兴的壮丽征程上来。在邓小平光辉的一生中,"三起三落"的经历一直

① 《邓小平文选》第三卷,人民出版社1993年版,第110页。

为世人所称道。"我是中国人民的儿子,我深情地爱着我的祖国和人民。"他所表现出来的为国为民、始终不曾放弃理想的伟大人格和崇高品质,激励着无数中华儿女在民族复兴的道路上奋勇向前!

2. 传承和高擎中国精神的"火炬手"

中国共产党在把马克思主义与中国实际相结合的过程中,始终有着一个坚定不移的价值追求,就是为"求得民族独立和人民解放"和"实现国家繁荣富强和人民共同富裕"而奋斗,这就是中国精神的感召力和凝聚力,使中国精神源远流长。中国精神是一部发展史,就是中国共产党人领导中国人民不断传承、不断发展、不断弘扬井冈山精神、长征精神、延安精神、西柏坡精神。在革命战争年代诞生的红色精神的引领和影响下,才有了新中国成立60多年来的铁人精神、航天精神、特区精神等中国精神的一脉相承、相互辉映。中国共产党人以表率行动,在学习实践活动中提出弘扬延安精神、推动科学发展、建设美好祖国,体现了新的历史条件下继承和发扬延安精神的新要求,生动诠释了中国精神的真谛,谱写了一曲曲中国精神的动人乐章,铸就了一座座中国精神的不巧丰碑。特别是改革开放30多年来,以爱国主义为核心的民族精神和以改革创新为核心的时代精神交相辉映,为伟大的中国精神注入了崭新的时代元素。改革开放一个个"第一"和"首次",正意味着一次次突破、一次次进取。改革开放改变了中国人的精神生活,引发并实现了中国精神的新转变,将中国精神的发展推进到新的阶段。

3. 精神传承是一场没有终点的接力

一个前进的时代,总有一种奋发向上的精神;一个发展的民族，总有一种积极进取的意志。在中国的历史长河中，无数的仁人志士革命先烈为了我们美好的明天而抛头颅，洒热血，用青春和生命书写未来，用赤诚的爱国情和坚贞的爱国心，筑就和延续着伟大的民族精神！爱国主义始终是把中华民族坚强团结在一起的精神力量，改革创新始终是鞭策我们在改革开放中与时俱进的精神力量。在中国共产党90多年的奋斗历程中，培育形成了一系列彰显和反映民族精神、体现时代要求、凝聚社会共识、激发创造活力的伟大中国精神。“宁可少活20年，拼命也要拿下大油田”这是艰苦奋斗、敢于胜利精神的大写意；“活着没有把沙丘治好，死了也要看着兰考人民把沙丘治好”这是淡泊名利、无私奉献精神的大写意；“敢想，敢闯，敢为天下先”这是锐意进取、开拓创新精神的大写意。他们虽然身处不同年代、不同环境、不同岗位，但他们的崇高精神和优秀品质，体现了对祖国和人民的无限忠诚、对理想信念的执着追求、对实现中华民族伟大复兴的坚定信心，令人感动、催人奋进，给人以力量、给人以鼓舞，影响和带动人们见贤思齐，奋发向上，万众一心，勇往直前。这些全部都缘于一种独特的民族凝聚力，缘于一种绵延数千年而沉淀于中国人民血液中的巨大神力“中国精神”！依靠中国精神我们取得抗震救灾斗争的伟大胜利；依靠中国精神我们成功举办北京奥运会。今天，面对国际金融危机的冲击，“众志成城”、“共克时艰”、“危中求进”、“化危为机”成为全民族的共识，中国精神成为应对危机的强大动力。中国精神在金融危机面前，给中国人民增添了信心。“任何困难都难不倒英雄的中国人民”。化危为机，一种万众一心的民族凝聚力，一种自强不息的中国精神！正是社会主义核心价值观的生动写照。中华民族伟大精神的传承，将与今天这个时代一起，熠熠生辉，彪炳后世。

4. 坚守信念，传承精神，是一个民族成熟的重要标志

传承中国精神是一场没有终点的接力。中国精神在迎接挑战中得到了彰显、升华和创新，中国人民在追寻中国梦的征程中学会坚强、自信、友爱、奉献。鲁迅曾说过，"唯有民魂是值得宝贵的，唯有他发扬起来，中国才有真进步。"在实现中国梦的新征程中，中国精神就像一盏照耀我们民族奋勇前进的不灭灯塔，引领中华民族在全面建设小康社会的征程上阔步前进。大力弘扬伟大的民族精神和时代精神，让凝心聚力的兴国之魂、强国之魂融入实现中国梦的历史进程，我们就一定能永远朝气蓬勃地迈向未来，不断开创中国特色社会主义更加美好的明天！

延伸阅读

世纪"中国梦" 伟大"三部曲"

从人类历史来看，中国文明是独一无二的。中国文明数千年绵延不绝、生生不息，屹立在世界东方。只有到了近代，中国因封闭而落伍，因落伍而挨打，因挨打而奋起，这就有了孙中山"振兴中华"的夙愿，但是并没有找到真正的复兴之路，中国仍然加速衰落，中国国内生产总值（GDP）占世界总量比重从1900 年的 12.0%下降至 1950 年 4.6%。此时的中国是 2000年来特别是 200 年来，占世界 GDP 总量最低的历史记录，也是

世界绝对贫困人民最多的国家。

那么20世纪下半叶，中国是否能够发动工业化、城镇化、现代化？中国能找到摆脱绝对贫困、摆脱极端落后的面貌、实现小康水平、小康社会、重新崛起和伟大复兴之路吗？历史给予回答：到2000年中国GDP占世界总量比重达到11.8%，成为世界经济大国，显示了中国先衰落后崛起、先挨打后自强的历史轨迹，也为实现21世纪“中国梦想”奠定了历史的大台阶。

进入21世纪，中共中央提出了伟大中国“三部曲”：第一部曲，用20年时间，到中国共产党成立100年时全面建成小康社会，现在时间过半，任务超额过半，十八大又围绕这一核心目标系统地设计了经济建设、政治建设、文化建设、社会建设和生态文明建设“五位一体”的目标体系。第二部曲，再花30年时间，到新中国成立100周年，全面实现中国特色社会主义现代化。第三部曲，在整个21世纪一步步实现中华民族伟大复兴。

这就是伟大人民、伟大国家、伟大民族的“中国梦想”的“三部曲”，也是中国共产党的伟大历史使命，领导十几亿人民一同建设、一同创造、一同分享、一同实现伟大中国梦想。

中国的伟大复兴根本上是文化和文明的复兴，中国的复兴是有根的复兴，有历史之根、文化之根、文明之根，才能形成参天大树，也才能形成浩瀚林海。

中华文明所蕴含的自强不息、厚德载物的精神，经世致用、实事求是的哲学思想，“以和为贵、和而不同”的和合思想将成为中国文明复兴的不竭的“源头活水”。“亦古亦新”的21世纪中国文化，将如浴火重生的凤凰，以美妙的身姿照亮整个人类的天空。

中国的伟大复兴是全面的复兴，是人类历史上前所未有的新天。中国将按照"五位一体"总体布局，不断夺取中国特色社会主义的新胜利，中国将创造人类历史前所未有高度的物质文明、政治文明、精神文明、社会文明、生态文明。

中国的伟大复兴将推动人类走向世界大同。21世纪的中国将成为和合型的世界大国，致力于维护世界和平、促进人类的共同繁荣、构建和合型的国际秩序，为人类发展做出巨大贡献。

中华民族伟大复兴之路如同万里长征之路，是一代又一代中国共产党人带领全国人民，前仆后继、艰苦卓绝的世纪长征，是通过一件大事接着另一件大事干出来的。我们还要发扬"雄关漫道真如铁，而今迈步从头越"的长征精神，这是对自古以来中华民族自强不息精神的发扬光大，并向世界展示的"中国精神"。

（来源：《人民日报·海外版》2012年12月1日）

第五章

实现中国梦必须凝聚中国力量

在第十二届全国人民代表大会第一次会议上，习近平同志强调："实现中国梦必须凝聚中国力量。这就是中国各族人民大团结的力量。中国梦是民族的梦，也是每个人的梦。只要我们紧密团结，万众一心，为实现共同梦想而奋斗，实现梦想的力量就无比强大，我们每个人为实现自己梦想的努力就拥有广阔的空间。生活在我们伟大祖国和伟大时代的中国人民，共同享有人生出彩的机会，共同享有梦想成真的机会，共同享有同祖国和时代一起成长与进步的机会。有梦想，有机会，有奋斗，一切美好的东西都能够创造出来。全国各族人民一定要牢记使命，心往一处想，劲往一处使，用 13 亿人的智慧和力量汇集起不可战胜的磅礴力量。"从"中国梦"到三个"共同享有"，拨动了大家的心弦，道出了共同的心声，更激发起人们实现梦想的无限期待。

一、共同享有人生出彩的机会

"共同享有人生出彩的机会"是三个"共同享有"中最为振奋人心的一句话。个人的梦想与国家的梦想是相互维系的:"中国梦"是凝聚人心的,是国家与民族发展腾飞的寄托;"共同享有人生出彩的机会"是"中国梦"实现的推动力量。每个人当从个人的"人生出彩机会"中为"中国梦"增光添彩。而"中国梦"的实现给每个人对精彩人生的美好期待提供的梦想成真的无限契机。"人生出彩的机会"给予更多梦想的期待,不论你来自哪个阶层,不论你来自哪个民族,不论你来自哪个地区,不论你的起点多低,你的人生都有出彩、成功的机会,都有实现自己价值的机会。

(一)"共同享有人生出彩的机会"奏响美丽中国的时代强音

20年前西方就预测"西方民主制度将一统天下",苏联解体后又预测中国也要步它的后尘分崩离析,香港回归前又预测香港的繁荣将一去不复返,2008年金融海啸爆发后,又有人预言,中国要出现大乱。结果这一切都成了笑话。面对浩浩荡荡的时代潮流,面对风云诡谲的国际环境,面对重如泰山的人民托付,我们的祖国不但没有被击垮,反而在中国共产党的坚强领导下取得了举世瞩目的伟大成就:奥运世博展大国风范,载人航天圆千年梦想……在全球经济普遍低迷的情况下,中国经济以年均10.7%的速度连续增长,国内生产总值由世界第6位上升到第2位,中国正以一个开放的姿态不断提升国际地位和影响力。中国社会的硬件构成逐渐接近世界中等发达国家水平，并且这些年向国民提供的人生硬件元素有了较大幅度的增长，这通常是优质软感受的头号来源，给每个人追求“人生出彩”注入无限动力。

在字字珠玑的十八大报告中，“美丽中国”一词激起社会各界的共鸣、受到广大群众的欢迎。从“人定胜天”的万丈豪情到“必须树立尊重自然、顺应自然、保护自然的生态文明理念”，再到可感、可知、可评价的“美丽中国”，蕴藏的寓意耐人深思，发人深省。过去10年间，从巴厘岛到哥本哈根、德班，历届气候大会上，中国带头许下并切实履行绿色发展的庄严承诺；从“十一五”首次设立约束性指标，到清理整顿钢铁等高耗能行业，从实施京津风沙源治理等系列生态工程到出台节能减排计划，从单位国内生产总值能耗下降12.9%到生态补偿机制稳步推进，中国正逐渐告别“黑色发展”，走上“前人种树、后人乘凉”的绿色发展之路，“绿色发展”的理念逐渐进入党的执政视野，已经在中国生根发芽。无论是用首重生态文明的自然之美、体现科学发展的和谐之美、展现温暖感人的人文之美中的哪一点来概述，“美丽中国”的理念契合时代的发展，彰显了中华民族对子孙后代负责的精神。中国共产党以人民幸福为己任，让人民享有更优美的生存环境，让人民工作得更好、生活得更好，努力创造环境让每个人实现一个又一个人生梦想。正是奏响了美丽中国的时代强音，让“共同享有人生出彩机会”有了实现的可能。

（二）“共同享有人生出彩的机会”作出责任中国的庄严承诺

责任就是担当，责任成就未来，责任二字重千钧。十八大翻开了党和国家奋斗的新的历史篇章。在全面建设小康社会关键时期和深化改革开放、加快转变经济发展方式攻坚时期，如何让每个中国人民真正得以"人生出彩"，习近平同志的履新讲话向全世界发出了中国的声音，也向全国人民发出了敢于担当、勇于负责的声音。习近平同志所说的对民族的责任、对人民的责任和对党的责任这"三个重大责任"既是中国共产党立党宗旨所在，也是广大人民群众的期盼，彰显了执政党的民本思想和真诚的民主观。

"对民族的责任"就是要为中华民族的伟大复兴而奋斗。建国以来历代中央领导集体都根植中国国情，一以贯之建设社会主义强国。一个民族只有善于总结历史，才会在开辟的道路上走得更为久远。继往开来，肩负对民族的责任，在中华民族伟大复兴的历史进程中，全面审视当今世界和当代中国发展大势，是执政党的重大历史使命。习近平同志重申的"民族责任"表明"接过历史的接力棒"，继续为实现中华民族伟大复兴而奋斗的坚强决心。这是中国共产党对自身历史使命的再次重申，凸显了党作为中华民族先锋队的先进本色。

"对人民的责任"是一个时代的呼唤。无论民族复兴还是国家兴旺，着眼点始终是人民，人民利益至上。坚定不移走共同富裕道路就是对人民的责任。"人民对美好生活的向往"永不停息，美好生活愿景代代更新，如何向人民提供"更好的教育，更稳定的工作，更满意的收入，更可靠的社会保障，更好的医疗卫生服务，更舒适的居住条件，更优美的环境"，既道出人民真切期盼的民生福祉，也是执政党不能推卸的责任，而且需要通过"继续解放思想，坚持改革开放"率领人民群众排除万难不断地去解决。中央新领导集体的政治承诺，彰显了人民情结和务实作风。

“对党的责任”直接关系到对“人民的责任”和对“民族的责任”的兑现。民族复兴、人民幸福，离不开党自身的先进性、纯洁性，离不开党的坚强的、正确的领导。只有一个不断解放思想并自我净化的政党，才能在活力的持续迸发中与时俱进，才能取得更辉煌、更令人惊喜的成就。切实解决自身存在的突出问题就是对党的责任。

使命高于一切，责任重于泰山。从新一届中央领导集体对全国人民“三个责任”的承诺中，我们看到了一种实事求是的态度，一种居安思危的精神，一种攻坚克难的气魄。有这样的态度、精神和气魄，我们坚信党一定能解决好自己的问题，完成好自己的使命，我们有更充分理由期待“人生出彩”机会的实现，期待“中国梦”的实现。

（三）“共同享有人生出彩的机会”许下自信中国的铿锵誓言

习近平同志在党的十八大后谆谆告诫全党“空谈误国、实干兴邦”，清醒认识到“打铁还需自身硬”。为此，新的一届中央领导率先做出了表率：姿态谦虚——“决不会躺在过去的功劳簿上”，态度坚决——“坚持党要管党、从严治党”，决心坚定——下大气力解决党自身存在的诸如“贪污腐败、脱离群众、形式主义、官僚主义”等问题。中国共产党善于总结得失，敢于直面问题，以执政党的高度自觉、自省、自信，向世界展示时代中国的无畏风骨和实干精神。鲜明的姿态、自觉的态度、坚定的决心来自于对道路自信、理论自信、制度自信。

中国特色社会主义道路是实现途径，中国特色社会主义理论体系是行动指南，中国特色社会主义制度是根本保障，三者统一于中国特色社会主义伟大实践。走中国特色社会主义道路，是当代中国发展进步的旗帜，它鲜明地表达了我们党建设有中国特色社会主义的坚定信念。中国特色社会主义道路，是我国进一步实现民族振兴、国家富强、人民幸福、社会和谐的必由之路，是历史、人民和时代的选择。改革开放的伟大实践证明，中国特色社会主义道路是科学社会主义与中国国情相结合的产物，是马克思主义中国化的科学成果。中国特色社会主义理论体系是一个不断发展的开放的理论体系，是我们党在长期的社会主义建设实践中历经艰辛探索逐步形成的，它是马克思主义中国化的最新成果，是我们党最可宝贵的政治和精神财富，是全党全国人民团结奋斗的共同思想基础。这一体系创造了在一个经济文化落后的国家建设社会主义的伟大神话。而中国特色社会主义制度集中体现了中国特色社会主义的特点和优势，是当今中国发展进步的根本制度保障。它不是抽象的，而是在经济、政治、文化、社会等各个领域中形成的一整套相互衔接、相互联系的制度体系。制度自信鲜明地回答了当代中国朝着什么样的目标继续前进这个关系党和国家工作全局的重大问题。

三种自信充分彰显了党对所从事的事业无比的信心，对走什么道路，以什么理论为指导，坚持什么制度有了明确的回答，必将引领中国以更坚实地步伐阔步向前。自信，是战胜一切艰难险阻和创造美好未来的力量源泉。党员自信则党组织自信，人民自信则国家自信。正是由于三种自信，习近平同志在讲话中强调的为人民创造“共享人生出彩机会”变得真切感人，让百姓倍感振奋，让人民倍受鼓舞。

二、共同享有梦想成真的机会

梦想不是虚无飘渺的，不是看不见摸不着的，只要不懈奋斗，每个人都可以看到自己梦想成真。而梦想的实现，同样需要社会的土壤，唯有权利公平、机会公平、规则公平的，才能拓展“中国梦”的幸福纵深。

(一)社会公平创设梦想成真的良好环境

实现民族复兴的中国梦，是近代以来中华民族肩负的历史使命。无数中华儿女为之前仆后继、上下求索，遗憾的是光明迟迟没有到来。从登上历史舞台那一刻起，中国共产党就勇敢担当起这一使命，筚路蓝缕开启征程，改变了国家和民族的命运，走出了中国特色社会主义道路，迎来了我们民族伟大复兴的光明前景。

忆往昔，中国特色社会主义道路来之不易，它是在改革开放30多年的伟大实践中走出来的，是在中华人民共和国成立60多年的持续探索中走出来的，是在对近代以来170多年中华民族发展历程的深刻总结中走出来的，是在对中华民族5000多年悠久文明的传承中走出来的。深厚历史渊源和广泛现实基础彰显了中国道路的旺盛生命力，让人民充满自信心和自豪感。

看今朝，过去与未来的梦想在此刻交织。在“苹果四代”与“四袋苹果”的差距下，人们能否拥有公平的权利？尚不均衡的教育资源分配中，同龄人是否可以在平等的环境中放飞自己的梦想，收获努力与汗水播撒的希望？在城市钢筋水泥的包裹下，广大的农民工能否摆脱"城乡无依"的窘境？农村居民何时能够便捷地享受到优质医疗资源，不再忙于乡村与大城市间来回穿梭，不再为"看病难"而闷闷不乐？在社会不断发展的同时，伴随着对丧失公平的焦虑，人们对于社会公平的关注与日俱增，追求平等的呼声也越来越高。然而，"一刀切"、"大锅饭"、"平均主义"的实践并没有取得原先设想的效果，人们没有见到自己心中向往的公平图景。更加值得注意的是，随着社会财富的逐步增加与积累，平均数意义上的强大并不是我们的最终追求。"富不过三代"似乎已被现实证伪，贫穷"遗传"、阶级板结、利益固化等社会趋向，应当引起我们的高度重视。一个社会、一个国家、一个民族的发展，公平正义不可置若罔闻。既患寡又患不均的执政意识，确保社会平等的管理意识，不可一日或缺，不可稍有疏漏。

在刚刚召开的十二届全国人大一次会议上，我们已经直观地感受到了变化，仅从代表的比例与组成上，我们似乎可以体会到平等之风已悄然拂面。十二届全国人大代表中，来自一线的工人、农民代表比例增加，比上届提高了5.18个百分点，其中农民工代表数量大幅增加；专业技术人员代表提高了1.2个百分点；领导干部数量下降，党政领导干部代表占代表总数的34.88%，降低了6.93个百分点；妇女代表比十一届提高了2.07个百分点。同时，更多80后90后代表的出现，格外引人注目。年龄最小的代表陈若琳生于1992年12月，身为国家跳水队运动员，她是我国女子跳台跳水大满贯第一人。

由此，我们应该更加自信。党的十八大报告提出，逐步建立以权力公平、机会公平、规则公平为主要内容的社会公平保障体系，这是对社会公平期待的真切回应和庄严承诺。在发现问题的同时，我们也看到，近些年，从上学到就业，从看病到养老，从收入分配到社会保障，个体、城乡和区域之间的差距整体上正在逐步缩小，社会公平建设越来越受到社会各方重视并付诸实实在在的行动。发展中出现的问题，只能靠发展来解决。实现“三个公平”必须以发展为第一要务，使人民共享社会进步的成果；同时，要从制度安排上对破坏公平的权力异化行为进行约束。我们要坚持党的领导、人民当家作主、依法治国有机统一，坚持人民主体地位，扩大人民民主，推进依法治国，坚持和完善人民代表大会制度的根本政治制度，中国共产党领导的多党合作和政治协商制度、民族区域自治制度以及基层群众自治制度等基本政治制度，建设服务政府、责任政府、法治政府、廉洁政府，充分调动人民积极性。必须大力实施依法治国方略必须大力实施依法治国方略。公正的法律体现最大的民意。必须严格依法办事，人民群众的权利才有可能得到充分保障。任何超越宪法和法律的特权，任何以言代法、以权压法、徇私枉法行为都应当受到法律制裁，坚决破除“权大于法”的现象；必须不断提高行政透明度，让权力在阳光下运行，充分保障人民知情权、参与权、表达权、监督权，权力所到之处都向人民公开、让人民监督。

社会公平建设在社会发展中有着重要的意义。完善的制度体系，公开透明的行政之风，公平正义的处事原则，一定会为平等营造发展的氛围，为梦想成真创设良好的环境。

(二)不懈奋斗构筑梦想成真的必由之路

1. 胸怀远大目标、凝聚八方力量

贯穿现代史,梦想是激励人们发奋前行的精神动力。当一种梦想能够将整个民族的期盼与追求都凝聚起来的时候,这种梦想有了动员全民族为之坚毅持守、慷慨趋赴的强大感召力。

在人类社会发展史上,中国曾长期处于领先地位,灿烂的文明举世瞩目。1840 年以后,由于西方列强的入侵和满清王朝的腐朽,中国一步步沦为半殖民地半封建社会。固步自封,骄傲自满,安于现状,一个丧失梦想,丧失目标,丧失动力的国家,就这样在自我欺骗中渐渐昏睡过去。人民没有因此停止追求梦的脚步,为了改变国家和民族的命运,一批又一批仁人志士进行了艰辛努力和不懈探索。在绝境中猛醒、在苦难中奋起的中华民族,为民族大义所激奋,中华民族向前、向上的生命力日益强劲地迸发出来,实现中华民族伟大复兴的“中国梦”再一次亮相世界的舞台。1921 年,中国共产党诞生,她团结带领全国各族人民完成了民族独立和人民解放的历史任务。新中国成立之后,中国共产党又带领人民实现了从新民主主义到社会主义的过渡,开始了在社会主义道路上实现中华民族伟大复兴的历史征程。“中国梦”和中国近现代史日益呈现出光明的色彩。

2. 坚定理想信念、勇力改革潮头

历史和现实给了我们启示,越是接近梦想,路途越是坎坷。今天的中国,已成为世界第二大经济体,面临着发展方式的转变,改革深水区的挑战。在前进的道路上,发扬民主凝聚攻坚克难的力量,坚定高远的理想确立科学的目标,中国特色社会主义事业就能不断向前发展。梦想成真要勇于冲破陈旧观念的障碍，要勇于突破利益固化的藩篱。

改革创新始终是激励我们在时代发展中与时俱进的精神力量。从太平天国到洋务运动，从戊戌变法到辛亥革命，都没有完成救亡图存的历史使命。实践证明，不触动封建根基的自强运动、旧式的农民起义、资产阶级革命派领导的民主革命，都无法改变中国的命运。正当中国人民不断失败又重新奋起之时，十月革命一声炮响，给中国送来了马克思列宁主义，中国的命运被重新书写。今天，我们在大街小巷穿行，迎面而来的是来自世界各地的琳琅满目的商品，改革开放的春风让人民的内心更加温暖。30 多年来，从农村改革的兴起，到深圳等特区的创立，从社会主义市场经济体制的发展，到中国特色社会主义各项事业的开拓，改革创新精神激荡神州，造就了历史的沧桑巨变，成就了今天的中国。改革开放是强国之路，是实现"中国梦"的"关键一招"，党的十八大向全党全国发出了深化改革开放的新的宣言书、新的动员令。提高经济增长的质量和效益，国内生产总值增长 7.5%需要付出艰苦的努力；适当增加财政赤字和国债规模。赤字 1.2 万亿创历史新高，增加的赤字主要有助于向调结构、惠民生倾斜；首次提出两个"同步"，城乡居民人均收入实际增长与经济增长同步，劳动报酬增长和劳动生产率提高同步；下决心解决好环境污染问题，加快转变经济发展方式，促进经济持续健康发展，要顺应人民群众对美好生活的期待大力加强生态文明建设和环境保护；企业退休人员基本养老金继续提高 10%，新农合和城镇居民基本医疗保险财政补助标准提高到 280 元，人均基本公共卫生服务经费提高到 50

元,年度财政性教育经费支出总额已超2万亿,今后还要继续增加……政府对民生的投入,无论是绝对数字还是占财政支出的比例,无论是总量还是人均,都保持持续增长。

我们在努力推进改革,为实现我们共同的"中国梦",在追逐梦想的路上,我们不畏困难、不惧挑战,坚定理想信念、确立目标,向着未来迈步前进。

3. 坚持脚踏实地、实干得以兴邦

任何一个能够引领民族发展进步的梦想都是美好的,任何美好的梦想都必然伴随时代的节拍、顺应现实条件的变化而变化,在为"中国梦"振奋之余,我们不能忘记一步一个脚印地踏实工作,努力将梦想转变为现实,落实于实践之中。许多梦想固然美丽,令人神往,若只停留于概念,它将永远在乌托邦中沉睡。中华民族伟大复兴是一项光荣而艰巨的事业,需要一代又一代中华儿女团结实干、开拓创新。

无数科技工作者无私的付出让梦想走进了人们的视野。"敢上九天揽月,敢下五洋捉鳖",毛泽东同志浪漫主义伟大情怀的抒发,经过半个世纪的奋斗,成为我们今天亲眼目睹的现实。"神舟八号"飞船与"天宫一号"目标飞行器进行空间交会对接,标志着我国已经成功突破了空间交会对接及组合体运行等一系列关键技术。"蛟龙"号潜水器成功完成7000米级下潜任务,创造了同类新潜水器的新纪录。"北大是全国人民的北大,我也有一本梦想:让凡是想做北京大学学生的人,都能成为北大的学生。"辛勤的医务工作者救死扶伤,农民工兄弟用汗水将城市构建的愈发繁荣,教育文化工作者传播科学文化,宣传新思想……每个人做好自己的本职工作,兢兢业业,在梦想的道路上稳步向前。政府亦是如此，形式简化了，应酬减少了，空话套话不见了……在贯彻中央八项规定，切实改进会风的背景下，十二届全国人大一次会议让人们感到了新变化——会议精心部署，厉行勤俭节约，讨论求真务实，不搞形式主义，工作精简高效，不做表面文章。

中华民族的复兴梦同样如此。对国家、民族、人民生活的这些美好愿景，进一步丰富了中华民族伟大复兴的内涵，进一步展现了"中国梦"的强大凝聚力、感召力，进一步激发了全体中华儿女团结奋进的强大动力。用"中国梦"凝聚强大精神能量，需要每个行业和领域在此基础上形成具体目标、具体路线图、具体时间表，让全社会的每一部分肌体、每一个工作岗位都焕发出最大的创造活力，进而汇聚为推动民族复兴的建设洪流。

（三）共同享有诠释梦想成真的深刻内涵

什么是中国力量？就是中国各族人民大团结的力量，就是13亿人心往一处想、劲往一处使，汇集起来的力量。什么是"中国梦"？在"中国梦"提出后，许多外媒发表了自己的看法，它被日本《外交学者》杂志网站理解为一种"集体承诺"，被法国参议院副主席，前总理让·皮埃尔·拉法兰描述为"个人幸福与集体幸福之间的一种平衡"，并被阐释为"和谐之梦、和平之梦、发展之梦"。日本《产经新闻》将其看作是体现"无法抗拒的民族感情"的"朴素的愿望"。"中国梦"是13亿中国人共同享有的梦想，人与人之间的普遍的共同的梦想建构了"中国梦"。

一些人认为"中国梦"的提出与流行一时的"美国梦"有所联系，并且喜欢将两者进行比较。"中国梦"与"美国梦"在本质上有所差别。

美国梦(American Dream)指一种相信只要在美国经过努力不懈的奋斗便能获得更好生活的理想。在美国每个人将有均等的机会,人们通过自己的努力,勤奋工作,而非依赖于特定的社会阶级和他人的援助,就能获得成功,实现自我梦想。本杰明·富兰克林曾提出“美国梦”是关于追求个人主义,通过自力更生获得幸福的信条,即任何人,不论他的出身、种族及宗教信仰如何,凭借勇气、勤奋及运气,都能获得成功。

“美国梦”缘何而来?300年前,当英格兰移民乘坐着五月花号横穿大西洋来到马里兰,寻找一块清教徒能居住的“净土”时,“美国梦”已开始悄然萌芽。18至19世纪的欧洲,启蒙运动的先驱对美国这片土地赞颂不已,弱势群体的“美国梦”就此点燃。许多欧洲移民抱着“美国梦”的理想前往美国的。18世纪来到美国的移民都是欧洲的弱势者,对政治平等、民主的要求格外强烈。南北战争前后,美国开始了工业化的进程。欧洲来的移民更多地进入纽约、芝加哥、底特律等新兴的工业城市,涌现出一批奋斗起家的工商业巨子。到了21世纪信息时代,苹果之父史蒂夫·乔布斯、微软的比尔·盖茨、雅虎的杨致远以及GOOGLE的三个创立者变成了“美国梦”的新偶像。他们凭借自己的智慧,虽然年轻却积累了数百亿美元的庞大资产。人们发现,只要有智慧,有天才,在美国就可以成功。

“美国梦”吸引大量人才踏入美国本土,人们的不懈努力使得国家经济发展欣欣向荣、综合国力迅猛提升。在繁荣的背后,我们不难发现,“美国梦”体现了较强的个人主义色彩,强调个人的成功与个人自身价值的实现,而人们多以财富积累作为成功的标准判断其价值。由此，人的梦想似乎出现了异化，价值与金钱、利益结合愈加紧密，这也让我们看到了“美国梦”带来的负面效应。

早期美国土地广袤而人口稀少，移民都能获取肥沃的土地。土地就意味着财富，意味着成功。欧洲移民的大片土地，是屠杀了数百万印第安人而获得的“无主之地”。高产农田的耕种者，大多是从非洲劫掠来的黑奴。18世纪末、19世纪初的美国掀起“淘金”热，有些幸运儿开始因掘金而一夜暴富，随后引发了西进的热潮。西进掘金的劳力，是血泪交加的华人苦工。对梦想的追求是人类永恒的话题，有人狂热追求名利，有人为人类平等献出生命。现实中梦想极易物质化，追求金钱和优越物质生活的诱惑大于追求人人平等、互助友爱。人欲望不断膨胀，梦想不断腐化，在追求中丧失对人对己的洞察力，把对物质的追求当作自己的全部追求，物欲横流，人的自我异化必然带来极大的精神空虚。

“中国梦”的实现不仅要求人民拥有梦想，自力更生，不懈奋斗，它所提出是人民普遍的梦想，符合社会发展的要求，符合最广大人民的利益。“中国梦”作为人民和国家共享的梦想，归根到底将体现到每个人的幸福之上。资本主义为了追求个人的利益，进行残酷的剥削，人逐渐“异化”成为机器，成为金钱与物质的奴隶，被自己创造和定义的价格所奴役，这正是因为世界充满了价值交换，人与人之间充斥着交易，原罪的资本追求对我们自身而言已不再具有吸引力。而“中国梦”的提出旨在进一步号召人民与国家共同进步，国家的发展成果由人民群众共享。

"中国梦"并没有忽视个人梦想的特殊性,这并不是一种思想上的束缚,同样的梦想在不同的人身上将有不同的体现,个体拥有符合自身的具体的"中国梦",也许军人的"中国梦"更多地体现在精兵强武、保家卫国,也许教师的"中国梦"更多地体现在教书育人、行为示范,也许医生的"中国梦"更多地体现在治病救人、救死扶伤等等。在实现"中国梦"的漫漫长路上,我们应当尊重每个个体自身的"中国梦",尊重每个人实现梦想的不同方式,创造良好的环境,为我们共同的"中国梦"输送更多的滋养。

个人梦想可能千差万别,但实现国家梦想的征程上,同心同德、群策群力,就有无坚不摧的磅礴力量。这种力量,我们在革命年代前赴后继的抗争中感受过,在建设岁月激情燃烧的奉献中体验过,在改革时期波澜壮阔的奋斗中亲历过。未来的征程中,只要 13 亿人团结一心,这种不可战胜的磅礴之力,必将成为我们在民族复兴之路上的胜利之本、力量之源。

家是最小国,国是最大家,中国梦的本质内涵就是国家富强、民族振兴、人民幸福。在实现中国梦的征程中,大力弘扬爱国主义精神,团结一切可以团结的力量,汇聚每个人的梦想成就伟大的中国梦,形成推动社会发展进步的强大正能量。

三、共同享有同祖国和时代一起成长与进步的机会

船,因有舵而远渡重洋;鹰,因有翅膀而翱翔蓝天;平凡的人,也因有梦想而铸就生命的辉煌。归根结底,"中国梦"的本质就是实现国家富强、民族复兴、人民幸福。当代中国所处的发展阶段,决定了机会是共同成长、实现"中国梦"的根基与前

提，努力是共同成长、实现“中国梦”的营养剂和助力器，共享是实现“中国梦”的表现与最终目标。中国梦是人民的梦，必须紧紧依靠人民来实现，只要我们有机会，肯努力，能共同，一切美好的东西都能够创造出来。

（一）机会奠定了与祖国和时代一起成长的梦想设计

机会就像一个蒙着面纱的神秘人，你必须要知道如何寻找他，捕捉他，等待他，才能最终揭开神秘的面纱，才能看到他对你灿烂的微笑。但是，有多少的人在叹息自己虽然竭尽全力，却一事无成，又有多少人在叹息自己痛失的机会呢？当前我国所处的伟大时代给了中国人实现梦想的宽广机会，但要想真正利用机会，就必须懂得在机会出现时把握机会，机会不出现时创造机会。

1.要学会把握机会

成就伟大的事业需要时机和能力，陆游说“元知造物心肠别，老却英雄似等闲”，英雄也要生逢其时才能成就事业。要在现实世界里成就事业，能做的就是积蓄实力、提升水平，在时机成熟时果断出击。因此李白说“大鹏一日同风起，扶摇直上九万里”，要扶摇直上，风是时机，而大鹏是能力。梦想并非幻想，需要付诸行动，更需要有机会来奋斗，否则再美好的梦想都只是空想，再激励的志向都没有方向。然而现实中梦想人人有，机会却不均，让许多人迷茫和困惑：不是我不想出，只是没有舞台；不是我不愿圆梦，只是没有机会；不是我不肯进步，只是没有伯乐。改革开放30多年，中国经济在无数国人的共同努力下获得了举世瞩目的发展，中国人也越来越有实现百年强国梦的自信。但这样的自信如果不能和公平竞争的机会均等相联系，就会破坏宝贵的改革共识，使经济发展丧失活力，甚至使社会断裂。因此，如何创造更多向上流动的公平机会，已经成为改革急需突破的制度瓶颈。一个明智的人总是要把握机遇，把它变成美好的未来。特别是当代的年轻人，他们有朝气，有活力，敢想敢干，盼望有均等的发展空间、盼望通过发展进步体现人生价值。

我们生活在一个日新月异的大变革、大转折时期，这里充满机遇和挑战，因此我们应该把握时代赋予的所有机会，罗曼·罗兰曾讲过："生命很快就过去了，一个机遇不会重复出现两次。必须当机立断，不然就永远别要。"这一切都告诉了我们，要想抓住机遇，必须要有充足的准备，否则的话就只能是痴人说梦。贝多芬把握了与莫扎特会面的这次机遇，所以他成功地得到了莫扎特的赏识以及指点，而孟浩然却没有把握与唐玄宗会面这一机遇，所以他只能以布衣终老。刘邦抓住了项羽撤兵这一机遇，所以他成功了；项羽没有抓住乌江上的那只小船，所以他失败了。迸发力量需要机会来保障，如果我想努力、要奉献，却没有平台、不给机会，那么就算有梦想，也只是空想。所以，在当前社会中，努力把握时代赋予我们每个人和祖国和时代一起成长的机会，才能做到追逐和实现我们的"中国梦"。

2.要懂得创造机会

光想把握机遇还是被动的，真正聪明的人是会创造机遇。机会需要我们自己去主动争取，主动创造。没机会，这是失败者的推卸，问题就在于你有没有主动出击。这个世界，不缺少机会，缺少的是我们主动去创造机会的热情。大到一个国家，小到个人，机会都是要自己去创造的。20世纪中期，刚刚成立的新中国，经过列强长达一百五十年的剥夺与压迫，人民贫困，国力衰败，可以说是极贫极弱。即使有世界大国的体格，却无法进入世界大国的舞台。即使有世界最多的人口，却是世界上贫困人数最多的国家，中国何时富强？中华何时崛起？中国人民不知道，欧美列强更不相信，但中华民族就是团结起来，共同奋斗，在短短几十年间实现了全面突起，创造了国家发展的一个又一个传奇。这不正是中华民族自己创造出来的机会吗？小到个人，毛遂自荐的故事家喻户晓，如果不是毛遂自荐去创造机会，他有可能千古留名吗？

我们的时代在不断发展，机会与挑战并存。但机会从来都是给有准备的人的，一个人若想要获得机会，需要采取行动，把机会创造出来。因此，要实现和祖国和时代一起成长、实现我们的"中国梦"，就必须创造公平公正的竞争机会。而这就需要我们各级政府和公共管理机构，坚决做到建立起以人为本的体制和机制，让社会上每个人都能够满怀信心地走在各自的梦想道路上，生机勃勃，百舸争流，这也是实现中国梦的现实基础。相信"给点阳光就灿烂"，只要人人争取机会、个个珍惜机会，只要我们紧密团结，万众一心，共同奋斗，心往一处想，劲往一处使，实现梦想的力量就会无比强大，"中国梦"也一定能够早日实现。

（二）拼搏勾勒出与祖国和时代一起成长的梦想轨迹

有机会就有舞台，而有拼搏才有未来，有机会，还要拼搏，天底下没有坐享其成的事。"海阔凭鱼跃，天高任鸟飞"，机会总是垂青于那些有准备的人。生活中，总有些人怀才不遇，怨天尤人，以致丧失斗志与生活的勇气。也许，有的人一生也拼搏了，但一直没有成功的机会。然而，我们要相信人生，拼搏不一定会成功，但不拼搏一定不成功。当前我们的生活，仍有"十面'霾'伏"的尴尬，也有"房叔""房妹"的不公，但正因为还有种种不如意，所以大家都梦想有更好的教育、更稳定的工作、更满意的收入、更可靠的社会保障、更高水平的医疗卫生服务、更舒适的居住条件、更优美的环境，期盼孩子们能成长得更好、工作得更好、生活得更好。但梦想需要奋斗，拼搏决定命运。没有拼搏，就无法汇聚各方的力量，再美好的梦想也无法实现。正如有首歌唱得好：把握生命中的每一分钟，全力以赴我们心中的梦，不经历风雨，怎么见彩虹，没有人能随随便便成功。党的十八大提出了全面建成小康社会和全面深化改革开放的奋斗目标，引领着民族复兴进程的顺利推进。用"中国梦"凝聚强大精神能量，需要每个行业和领域在此基础上形成具体目标、具体路线图、具体时间表，让全社会的每一部分肌体、每一个工作岗位都焕发出最大的创造活力，进而汇聚为推动民族复兴的建设洪流。

1. 人民群众的拼搏

改革开放的实践早已告诉我们，民间自有活力在，人民群众才是最有创造力的发展主体。农村联产承包制是小岗村农民发明的，南非世界杯的塑料喇叭都是宁波小作坊主自己设计的。中华民族之所以迎来复兴的曙光，靠的就是一代又一代人的艰辛奋斗和埋头苦干。人世间的一切幸福都要靠辛勤劳动来创造。大到中芯国际"超大规模集成电路研发与制造"夺得科技大奖，小到"赵郁创新工作室"解决汽车制造中的一个个难点问题，无论是重大攻关项目中的创造性劳动还是本职岗位上的平凡工作，都需要脚踏实地，辛勤付出。惟有如此，人生梦想才会成真，中国梦想才会实现。中国人的命运掌握在自己手里，中国人的美好生活要靠自己创造。只要我们紧密团结，为实现共同梦想努力奋斗，实现梦想的力量就无比强大。

2. 领导干部的拼搏

把一个拥有13亿人口规模的发展中大国带入现代化、实现民族复兴，这在人类发展史上还从来没有过。和平崛起的烦恼，经济社会双转型的压力，发展所面临的矛盾、问题和挑战，迫切要求我们党承前启后、继往开来，迫切要求党员干部求真务实、艰苦奋斗，迫切要求每一个人在各自岗位上付出更多的辛劳。为此，我们所有领导干部不能有丝毫自满，丝毫懈怠，必须再接再厉、一往无前。要随时随刻倾听人民呼声、回应人民期待，保证人民平等参与、平等发展权利，维护社会公平正义，在学有所教、老有所得、病有所医、老有所养、住有所居上持续取得新进展，不断实现好、维护好、发展好最广大人民根本利益，使发展成果更多更公平惠及全体人民，在经济社会不断发展的基础上，朝着共同富裕方向稳步前进。此外，我们不能满足于只知道一些概念和说法，而应着眼于解决实际问题。要敢于讲问题，说真话，干真事，讲问题，说真话不是闹矛盾，不是搞不团结，而是通过揭露问题、研究问题、解决问题达到新的统一，从而形成团结共事局面，有力推进事业发展。要干实事，我们党员干部必须进一步增强以人为本观念，增强服务意识，坚决杜绝“门难进”、“脸难看”、“话难听”、“事难办”、“人难找”等生硬、冷淡、蛮横、粗暴的工作态度和工作方法。应当看到，新一届中央领导集体开局以来，已经做了大量实事，推出了包括异地高考、收入分配等一系列改革举措。有梦想就有方向，有机会就有舞台，有奋斗才有未来，而只有在党员干部引领的良好奋斗环境下，这一切才皆有可能。

3.青年的拼搏

这是个发展日新月异的时代，这是个机遇与挑战共存的时代，青年一代应该与历史同行，与时代同行，担当重任，“为天地立心，为民生立命”，无怨无悔，奋勇前行。而今，正处在伟大复兴进程中的中国，需要万千有识之士创造新的文明与文化，实现伟大的“中国梦”。这是21世纪最好的机遇，也是最重要的人才储备期，青年学子应以只争朝夕的精神，学习科学理论知识，独立思考，探求真理；学习历史，了解国情；学习中华优秀文化，提升素养、开阔眼界；积极参加各种实践，要特别重视解决实际问题能力的培养。时代给了我们机遇，社会给了我们挑战，只要我们志存高远，我们就能找准前进的方向，只需阔步向前，只需怀着崇高的理想，不灭的信念，勇敢的走下去，不屑的去奋斗。或许我们会遇到挫折，但不要气馁，不要管外面的风风雨雨，它怎能淋湿我们心头青春的火焰！我们是青年的一代，是承前启后的一代，我们肩上有不可推卸的重任，我们要紧跟时代，创造时代，要充分发挥我们的力量，实现自我，贡献社会。由于我国仍处于并将长期处于社会主义初级阶段的基本国情，实现“中国梦”需要一代又一代人辛勤劳动和艰苦奋斗。这就意味着青年学子们要有不怕吃苦、战胜困难的心理素质和意志品质。“无端忽作太平梦，放眼昆仑绝顶来”。让“中国梦”在青年学子身边点滴流淌，最后汇成民族复兴的汪洋大海。

行百里者半九十，如今我们距离民族复兴的梦想如此之近，但所面临的困难和挑战也空前尖锐。我们需要勇气，需要智慧，更需要奋斗。处在一个伟大的时代，现在的中国，也在一个伟大盛世的起点。科学技术日新月异，不具备一定的专业知识和技能，不提高自身竞争力，不超越自我，就无法适应瞬息万变的时代要求，就会被时代所淘汰。前路漫漫，不会一帆风顺；梦想宏大，也不会一气呵成，把中国梦变成现实，还有很长的路，需要付出长期艰巨的努力。

（三）共同理念成就了与祖国和时代一起成长的梦想实现

"享有"是人的内在的本能需求和外在动力，也是社会发展的目的和归宿。"共享"作为一种不断与时俱进的价值观理念，它与"和谐"密不可分、相互促进，是"和谐"得以形成的基础性前提。"共同享有"体现的是对公众正当权益的充分尊重和切实保障，是社会和谐的本质属性。"共同享有"强调的就是社会的建设者享有文明发展成果的应然性，建设者创造性劳动和主人翁地位应该得到社会的认可，正当权益应得到切实保证，个人发展应得到社会的支持，合理需求应该得到社会的满足与尊重。简而言之，社会建设的所有参与者应当且必须平等地享有成就感、被尊敬感、和幸福愉悦感，这是和谐社会的本质特征和根本性体现。

社会发展的最终目的就是让社会成员共同过上舒心畅意的生活，有多少成果就应当拿多少被国民所共享，无疑是摆在眼下中国的深刻的政治命题和社会命题。在中国特色社会主义道路上，我们创造了同期世界上大国最快的经济增长速度、最快的对外贸易增长速度、最快的外汇储备增长速度、最快且人数最多的脱贫致富速度、最大规模的社会保障体系；今天的世界对“中国信息”充满饥渴、对“中国奇迹”充满惊叹、对中华文化充满兴趣，今天的中华民族越来越走向世界舞台的显著位置，赢得越来越多的民族荣耀与民族尊严。鸦片战争以来170多年的“中国梦”，在今天比以往任何时候都更加清晰、更加现实。但一些深层次的社会矛盾也逐渐显露出来，其中最突出、国民反响最强烈的就是形形色色的社会不公，不但引发民众普遍不满，影响着社会的和谐，而且扼制了社会的创造活力，成为社会进一步向好发展的阻力和障碍。改革的成果能否被中国人共同享有？那只从事分配的看不见的手，就是社会分配正义的程度。在改革开放三十年后的今天，尤其随着社会财富的急遽积累，分配正义愈发显得重要和紧迫。实现分配正义在当下有着不亚于当年提出改革开放重大政治举措的意义，因为它关乎民众的切身利益，更关乎改革开放三十年经济成果如何转化为社会正义的政治文明。如果不能直面分配正义，改革开放积累的经济成果如果过度集中在利益集团手里，将影响社会群体的民族认同和制度认同，中国梦也会因此而折扣。实际上，在一个追求明共同享有的社会里，不可能满足人人想要个体利益最大化的诉求，因此，社会成果的共享乃是由局部的妥协来达成的。对此，李克强同志提出，“要让人民过上好日子，政府就要过紧日子”，政府的“紧日子”来了，人民的“好日子”才有盼头，更具体的操作方案是李克强在记者会上公开承诺的“约法三章”：政府楼堂馆所一律不新建；财政供养的人员只减不增；公费接待、公费出国、公费购车只减不增。除此之外，实现成果共享，政府应当做且可以做的事还很多，比如消除城乡壁垒、消除阶层流动的制度障碍，而从根本上说，还是大力推进法治政府建设。法治一方面是防止权力滥用，另一方面是保障公民权利。国家应当把法律放在神圣的位置，无论任何人办任何事，都不能超越法律的权限。每个人要梦想成真，也必须被置于法治框架下，这就是分配正义在当下中国社会的最通俗描述。唯有着力推进法治国家、法治政府、法治社会一体建设，改革的成果才可能被真正共享，中国梦才可能尽早照进现实。

习近平同志提出共同享有同祖国和时代一起成长与进步的机会，如同一石激起千层浪，让大家火热的心与祖国一起跳动，让每一个人都能感受到改革的红利大家分享的喜悦。实际上，国家从来没有忘记落后的地区，从来没有忘记穷苦的人民，祖国在发展，人民的生活水平也在不断提高。这么多年的政策也始终是以维护最广大人民群众根本利益为出发点而制定的，不论是“中央一号”文件连续十年聚焦“三农”问题，还是各级政府切实保障和改善民生，都充分体现了这一点。让大家共同分享改革开放的成果，这样才能夯实社会细胞的每个人梦想的基础，并为相当一部分人实现梦想创造了条件。这样就调动了亿万人民实现中国梦的巨大热情和积极性，才能进一步落实“国家富强、民族振兴、人民幸福”的华夏愿景。

延伸阅读

“中国梦”与中国共产党的当代使命

实现中华民族的伟大复兴，凝聚了几代中国人的夙愿，是

170年来中华儿女矢志不渝的奋斗目标，是中国人民的跨世纪梦想。习近平总书记在参观《复兴之路》展览时的讲话中指出："现在，我们比历史上任何时期都更接近中华民族伟大复兴的目标，比历史上任何时期都更有信心、有能力实现这个目标"。我们要按照总书记的要求，承前启后、继往开来，把我们的党建设好，团结全体中华儿女把我们国家建设好，把我们民族发展好，继续朝着中华民族伟大复兴的目标奋勇前进。

一

中华民族源远流长。在长达5000多年的历史进程中，中华儿女创造了辉煌的中华文明，为人类社会的进步和发展做出了杰出的贡献，写下了不朽的篇章。中华文明在世界上曾经领潮流和时代之先，并将这种领先地位一直保持到15世纪。直到乾隆末年，中国的经济总量仍居世界第一位，人口占世界三分之一。中国古代的四大发明，对世界文明的发展产生了深刻的影响。明朝以前世界上主要的发明创造和重大科技成就大约有300项，其中中国有170多项。在人类历史上，先后出现过多种类型的古老文明，但能够一直延续至今并且没有重大断裂的，只有中华文明。

到了近代，由于封建制度的衰朽和西方列强的侵略掠夺，中国逐渐陷于落后境地，进而沦为半殖民地半封建社会，中华民族日益陷入苦难的深渊。资本主义和中华民族的矛盾、封建主义和人民大众的矛盾，成了近代中国的主要矛盾。求得民族独立和人民解放，实现国家繁荣富强和人民富裕，便成为中华民族面临的两大历史任务。为了救亡图存和民族振兴，无数仁人志士苦苦求索，却都壮志未酬。以孙中山为代表的资产阶级革命派喊出了“振兴中华”的口号。辛亥革命推翻了清王朝，结束了两千多年的君主专制制度，但未能改变中华民族的屈辱地位和中国人民的悲惨境地。清末民初的中国政坛上曾出现过许多政党，但都未能解决中国的救亡和发展问题。

1921 年中国共产党诞生后，实现中华民族的独立、解放和复兴的重任，历史地落到了中国共产党的肩上。如同党的十八大报告所说：中国共产党从成立那一天起，就肩负起了“实现中华民族伟大复兴的重任。”

从 19 世纪中叶到 20 世纪中叶的一百年间，中国人民的一切奋斗，都是为了实现祖国的独立和民族的解放，彻底结束民族屈辱的历史。这个历史伟业，以中华人民共和国的建立为标志我们已经完成了。从 20 世纪中叶到 21 世纪中叶的一百年间，中国人民的一切奋斗，则是为了实现祖国的富强、人民的富裕和民族的伟大复兴。这个历史伟业，我们党领导全国人民已经奋斗了半个多世纪，取得了巨大的进展。新中国成立后，我们党创造性地完成了由新民主主义到社会主义的过渡，实现了中国历史上最伟大最深刻的变革，开始了在社会主义道路上实现中华民族伟大复兴的历史征程。十一届三中全会以来，我们党找到了中国特色社会主义的正确道路，赋予民族复兴新的强大生机。中华民族的伟大复兴展现出灿烂的前景。

二

实现中华民族伟大复兴，是一个内涵丰富的目标，同时也是一个与时俱进的目标，民族复兴的内容必然随着时代的发展而不断丰富其时代内涵。正确认识、科学把握中华民族复兴的当代任务，我们才能把握机遇和挑战，步伐坚定地朝着这一目标迈进。

“民族复兴”顾名思义，是相对于历史的曲折而言的，是“使曾经衰落的民族再度兴盛起来”，作为这种参照系的，一方面是历史上曾经有过的辉煌；另一方面则是后来曾经陷于的悲惨境地，包括直到现在还在某种程度上存在的落后状态。在近代，民族复兴具有特殊的涵义。一是实现民族独立，二是实现国家富强。在中国共产党责无旁贷地肩负起民族复兴重任的同时，也赋予民族复兴以新的内涵，即要通过社会主义现代化实现民族的伟大复兴。

新中国成立之初，我们党就提出了把中国建设成为一个工业化的具有高度现代文明的伟大国家的任务。1954年，在第一届全国人民代表大会上，我们党第一次提出了“四个现代化”的目标。1964年，周恩来在第三届全国人民代表大会上，又根据毛泽东的提议，提出了分两步走在20世纪末实现工业、农业、国防和科学技术现代化的目标。党的十一届三中全会后，我们党开始了通过改革开放实现现代化目标的新的革命，邓小平提出的分“三步走”基本实现社会主义现代化的发展战略，为中华民族的振兴和社会主义的发展描绘了宏伟蓝图。经过三十多年的努力奋斗，我们已经顺利实现了第一、第二步的战略目标。这是中华民族发展史上一个新的里程碑。

进入21世纪，我国进入了全面建设小康社会，开创中国特色社会主义事业新局面的新的历史阶段。党的十六大报告指出：我们党必须“团结和带领全国各族人民，实现推进现代化建设、完成祖国统一、维护世界和平和促进共同发展这三大历史任务，在中国特色社会主义道路上实现中华民族的伟大复兴。

这是历史和时代赋予我们党的庄严使命。”党的十八大报告重申了这一论述。从而把现阶段实现中国共产党执政使命的三大任务和中华民族伟大复兴的目标统一起来，赋予中华民族伟大复兴以新的时代内涵。

一是建设社会主义现代化强国。以经济建设为中心，推进社会主义的全面发展进步。党的十八大把中国特色社会主义事业的总体布局，由社会主义经济、政治、文化、社会建设“四位一体”发展为社会主义经济建设、政治建设、文化建设、社会建设和生态文明建设“五位一体”。这一总体布局的重大战略调整，进一步明确了社会主义现代化的历史任务，就是要通过全面推进中国特色社会主义事业，建设富强、民主、文明、和谐的社会主义现代化强国。

二是实现祖国统一。中华民族是一个统一的大家庭，中华民族的领土和主权不容分割。没有祖国的统一，就不会有完全意义上的民族复兴。要贯彻“和平统一、一国两制”的基本方针和现阶段发展两岸关系、推进祖国和平统一进程的八项主张，促进两岸人员往来和经济文化等领域的交流，切实做好台湾人民的工作，坚决反对和遏制“台独”分裂势力，努力维护台海地区的和平稳定，推进祖国统一大业。

三是推进和谐世界建设，维护世界和平，使中华民族屹立于世界先进民族之林。当今世界，和平、发展、合作已成为时代的潮流。一个民族的兴盛，一个国家的发展越来越离不开世界的和平与发展。我国要既通过争取和平的国际环境来发展自己，又通过自己的发展来促进世界和平，在国际关系中弘扬平等互信、包容互鉴、合作共赢的精神，共同维护国际公平正义。

同世界各国人民一道，加强团结，密切合作，携手建立一个持久和平、共同繁荣的和谐世界。

三

中华民族的伟大复兴是当代中国人民的理想和追求，是一个鼓舞人心的目标和前景。百年奋斗历程，使中华民族的命运同中国共产党的命运已经紧紧地连在一起。要把中国的事情办好，关键取决于我们党，取决于党的思想、组织、作风和纪律状况，取决于党的战斗力和领导水平。面向21世纪的中国共产党，能否担负起领导中华民族伟大复兴的历史责任，这是我们党面临的又一次严峻考验。

我们党要领导全国人民实现中华民族伟大复兴的目标，必须全面加强党的执政能力建设、先进性和纯洁性建设。要不断增强自我净化、自我完善、自我革新、自我提高能力，增强机遇意识、发展意识、宗旨意识、使命意识和忧患意识，为人民执好政，掌好权。

要不断增强执政图强的机遇意识。机遇问题关系到国家和民族发展的兴衰成败，事关民族复兴大业。能否抓住机遇，加快发展，是一个国家、一个民族赢得优势的关键所在。当前，我国已进入全面建设小康社会，加快推进社会主义现代化的新的发展阶段。21世纪头20年，对我国来说，是必须紧紧抓住并且可以大有作为的重要战略机遇期。我们要以高度的历史责任感和时代紧迫感，以奋发有为、昂扬向上的精神风貌，以强烈的执政图强的机遇意识，抓住机遇、开拓进取，推进民族复兴大业。

要不断增强执政兴国的发展意识。空谈误国，实干兴邦。

推进发展是我们党执政兴国的第一要务。增强综合国力，改善人民生活，保持社会稳定，促进文化进步，都离不开发展。解决人们的思想认识问题，说服那些不相信社会主义的人，坚定人们对社会主义祖国未来前途的信心和信念，最终也要靠发展，靠不断增强我国的经济实力、国防实力和民族凝聚力。我们要按照“发展要有新思路，改革要有新突破，开放要有新局面，各项工作要有新举措”的要求，加快经济结构调整，转变发展方式，推动经济社会又好又快发展。

要不断增强执政为民的宗旨意识。“民惟邦本，本固邦宁”。我们党的根基在人民，血脉在人民。在新的历史条件下，我们党能否解决好提高党的执政能力和领导水平，增强拒腐防变和抵御风险能力这两大历史课题，巩固党的执政地位，关键在于党与人民群众的关系问题。我们要把以人为本、执政为民作为检验党一切执政活动的最高标准。任何时候都要把人民利益放在第一位，坚持问政于民、问需于民、问计于民，体察民情、了解民意、集中民智、珍惜民力，从人民伟大实践中汲取智慧和力量；坚持实干富民、勇于担当，多干让人民满意的好事实事，始终与人民心连心、同呼吸、共命运，始终依靠人民推动历史前进。

要不断增强执政安邦的忧患意识。党的执政地位不是与生俱来的，也不是一劳永逸的。我们党必须居安思危，从党和国家长治久安的高度，以强烈的执政安邦的忧患意识，洞察危机，未雨绸缪，知难而进，一往无前，克服困难，经受考验；要深刻汲取世界上一些执政党兴衰成败的经验教训，更加自觉地加强执政能力建设。按照推动中国特色社会主义事业协调发展的要求，不断提高驾驭社会主义市场经济的能力、发展社会主义民主的能力、建设先进文化的能力、构建社会主义和谐社会的能力、建设生态文明的能力、应对国际局势和处理国际事务的能力，带领全国各族人民实现国家富强、民族振兴、社会和谐、人民幸福。

我们党在中国执政，是历史的选择，人民的选择；进一步为人民执好政，掌好权，是时代的要求，人民的要求。领导中华民族实现伟大复兴是历史和人民赋予中国共产党的神圣使命。中国共产党通过持之以恒的执政能力建设、先进性和纯洁性建设，必将始终走在时代的前列，始终成为中国特色社会主义事业的领导核心。

中国的社会主义现代化，中华民族的伟大复兴，已是跃出东方地平线的一轮绚丽红日。在中国共产党的领导下，经过13亿人民的同心同德、艰苦奋斗，到21世纪中叶，中华民族必将实现伟大的复兴，一个富强、民主、文明、和谐的社会主义现代化强国必将巍然屹立在世界的东方！

（来源：人民网2012年12月3日）

第六章

中国梦归根到底是人民的梦

习近平同志在十二届全国人大一次会议上指出，“中国梦归根到底是人民的梦，必须紧紧依靠人民来实现，必须不断为人民造福”，“我们要随时随刻倾听人民呼声、回应人民期待”、“关心人民疾苦，为人民办实事”。拥有梦想、成就梦想，是中华民族的共同追求。中国梦就是中华民族和中国人民最远大的志向，唯有坚定不移地坚持梦想，贯彻并化为自己的志向，一步一步践行，方能造就千秋不朽的成就。中国共产党是人民的政党，唯有矢志不渝地把人民的梦想当作自己的志向，永葆自己的人民本色，才能带领广大人民群众，创下这人类历史上最辉煌、最耀眼的功业。

一、随时随刻倾听人民呼声

中国梦归根到底是人民的梦，实现人民的梦，必须坚持群众路线。群众路线是我们党的根本路线,也是党所有工作的生命线。党发展壮大的历程,是一部依靠群众、发动群众的生动历史;党长期执政的历程,是一部为了群众、服务群众的鲜活历史。

(一)从群众中来,到群众中去

马克思主义唯物史观认为,人民是历史的创造者。毛泽东同志很早就说过,人民,只有人民,才是创造世界历史前进的动力。我党形成于革命战争年代的"一切为了群众、一切依靠群众和从群众中来、到群众中去"的群众路线,是我们党一以贯之的根本工作路线。群众路线既是我们党的优良传统之一,也是是我们党战胜一切艰难险阻,夺取中国革命胜利的重要"法宝"。只有坚持了这一群众路线,才是真正坚守了马克思主义执政党的基本属性和特质。诗人贺敬之的《回延安》一诗很多人都读过:"羊羔羔吃奶望着妈,小米饭养活我长大。大东山的糜子西山的谷,肩膀上的红旗手中的书。"在战争年代,在那种艰苦卓绝的条件下,是延安人民用小米粥、南瓜汤养育了人民军队,而人民军队是以小米加步枪,赶走了日本侵略者,打败了国民党反动势力,建立了新中国,让亿万中国人真正当家作主。我们共产党员都来自人民,群众是我们成长进步的所依所靠。与群众心相连、情相系,保持同群众的血肉联系,是党的性质和宗旨的体现,是一种自然而然的要求。江泽民同志指出:"我们党有许多优势,根本的一条就是同人民群众保持血肉联系。"无论是在革命时期还是在建设时期,只有"倾听人民群众的呼声",我们才会清楚工作方向,才会知道工作存在哪些偏差。只有"回应人民的期待",我们才会用实效取得群众的支持。我们党之所以取得今天的成就,就是由于人民的支持,在人民的呼声中不断修正我们工作的方向，汲取我们努力的能量。在回应中取得人民支持，获得无穷的力量。

改革开放以来，中国共产党继承发扬优良传统，一以贯之地高举群众路线的伟大旗帜。尤其是改革开放以来，许多重大的经济、政治、社会改革举措，如农村联产承包、企业股份制改造，还有近两年兴起的新农村建设、林权制度改革等等，都来自群众，又在群众中推广开来，由此推动了经济社会各方面的高速发展。“我们改革开放的成功，不是靠本本，而是靠实践，靠实事求是。农村搞家庭联产承包这个发明权是农民的。”[①]

党的十六大以来，中央在各项决策过程中，进一步发扬民主，形成了许多行之有效的制度方法。如重大方针政策事先征求各民主党派和基层各方面意见，重要法律草案登报征求全民意见建议，涉及群众切身利益的一些政策措施，如重要商品、服务价格变动都事先举行听证，一些地方的重要市政建设方案决策前向社会公布征求意见建议，等等。近几年历次人大、政协两会期间，党和国家领导人利用互联网，广泛听取社会各界对国家改革发展大局的意见、建议。这一切，都为人民参与管理国家事务、“当家作主”提供了便利和保证。

（二）知民心，体民情

新时期，我们的经济社会发展发生了重大变化，人民的时代诉求也在变化，不同阶层、不同群体的利益诉求也更加多元化。在社会矛盾的凸显期，党员干部要积极研究新形势下工作的新特点，努力沟通不同的群体，倾听不同的诉求，回应不同的

① 邓小平文选第3卷，人民出版社1993年版，第82页。

期待。为此,就必须改进联系群众、倾听群众呼声的方式。

真诚倾听群众呼声,是为了正确把握群众的愿望,明确工作重点和努力方向,从而在决策和工作中把群众的愿望反映出来,体现出来,为民谋利,为民造福。这就要求广大党员始终坚持立党为公,执政为民,始终坚持"权为民所用、情为民所系、利为民所谋",用人民拥护不拥护、赞成不赞成、高兴不高兴、答应不答应来衡量一切决策和工作,把群众愿望作为制定决策、开展工作的重要依据。真诚倾听群众呼声,真实反映群众的愿望,建立在对人民群众怀有深厚感情的基础上,体现在关心群众疾苦上。清人郑板桥诗云:"衙斋卧听萧萧竹,凝是民间疾苦声。些小吾曹州县吏,一枝一叶总关情"。封建时代的官吏且能体会民间疾苦,作为人民公仆的各级领导干部更应该对人民群众怀抱一腔真情、对人民群众的冷暖疾苦感同身受,想群众所想,急群众所急,办群众所需,为人民群众诚心诚意办实事,尽心竭力解难事,坚持不懈做好事。

但一段时间以来,随着经济社会的发展、物质财富的丰富、办公条件的改善、执政环境的优化,有的党员干部发生角色错位,由"公仆"变为"主人",自认为可以主宰群众、支配群众、代表群众,从根本上脱离了群众;有的党员干部看不起群众,认为群众无知、野蛮,不讲理、是刁民,怕接触群众、对话群众,从心理上拒绝了群众;有的党员干部不关心群众,对群众反映的问题漠不关心、久拖不办,从感情上伤害了群众;有的党员干部与民争利,滥用人民赋予的权力,以权谋私、贪污腐化。为此,我们应更坚持倾听群众呼声,改进我们联系群众、倾听群众呼声的方式。

首先,倾听民声要化被动接访为主动倾听。新的形势要求党员干部必须提高倾听的能力。党员干部要到基层，走进农村，走进田间，走进地头，主动倾听，发现过去没有发现的问题，掌握过去没有掌握的情况，发现农民的疾苦，存在困难的根源……群众的所思、所忧、所盼，尽在各级领导干部掌握之中，才能成为促进决策的重要依据。

其次，倾听民声要化“层层转批”为积极回应。回应是一种群众工作的终极能力。只有倾听没有下文，或者消极应对，层层转批、公文旅行，群众就要失望，政府就要失去民心。面对群众的利益诉求，党员干部不能当耳边风，不能沉默，更不能推卸责任，要积极回应，热情服务。要主动接触矛盾，包揽麻烦，把群众反映的问题当作自己的责任，把群众的事情当作自己的事情，把百姓最关心、最需要、最期盼、最报怨的事一问到底，写在纸上，记在心里，落到实处。

第三，倾听民声要化“临时灭火”为源头治理。发展需要稳定和谐的社会环境，如果不能及时化解各种矛盾，不能立足源头有效预防和综合治理，将处处被动，成为四处灭火的“消防队”。老百姓最关注的不是党员干部前面怎么做，而是后面怎么做。因此党员干部要对收集汇总的群众意见和问题进行分类、分析、分解，提请各级有关部门认真研究，负起责任，限时解决。能够立即解决的，要列入计划逐年解决；一时不能解决的，要列入长远规划，通过发展来逐步解决。群众工作是一个长期不间断的工作，必须时时制定长期有效的计划发现问题、解决问题，时刻牢记农民疾苦，体民情、解民忧、知民心。

（三）办实事，解民忧

执政党执政要得到群众的认同和支持，一个首要的前提就是必须实行反映大多数人的利益、意志和愿望的政策。当前，随着经济社会发展，民生问题成为老百姓关切的重大问题，也成为党密切联系群众、回应人民期待的新时期不可回避的重大问题。我们要坚持“发展为了人民，发展依靠人民，发展成果由人民共享”的原则，充分发挥执政党的利益整合功能，加大利益整合的力度，形成科学有效的利益协调机制、利益诉求机制、利益调处机制、利益保障机制，统筹协调各方面利益关系，尽快建立与改革目标相适应的、体现公平与正义的利益结构。要把促进就业放在经济社会发展的优先位置，加快发展教育、社会保障、医疗卫生、保障性住房等各项社会事业，加大收入分配调节力度，坚定不移走共同富裕道路，让广大人民群众充分享受改革的利益成果。

在新一届领导集体亮相后，他们对于人民群众的感情依然是那样的浓厚，甚至更加强烈。对于这种倾听和回应在党和政府工作报告中有着充分的体现，无论是关注民生的频次，还是关注民生的强度，都充分证明了这一点。习近平同志所说的“保证人民平等参与、平等发展权利，维护社会公平正义，在学有所教、老有所得、病有所医、老有所养、住有所居上持续取得新进展，不断实现好、维护好、发展好最广大人民根本利益，使发展成果更多更公平惠及全体人民，在经济社会不断发展的基础上，朝着共同富裕方向稳步前进。”都是“倾听人民呼声”的一种具体措施和表现，更是党和政府与人民群众血肉相联的一种真情的自然流淌，有了这种真情，我们的大业还能完不成吗，中华复兴之梦还能不实现吗！

总之，密切联系群众是中国共产党的优良作风之一，是作为马克思主义政党先进性的内在要求，中国共产党必须自觉克服长期执政带来的对密切联系群众的巨大冲击，紧紧抓住密切联系群众的两个关键环节：一方面在领导建设中国特色社会主义的实践中不断实现好、发展好、维护好最广大人民的根本利益和现实利益；另一方面，不断以创新精神全面推进新时期党的建设的新的伟大工程 只有如此，才能巩固和发展党同人民群众的血肉联系，巩固自己作为中国特色社会主义领导核心的地位。

二、维护社会公平正义

公平正义是社会主义社会的内在属性和重要价值追求。实现中国梦，公平正义就是中国梦的应有内容，同时也是个人之梦的实现途径。因此，托起“中国梦”的，不仅是国家的强大、物质的丰沛，还有圆梦的舞台。这个舞台，正如十八大强调的，就是要实现权利公平、机会公平、规则公平，唯此，才能拓展“中国梦”的幸福纵深。反过来，缺少公平，必然影响甚至摧毁梦想的抵达。

（一）公平正义比太阳还要有光辉

中国特色社会主义的建设，是建设一个“民主法制、公平正义、充满活力、诚信友爱、人与自然和谐相处”的社会，因此，公平正义是社会主义和谐社会的重要内容和内在的价值追求，也是社会主义制度优越性的重要体现。

公平正义，是衡量社会文明进步的重要尺度，是社会发展进步的一种价值取向，是社会主义的核心价值取向。人类自进入阶级社会以后，由于私有制、剥削和压迫的存在，人与人之间产生了极大的不平等。从此，人们对未来理想社会的期待和设计,始终贯穿着对社会公平正义的向往与追求。但是,以往的思想家对公平正义的追求会受到历史和阶级的限制,他们的愿望只能是一种无法实现的空想 。

作为马克思主义指导下的中国共产党,几代共产党人都把建立公平正义为核心的社会价值取向作为毕生的奋斗目标,在社会主义实践过程中不断深化对公平正义的认识,促进社会的公平与正义。党的十七大报告指出:"要通过发展增加社会物质财富,不断改善人民生活,又要通过发展保障社会公平正义,不断促进社会和谐。实现社会公平正义是中国共产党人的一贯主张,是发展中国特色社会主义的重大任务"。[1] 温家宝同志曾指出,"公平正义比太阳还要有光辉","中国的现代化绝不仅仅指经济的发达,它还应该包括社会的公平、正义和道德的力量"。并且把公平正义看作社会主义的本质特征之一。[2] 胡锦涛同志在中央党校举办的省部级主要领导干部提高构建社会主义和谐社会能力专题研讨班上的讲话中提出:必须注重社会公平,正确反映和兼顾不同方面群众的利益,正确处理人民内部矛盾和其他社会矛盾,妥善协调各方面的利益关系。"使发展成果更多更公平惠及全体人民"、"朝着共同富裕方向稳步前进"等重要论述,体现出公平正义是中国特色社会主义的内在要求。党的十六大以来,从种田不交税、上学不交费到义务教育全免费,从编织世界最大社保网到启动新一轮医改、教改,人民群众感受着党和政府推进社会公平的实实在在的举措。

但是,由于目前我国社会发展处于转型阶段,社会公平面

① 《十七大报告辅导读本》,解放军出版社 2007 年版,第 17 页。
② 《温家宝在七届人大五次会议记者会的答问》,《人民日报》2011 年 3 月 15 日。

临的新的挑战很多。包括人的权利实践的制度体系保障不健全，人们获取利益和权利在机会方面的政治权力的不正当介入与干预，国家公权力行使制度监督不健全，社会底层和弱势群体伸张权力正义的渠道和机制不畅通，社会既得利益群体维护自身利益的垄断性腐败等。现实中我们的社会也的确存在着一些不平等的现象，比如说"萝卜招聘"，规则是为特定的一个人或者特定的一些人制定的，这就是不公平。虽然规则是一视同仁，但在现实中有些人超越规则，而其他人则必须遵守规则。事实上，在近几年的两会调查中，社保、收入等话题一直是民生关注的焦点话题，这表明在国家经济取得大步发展之后，老百姓最关注也是最期盼的是如何分好蛋糕、实现发展成果的公平共享。

这些问题如果不能得到根本性的解决，社会主义比较资本主义的效率与公平的优越性就不能充分体现出来，改革开放就难以获得持久的群众支持，其动力来源就会大大衰减，从这个意义上说，公平正义事关老百姓利益的实现，事关社会主义现代化建设的成败，事关中国梦的实现，其意义重大深远。

（二）社会公平展现新希望

我们在追逐"中国梦"的道路上，最根本最有效的办法，也是要实现社会的"公平正义"，"公平正义"理当成为撑起"中国梦"的重要基石。有权利公平，梦想才能起飞；有机会公平，奋斗才有动力；有规则公平，社会才能进步。

权利公平，就是基本权利不能因为出身、职业、财富等不同而区别对待。不管居住在城市还是农村，人民在政治、经济、文化各个领域享受的权利应该是平等的。无论是平民子弟或干部子弟，无论来自农村或城市，无论出身富贵或贫穷，都应当享有平等发展的权利，在规则面前受到公正对待，获得公平的上升机会。社会的财富和资源，既不以权势者为中心、不以与权势者的亲疏而分配，也不因制度性歧视而不公。有人认为，随着经济社会的发展，人们对“权利”的认知与诉求从生存层面上升到发展层面，对户籍制度、劳动合同、城乡人口选举比例等“权利公平”更加关注。

机会公平，也就是起点公平，指社会为每一个社会成员提供均等的生存、发展机会，它主要表现为社会成员平等地获得政治参与、文化活动、职务升迁、劳动就业等方面的机会。机会公平是实现权利公平的前提，因为机会公平虽然不一定必然导致结果公平，但没有机会公平就必定没有权利公平，享有不了宪法规定的权利。从现实来看，机会不公平在生活中最突出的表现可能是教育。老百姓要求的是“幸福不幸福，机会要公平”。近年来，“苦累都不怕，就怕没机会”成为一些弱势人群的心声。古人云：不患寡而患不均。就现代语境而论，“均”并不意味着人人要赚同样多的钱、过同样水准的生活，而是意味着要有公平的发展机会。市场经济条件下，能力有高低，结果会不同，但机会公平了，心态就平和了。为此，必须实现机会均等，为每一位社会成员提供创业发展、奉献社会、追求幸福、实现人生价值的同等机会。国务院总理李克强也在不同的公开场合强调，“政府理应是社会公正的守护者”，要“从制度上为所有人、所有企业创造公平竞争、公平发展的机会”。

规则公平，也指制度上的公平，是社会成员在国家制度、政策和法律等规则面前一律平等，无差别地对待。它包含两层含义：一是规则的内容必须符合公平正义的理念，必须符合社会发展规律，符合人民群众的愿望和要求；二是每个人都受着同样规则的约束，违反规则者必然同等地受到处罚。某种程度上来说，规则公平的重要性更超过权力公平和机会公平。规则公平是法律、规定，有些人超越规则，就形成了潜规则和特权，会严重破坏公平。比如，一些领域，民营企业想进进不去，就算进去了，也可能遭遇贷款难、融资难，最后又被挤出来。不仅国企民企竞争不公平，一些代表认为，找工作“拼爹”、看病找门路等规则不公平更容易引起群众不满。中国社科院发布的《2012 社会保障绿皮书》和《中国社会保障收入再分配状况调查》显示，近四成人认为养老金过少，甚至不能满足生活需要。不同养老保险制度下的养老金最低 200 元，最高 10000 元，相差达到 50 倍。其实，该调查所提示的养老金“双轨制”问题，早已是存在并广受诟病的事实。尤其是“双轨制”造成的待遇差别，不是出于“贡献”不同，而是出于“体制”不同，这难免让民众觉得愤懑不平、倍觉焦虑。

要建设一个公平公正的社会，就必须让人们不再因特权而致富，不再以破坏规则公平而获利，同时消除社会中一些普遍存在的制度性歧视。毫不夸张地说，能否真正促进社会公平公正，关系到中国梦的实现。

（三）努力实现“更公平”，让人民更幸福

党的十八大报告明确提出，要“使发展成果更多更公平惠及全体人民”，其中“更多更公平”5 个字内涵十分丰富。这意味着我国今后不仅要更多增加民生投入，而且将更加注重收入分配公平，凸显了走共同富裕道路的决心。共同富裕是最广大人民的共同愿望，也是我们党带领人民实行改革开放、加快国家现代化建设的重要初衷。现在，距离2020年全面建成小康社会这一目标时间已经过半，要在保持经济平稳较快发展的基础上，使发展成果更多更公平惠及全体人民，推进共同富裕，任务繁重而艰巨。

“更公平”的提出，说明党在解决收入分配问题上决心更坚定，方向更明确。当前既要发展经济，把蛋糕做大，也要尽力把蛋糕分好。“更公平”意味着缩小收入分配差距。党的十八大报告中“调整国民收入分配格局，加大再分配调节力度”、“着力解决收入分配差距较大问题”、“再分配更加注重公平”等说法在不同部分、不同章节反复出现，正是推进社会财富公平分配决心的体现。

如何实现更公平的一个重要方面就是弥合收入“鸿沟”，重构分配格局，因此收入分配改革是必须尽快突破的改革。党的十八大报告提出，提高居民收入在国民收入分配中的比重，提高劳动报酬在初次分配中的比重。初次分配和再分配都要兼顾效率和公平，再分配更加注重公平。应以一次分配为主，二次分配为补充。二次分配中，可以通过对富人增税，来补贴低收入人群，实现公平和效率。实现劳动报酬增长和劳动生产率提高同步，一方面要通过市场手段使劳动报酬增长水平和企业利润增长同步，另一方面，政府要解决市场、企业本身难以解决的问题，这对转变政府职能提出更高要求。

实现更公平的另外一个方面就是促进“教育公平”。教育公平的实现程度直接影响着人们对学有所教的评价。当前推进教育公平的难点主要表现在教育资源分配不合理、受教育机会不均等，从人民群众关注的热点难点看，主要表现在择校、异地高考等方面。党的十八大报告提出要“努力办好人民满意的教育”，“深化教育领域综合改革”，“大力促进教育公平”，“让每个孩子都能成为有用之才”，都呼应着近年来教育改革与发展的要点。

实现更公平，还应破除垄断。中国经济体制改革研究会名誉会长高尚全说：“在经济体制转轨过程中，真正引发不满的，不是基于公平竞争形成的行业差距和收入差距，恰恰是通过垄断形成的收入分配不公”。

从党的十八大报告和两会精神来看，中央高度重视收入分配制度改革工作，目前有关部门在认真听取社会各界意见的基础上已形成深化收入分配制度改革的基本思路，正在按照中央统一部署，积极推进改革总体方案的研究制定工作。我们期待，“更公平”的思路，能融入方案之中。

三、不断为人民造福

“为人民服务”这五个大字，是共产党鲜明的创造、永恒的宗旨和不变的情怀。坚持全心全意为人民服务的宗旨，是我们党的最高价值取向。实现人民的利益，得到广大人民群众的拥护，是衡量我们党的路线、方针和政策是否正确的最高标准。中国共产党 90 多年来奋斗历程的基本经验之一，就是始终牢记全心全意为人民服务的宗旨，紧紧地依靠人民群众，诚心诚意地为人民谋利益，从人民群众中汲取前进的不竭力量。

（一）情为民所系，利为民所谋

新中国成立特别是改革开放以来，我们党始终坚持全心全意为人民服务这一根本宗旨。毛泽东同志还明确指出，坚持好党的群众路线，归根结底是要“使群众得到解放和幸福”，[①]也就是使群众在政治上和经济上都能获得实实在在的利益。邓小平同志则把“群众路线和群众观点是我们的传家宝”来加以强调，曾在全党引起了深远的反响。他同时明确指出，群众是我们力量的源泉，如果脱离群众，就丧失了力量的源泉，就会被人民抛弃。2001 年，江泽民同志在庆祝中国共产党成立 80 周年大会上指出，“全心全意为人民服务，立党为公，执政为民，是我们党同一切剥削阶级政党的根本区别”。胡锦涛同志在党的十七大报告中深刻指出：“要坚持人民是历史创造者的历史唯物主义观点，坚持全心全意为人民服务，坚持群众路线，真诚倾听群众呼声，真实反映群众愿望，真情关照群众疾苦，多为群众办好事、办实事，做到权为民所用，情为民所系，利为民所谋。”[②]以人为本、立党为公、执政为民等是对全心全意为人民服务这一党的根本宗旨的丰富和发展，是新时期我们党执政理念的集中体现。

党的根本宗旨贯穿于党的一切活动中，主要体现在制定和执行党的纲领、路线和方针政策上。在新民主主义革命时期，人民的根本利益是推翻压在中国人民头上的三座大山，建立新中国，我们党就提出了符合全国各族人民意志和要求的民主革命的纲领和路线。新中国成立后，人民的根本利益是建设一个社会主义现代化的国家。我们党根据人民群众的根本利益和要

---

① 《毛泽东选集》第三卷，人民出版社 1991 年版，第 933 页。

② 《十一届三中全会以来历次党代会、中央全会报告、公报、决议、决定》(下)，中国方正出版社 2008 年版，第 433 页。

求，在建国初期及时提出了过渡时期的总路线，完成了从新民主主义到社会主义的过渡，确立了社会主义制度。党的八大制定了全面开展社会主义建设的正确纲领，提出了集中力量发展生产力，实现国家工业化的任务。特别是党的十一届三中全会以来，我们党把党和国家的工作中心转移到经济建设上来。在邓小平理论的指引下，形成了社会主义初级阶段的基本路线，做出了我国经济建设分“三步走”的战略部署。到21世纪中叶建国一百年时，基本实现现代化，建成富强、民主、文明的社会主义国家，然后在这个基础上继续前进。所有这些，都是工人阶级和最广大人民根本利益的集中体现。全心全意为人民服务的宗旨，要求共产党员把党和人民的利益摆在高于一切的位置上，任何时候，任何情况下都应当首先想到党和人民群众的整体利益。

当前，世情、国情、民情都在发生深刻变化，群众对过上更美好生活的期盼更加强烈，对党和政府的要求也越来越高。提高为民服务水平的前提是要提高党和政府的公信力。只有取得群众的信任和支持，加强干部与群众的良性互动，各项决策才能得到顺利实施，各项事业才会兴旺发达。相反，失去群众信任，就如同按着牛头喝水，好心办不成好事，好的政策与坏的政策都同样会让群众非议。要多谋民生之利、多解民生之忧，让老百姓切实感受到发展变化，赢得群众的理解和支持；要以整风精神，开展批评与自我批评，克服形式主义，反对弄虚作假，发扬艰苦奋斗的优良传统，公正廉明、公道正派、公开办事，做到“言必信，行必果”，营造出干事创业的良好氛围。

（二）执政为民，发展为民

为人民服务宗旨的内涵具有深刻的时代性，从“革命为民”

到“改革为民”、“执政为民”和“发展为民”，清晰地勾勒出党的宗旨与时俱进、保持和发展先进性的时代轨迹。新世纪实现国家富强、民族振兴、人民幸福的中国梦，更需要广大的共产党员真正做到执政为民，发展为民。

一是要增进对人民群众的感情。共产党员最真挚的感情，就是对人民的热爱。没有这种感情，战争年代就不能取得革命的胜利。今天，如果没有这种感情，也不可能建设好中国特色社会主义。对人民群众的深厚感情，是踏踏实实为人民谋福利的内在动力，也是共产党员与人民群众心连心的牢固纽带。今天，共产党员应该像对待自己的亲人一样对待群众，关心群众疾苦，倾听群众呼声，时刻把人民群众的安危冷暖挂在心上。像以自己的毕生心血忠实地履行“立警为公、执法为民”的神圣职责的任长霞，工作期间，被誉为“警界女神警”。她始终把人民群众的疾苦和安危放在心上，解决了十多年积累的控申积案，共查结控申案件230多起。她带领全局民警共破获各种刑事案件2870多起，抓获犯罪嫌疑人3200余人，有力地维护了登封社会治安和稳定的政治大局。正如她说的那样，“能成为一名打击犯罪、保护人民的人民警察，能亲手抓获犯罪分子、还老百姓公道，是我人生最大的追求”。

二是诚心诚意为人民群众办好事办实事。实践党的宗旨是具体的、实在的，不是空洞的、抽象的。它需要通过党员认真贯彻执行党的路线方针政策的一个个实际行动来落实，一件件具体事情来体现。作为共产党员，就应该牢记群众的根本利益，始终把提高人民群众的物质文化生活水平作为第一目标，把为群众办好事、办实事作为自己的第一责任，把解决群众关注的热点难点问题作为当务之急。而绝不能做那种损害群众利益、与民争利和伤害群众感情的事情。共产党员都能够坚持“利为民所谋”,党的根本宗旨就能够真正落到实处。像被称为“草鞋书记”的杨善洲那样,为官30多年,始终对人民充满真情。他考虑的是多为老百姓办实事,把心血和热情全部用在工作上;他退休后,又坚持植树造林20多年,用生命的余热把曾经尘土飞扬的荒山变成了山清水秀的林场,谱写了对党忠诚、为党和人民的事业奋斗终身的壮丽诗篇。

三是树立正确的权力观。怎样认识权力、掌握权力、使用权力,是我们处在执政条件下实践党的宗旨的重大课题和考验。今天,保持共产党员的先进性,一个重要的任务,就是要端正对权力的认识,真正明白,任何党员干部手中的权力都是人民赋予的,只能用来为人民谋利益,而不能用来谋取私利,而且,权力是受人民监督和制约的。如果把手中的权力当作为个人、家庭和小集团谋取利益的手段,那就不是真正的共产党员。树立正确的权力观,归根结底,是要做到“权为民所用”,始终为人民掌好权、用好权。杨善洲常说:“我手中是有权,但它是党和人民给的,它只能老老实实用来办公事,不能用来办私事”。

（三）改善民生,造福百姓

新的时期,共产党员更应牢记全心全意为人民服务的根本宗旨,牢记权为民所用、情为民所系、利为民所谋,努力实现好、维护好、发展好最广大人民的根本利益,不断顺应人民群众过上更好生活的新期待,让人民更幸福。为此,我们必须根据时代特点和人民群众的新要求,深刻把握新时期为人民服务内涵的新要求,与时俱进履行好新使命。

当前，为人民造福最重要的领域就是民生领域。民生是当前与老百姓关系最为直接、最密切的领域。民生问题解决的好不好，老百姓满意不满意是检验新时期党的宗旨落实情况的重要标准。胡锦涛同志指出，社会建设与人民幸福安康息息相关，必须在经济发展的基础上，更加注重社会建设，着力保障和改善民生。促进社会公平正义，努力使全体人民学有所教、劳有所得、病有所医、老有所养、住有所居，推动建设和谐社会。因此，共产党员要了解民生、关注民生、解决民生，力求在保障和改善民生问题上交出人民的答卷。

改善民生，为人民谋利益，是立党之本、执政之本，是中国共产党全部工作的出发点和归宿。人民群众是历史的创造者，是真正的英雄。领导干部要走群众路线，同群众打成一片，想群众之所想，急群众之所急，以群众赞成不赞成、高兴不高兴作为自己的行为准则，否则，就会有被群众抛弃的可能，群众就会站在对立面，就会激化矛盾。对群众提出和反映的民生问题，要主动积极满腔热情地加以认真处理，扎实帮助群众解决生产和生活中的实际困难，要把人民群众的安危冷暖放在心上，关心群众疾苦，努力为群众办实事、办好事，要认真从群众最关心、最迫切需要解决的问题入手解决民生问题，真正把实践党的宗旨切实体现落实到改善民生中，体现落实到广大人民群众切身利益上来。

把握民生脉动，关注民生诉求、不断解决好民生问题，见证、检验着我们党的政策主张和政府的执政能力，见证、检验着各级领导干部治理国家、管理社会的能力。

要解决好关系人民群众切身利益的民生问题，首先要把群众放在心中最高位置，这不仅是个思想观念的问题，更是一个始终保持党同人民群众血肉联系的政治问题，只有把人民群众放在心上，视群众为亲人，我们才会把群众“安居乐业”的事当成急事大事，不推诿，不拖拉，及时发现，及时解决。

要解决好关系人民群众切身利益的民生问题，必须始终坚持党的群众路线，经常深入群众、深入基层，为群众谋利益、排忧解难才能更加有的放矢，制定相关政策才会更有针对性，才能把“权为民所用、情为民所系、利为民所谋”真正体现在不断满足人民群众的经济、政治、文化利益上，让广大人民群众活得幸福而有尊严，让发展成果更多地惠及全体人民，不断提高人民群众生活品质和“幸福指数”，让人民的期待变为现实。

四、紧紧依靠人民实现中国梦

每个人的前途命运都与国家、民族紧紧相连，亿万中国人组成的是一个“命运共同体”，中国梦必须“紧紧依靠人民来实现”。凝聚起不可战胜的中国力量，完成民族复兴征程上的接力，是我们这一代人的使命，更是我们这一代人的光荣。

(一)人民群众是历史的真正创造者

1. 历史唯物主义认为，人民群众是人类社会发展的决定性力量

只有人民群众，才是历史的真正创造者，才是真正的英雄。人民群众是社会物质财富和精神财富的创造者，也是社会主义国家的建设者和受益者，是变革社会制度的决定力量，是推动社会主义现代化发展的基本动力。无产阶级革命事业，建设有中国特色社会主义事业，归根到底是人民群众的事业。没

有人民的创造，就没有人民的一切。

2. 社会物质财富是人民群众创造的。物质财富是人赖以生存和发展的前提和基础

人们总是首先解决衣食行以及其他东西，才能从事政治、科学和艺术活动。因此一个历史活动就是生产满足这些需要的资料，即生产物质活动本身。其次，人民群众也是精神财富的创造者。人民群众为精神生产提供了物质手段，他们的社会实践活动为科学、思想家、艺术家提供了取之不尽、用之不竭的源泉，同时人民群众也直接参与了精神财富的创造活动。再次，人民群众是实现社会变革的决定力量。作为人民群众主体部分的劳动群众，在生产和再生产出物质生活资料的同时，也生产和生产出人与人的社会关系，形成社会生活的各个方面及其体系。劳动群众在社会生产中不断积累经验，改进生产工具，提高生产能力；生产力的不断发展必然引起生产关系即经济基础的变化，直至社会形态的全面变革。因而人民群众的作用本质上是一种物质力量。

3. 人民是国家存在的基础，也是整个社会发展的力量源泉

依靠人民，是中华民族五千年悠久文明的历史传承。无论是"得民心者得天下"的历史名言，还是"水能载舟，亦能覆舟"的铮铮古训，都表现出古人对于人民大众无穷力量的重视。而从史实看，不管是楚霸王项羽残暴不仁、丧失民心等反面教材，还是唐太宗李世民尊重民意、执政为民等正面例子，也都有力地证明了"民心"的重要性。"依靠人民"的理念，有古训为证，有史实可鉴，这一光辉思想理应延续。

回顾历史，每当党的事业面临重大挑战，每当中国的前途命运面临向何处去的重大关头，总是依靠人民群众的力量推动历史车轮前进。充分相信群众、紧紧依靠群众、紧密团结群众，这是党的事业成功的根本保证。

今天的中国，正在剧烈转型、艰难爬坡，矛盾不少，困难更多。发展要有新突破、改革要有新局面，该从哪里使劲、向何处发力？破解难题，智慧就在群众之中。问政于民方知得失，问需于民方知冷暖，问计于民方知虚实，向群众求教，办法总比困难多。

（二）发挥人民群众的首创精神

每一个共产党员都要把人民放在心中最高位置，尊重人民主体地位，尊重人民首创精神。尊重人民主体地位和首创精神，是由我们党的性质和根本宗旨决定的，体现了马克思主义历史唯物论的基本原理，体现了我们党推动经济社会发展的根本目的，依靠人民群众的首创精神，让人民群众亲自探索自己的幸福道路，是实现中国梦的重要途径。

中国特色社会主义的发展，让我们今天比历史上任何时期都更接近中华民族伟大复兴的目标，比历史上任何时期都更有信心、有能力实现这个目标。同时，我国仍处于并将长期处于社会主义初级阶段的基本国情没有变，人民日益增长的物质文化需要同落后的社会生产之间的矛盾这一社会主要矛盾没有变，我国是世界最大发展中国家的国际地位没有变。这就要求我们牢牢把握社会主义初级阶段这个最大国情和最大实际，既不妄自尊大，也不妄自菲薄，而是一切从实际出发，出实策、鼓实劲、办实事，夙夜在公、勤勉工作，杜绝追求表面文章，不讲实际效果、实际效率、实际速度、实际质量、实际成本的形式主义，一步一个脚印地描绘蓝图、实现梦想。

十一届三中全会实现了党的历史的伟大转折，从此我国进入了新的发展时期。党和国家工作重点的转移、改革开放的推进、四个现代化"三步走"战略目标的确立，我国开始进行新的伟大长征。其间，人民群众的积极性、主动性、创造性是任何时候都不可比拟的，对此，邓小平给予高度评价，他指出："我们党提出的各项重大任务，没有一项不是依靠广大人民的艰苦努力来完成的。"[①]同样，美国作家海斯勒也说："在这十年(从1996年—2007年)中，中国历史的面貌开始变化，大规模的政治事件与强力领袖开始从中退却。相反，中国巨变的推动者变成了普通人——走向城市的农民、边学边干的企业家，他们的能量与决心是过去这十年中的决定性因素。从《江城》到《甲骨文》再到《寻路中国》，我所讲述的都是他们的故事。"

新世纪新阶段，我国改革开放进入关键时期，广大人民群众的实践活动更具有创造性，成为理论创新和政策创新的巨大推动力量。既要通过总结人民群众的实践经验而做出马克思主义的科学回答，用以指导人民群众的创造性实践，又要通过集中人民群众的创造性实践的成果，制定正确的政策方针，用以规范人民群众创造性实践。理论创新、政策创新与人民群众创造性实践总是不可分割地联系在一起。没有人民群众的实践活动，理论创新和政策创新就会成为无源之水、无本之木；没有理论创新和政策创新，人民群众的实践活动就会因为缺乏

① 《邓小平文选》第三卷，人民出版社1993年版，第4页。

正确方向而误入歧途。

（三）依靠人民，梦想成真

改革开放以来，各族人民用勤劳和智慧，让中国取得了举世瞩目的成就，也让中国赢得了世界强国的地位；而在当代中国，面对浩浩荡荡的时代潮流，面对无处不在的机遇挑战，我们的经济建设和社会进步需要人民的共同付出，而实现中国梦更有赖于人民的辛勤努力。

首先，实现中国梦必须走中国特色社会主义道路，这需要全国各族人民坚定不移、奋勇前进。中国特色社会主义道路的开拓离不开人民群众的实践，中国特色社会主义理论体系的形成和发展同样离不开人民群众的实践。无论从认识路线还是群众路线的角度看，人民群众都是理论创新、政策创新的思想源泉。当代中国，人民群众再也不是目不识丁的文盲，大都具有一定的文化水平，他们的实践活动往往伴随着某种思想的生成。尤其是其中掌握科技文化的知识分子，既为实践创新贡献了自己的力量，同时也直接参与了理论创新。

其次，实现中国梦必须弘扬以爱国主义为核心的民族精神，这需要全国各族人民团结一心、不懈努力。无论是在外敌入侵的危难关头，还是面对国难天灾的巨大挑战，中华民族都能够迅速团结在爱国主义旗帜下，迸发出战胜困难的卓越智慧和强大力量。近年来，我们成功举办了北京奥运会、上海世博会等国际大型活动，成功应对了非典、四川汶川特大地震等重特大自然灾害，成功抵御了国际金融危机的巨大冲击，发展模式受到世界广泛关注，极大地振奋了民族精神。世界上海拔最高的青藏铁路、最大的水利工程、超级杂交水稻、转基因抗虫棉、“鸟巢”、“水立方”等重大创新成果，都是我国人民创造性劳动开出的绚丽花朵，不仅增强了13亿中国人的自信心、自豪感，也赢得了全世界的尊重。这些举世瞩目的创新成果，正是改革开放30多年来中华民族创造性劳动的光辉结晶。伟大的事业离不开万众一心的奋斗，美好未来需要更加脚踏实地的创造性劳动。

最后，实现中国梦必须凝聚所有中国力量，这需要全国各族人民牢记使命、共同奋斗。邓小平同志曾讲过，不干，半点马克思主义都没有。同样道理，不干，中华民族伟大复兴也只能停留在梦中。每一个人的奋斗努力，都是中国梦的组成部分。淮海战役战场上一望无际的手推车，见证了人民战争的伟力；安徽凤阳小岗村18个鲜红的手印，标注着人民改革的精神。人民群众的创造实践，是创造历史不竭的源动力。正是得到了人民的拥护支持，尊重了人民的首创精神，激发出人民的无穷力量，我们才在披荆斩棘的奋斗中，创造了经济增长的奇迹，释放了社会发展的活力，开辟出一条生机勃勃的复兴之路。在实现民族复兴的关键阶段，最大程度吸纳人民群众参与改革发展，最大程度促进全面小康的共建共享，最大程度动员全体人民同心共筑中国梦，就能激发每个中国人的进取心和创造力，就能在逐梦之路上始终有众志成城的民意支撑，始终有破浪前行的不竭动力。

中国梦就是中华民族的梦，就是每一位中国人民的梦，所以要靠全中国人民团结一致、齐心协力来实现，所有的中国人只有心往一处想，劲往一处使，才能早日实现中国人民期盼的美丽的中国梦！

延伸阅读

底层公众的“中国梦”有多远

“国家级难题”解析

所谓“国家级难题”，是指当前和今后一个时期国家发展中面临的事关全局、触及根本、急切紧迫、关注程度高、解决难度大的一系列重大挑战和棘手问题。

人民论坛杂志调查结果显示，排名前十的“国家级难题”分别是：一，“腐败多发高发，反腐不力亡党亡国，如何跳出历史周期率”（得票率为100.00%）；二，“贫富差距过大，收入分配不公，如何科学分配好蛋糕”（得票率为97.16%）；三，“如何让底层公众买得起房、看得起病、上得起学”（得票率为86.75%）；四，“权力与资本结盟加剧，如何防范绑架公共权力”（得票率为82.36%）；五，“盛行官本位，如何解决官僚主义、形式主义问题”（得票率为78.99%）；六，“既得利益集团阻挠不断，如何推进关键领域改革”（得票率为78.50%）；七，“资源、环境、生态危机凸显，如何建设美丽中国”（得票率为77.73%）；八，“维稳越维越不稳，如何创新社会管理，保持社会稳定”（得票率为73.56%）；九，“经济下行压力加大，如何持续快速发展，做更多更大蛋糕”（得票率为72.89%）；十，“官员财产申报与公示如何落到实处”（得票率为72.36%）。

本刊上期推出的《“国家级难题”公众调查分析报告》及结合十八大报告精神对一、二、六、七、九项难题的深入解读引起广泛关注，社会反响强烈；本期继续对三、四、五、八、十项“国家级难题"进行解读。

公众推举的第三难题：

如何让底层公众买得起房、看得起病、上得起学

总得票率：86.75%

紧迫程度4.05 复杂程度3.73 尖锐程度3.23 关注程度3.95（最高值为5，最低值为1）

入选理由：新中国在各项事业上都取得了巨大成就，然而，"买房难、看病难、上学难"已成为让底层公众难以承受的新"三座大山"。

党的十八大提出，要在"学有所教、劳有所得、病有所医、老有所养、住有所居上持续取得新进展"。如何让底层公众真正买得起房、看得起病、上得起学？这是一个系统工程，需要国家、社会和个人共同努力才能实现。

民生问题的具体对策

如何让底层公众买得起房？显然，在现阶段让所有底层的公众都买得起住房，尤其是商品房，是不可能的。西方发达国家不少民众也是靠租房生活。在中国，让底层公众"住有所居"是可能的。地方政府要不断完善经济适用房、廉租房和公租房建设体系，扩大保障规模。中央已经提出到2012年年底基本解决1540万户低收入住房困难家庭的住房问题、用5年左右的时间基本解决城市或国有工矿成片棚户区改造的目标。但问题在于：政府保障房不仅在数量上难以覆盖底层民众，而且有不少不符合条件的人挤占了保障房资源。这些都需要监督和改进。对于那些不够申请保障房条件、生活在"夹心层"的民众购买普通商品房问题，地方政府在遏制高房价上一定要有所作为，切实解决他们“蜗居”、“房奴”问题。

如何让底层公众看得起病？应按照十八大提出的“为人民健康服务”的方向，做到以下几点：一是大力增加政府对医疗卫生事业的投入，建立合理的医疗费用分担机制。由个人、社会、政府共同筹集医保基金，做到基本医保政策范围内住院费用报销比例逐步提高。同时，建立和完善重特大疾病保障和救助机制；二是逐步建成覆盖城乡居民的基本医疗卫生制度，扩大三项基本医保的覆盖面，实现人人享有基本医疗卫生服务；三是深化县级公立医院改革，减轻底层民众过重的医药费负担。取消药品加成是彻底破除“以药补医”机制的一个重要突破口。要为底层民众提供价廉有效的药物，在政府办基层医疗卫生机构落实国家基本药物制度，降低基本药物价格。

如何让底层公众上得起学？十八大提出：大力促进教育公平，合理配置教育资源，重点向农村、边远、贫困、民族地区倾斜，支持特殊教育，提高家庭经济困难学生资助水平，积极推动农民工子女平等接受教育，让每个孩子都能成为有用之才。应该说，最近十年来，政府在义务教育阶段免除学生学杂费等方面取得了不小的成绩。在高等教育阶段，国家也建立了家庭经济困难学生资助政策体系，基本上做到了“不让一个大学生因家庭经济困难而失学”。但问题在于：国家助学贷款总归是要还的。高额的学费、生活费让贫困大学生一毕业就背上沉重的经济负担，加上就业中的“萝卜招聘”和“拼爹”现象，底层民众的子女大学一毕业就输在了起跑线上。因此，问题的关键还是想办法提高底层民众的收入水平和社会保障水平，为他们的子女创造公平的教育、就业和发展机会。

逐步实现共同富裕是中国道路的鲜明特色

切实解决民生问题是实现全民共同富裕的重要前提，我们党对"全民共同富裕"目标的认识也有了新进展，并对此作出了具体部署。

在十二大至十七大的基础上，十八大进一步充实完善了中国特色社会主义目标，由单一的"国家"层面的目标丰富为个人、集体、国家三个层次的目标。十八大在"中国特色社会主义道路"部分，关于中国特色社会主义的目标，增加了"促进人的全面发展"、"逐步实现全体人民共同富裕"两个层次的新目标。具体说来，中国特色社会主义的目标，从个人层面上讲，是"促进人的全面发展"；从集体层面上讲，是"逐步实现全体人民共同富裕"；从国家层面上讲，是"建设富强民主文明和谐的社会主义现代化国家"。这表明中国特色社会主义目标的价值取向已从单纯注重"国家富强"转为同时强调"国强、民富"，丰富了中国特色社会主义道路的内涵。

十八大为"逐步实现全体人民共同富裕"提供了新的指导思想，为缩小区域城乡发展差距和收入差距提供了科学思路。报告指出：坚持和发展中国特色社会主义，必须牢牢把握八个基本要求。其中，"必须坚持解放和发展社会生产力"、"必须坚持走共同富裕道路"等基本要求为今后"逐步实现全体人民共同富裕"指明了方向。

坚持科学发展，把蛋糕做大，为逐步实现全体人民共同富裕奠定坚实物质基础。报告指出："必须坚持解放和发展社会生产力。"坚持以经济建设为中心，以科学发展为主题，以加快转变经济发展方式为主线，实现以人为本、全面协调可持续的科学发展。一方面,统筹城乡发展是落实科学发展观、实现共同富裕的重要途径。十八大提出了"推动城乡发展一体化"战略布局。"要加大统筹城乡发展力度,增强农村发展活力,逐步缩小城乡差距,促进城乡共同繁荣。"另一方面,统筹区域协调发展是解决区域发展差距、地区之间社会成员收入差距过大等问题的重要途径。十八大还提出,继续实施区域发展总体战略,"充分发挥各地区比较优势,优先推进西部大开发,全面振兴东北地区等老工业基地,大力促进中部地区崛起,积极支持东部地区率先发展。"

只有充分发挥社会主义制度优越性,坚定不移地走共同富裕道路,使发展成果更多更公平惠及全体人民,才能逐步实现全体人民共同富裕。十八大指出:"必须坚持走共同富裕道路。""要坚持社会主义基本经济制度和分配制度,调整国民收入分配格局,加大再分配调节力度,着力解决收入分配差距较大问题,使发展成果更多更公平惠及全体人民,朝着共同富裕方向稳步前进。"一方面,要不断巩固和增强公有制的主体地位,"毫不动摇巩固和发展公有制经济"。另一方面,实现发展成果由人民共享,必须深化收入分配制度改革,"努力实现居民收入增长和经济发展同步、劳动报酬增长和劳动生产率提高同步,提高居民收入在国民收入分配中的比重,提高劳动报酬在初次分配中的比重。初次分配和再分配都要兼顾效率和公平,再分配更加注重公平。"

（来源:《人民论坛》2012 年 12 月 27 日）

第七章

开启实现中国梦的新征程

近年来，诸多重大历史节点周年纪念接踵而至：2008 年，改革开放 30 周年；2009 年，新中国成立 60 周年；2011 年，中国共产党成立 90 周年、辛亥革命 100 周年；2012 年，邓小平同志发表南方谈话 20 周年……回望中华民族和中国社会发生翻天覆地变化的百余年里，新文化运动、五四运动、抗日战争、解放战争、新中国成立、改革开放，流经一个世纪的历史长河浩浩荡荡，几代人殚精竭虑，曾被甩在全球现代化进程之外的中华民族，大踏步迎来民族复兴的曙光。正当实现中国梦的大幕精彩开启之际，我们深刻地感受到，中华民族伟大复兴的进程正是在坚持党的领导、人民当家作主和依法治国三者统一的基础上磅礴实现的，中国梦的新征程也必将由此出发扬帆远航。

一、坚持党的领导

党的十八大报告指出："经过九十多年艰苦奋斗，我们党团结带领全国各族人民，把贫穷落后的旧中国变成日益走向繁荣富强的新中国，中华民族伟大复兴展现出光明前景。”[①]中国特色社会主义的成功道路，是以邓小平同志为核心的党的第二代中央领导集体带领全党全国各族人民开辟的，是以江泽民同志为核心的党的第三代中央领导集体和以胡锦涛同志为总书记的党中央、以习近平同志为总书记的新一届党中央继续推进和发展的。找到这样一条道路，是我们党对马克思主义的发展作出的历史性贡献。历史证明，只有坚持党的领导，中国梦才能得以最终实现。

（一）坚持党的领导，不断走向辉煌

近代以来，历史上曾经辉煌荣耀的中华民族跌入谷底，几乎所有西方列强都侵略过我们。中国面临着亡国灭种、豆剖瓜分的境遇。在那段漫长的黑暗时期，多少仁人志士，各种党派、学说，为改变中华民族的悲惨命运，苦苦探寻救国图存的道路，但无一成功。直到 1921 年，以马克思列宁主义为指导的中国共产党诞生，中国革命的面貌方为之一新。经过 28 年艰苦卓绝的奋斗，1949 年成立的新中国彻底结束了中国落后挨打的状况。我们推翻了三座大山，完成了新民主主义革命的任务，实现了民族独立和人民解放，中国人民从此站立起来，真正成为国家的主人。

新中国从成立之日起就不停顿地向社会主义转变。1956 年，中国共产党八大召开之际，我国完成了社会主义改造，建立了社会主义基本制度，迈上了全面建设社会主义的新征途。这

① 胡锦涛：《坚定不移沿着中国特色社会主义道路前进 为全面建成小康社会而奋斗——在中国共产党第十八次全国代表大会上的报告》，人民出版社 2012 年版，第 1 页。

一转变，使一个占世界人口 1/4 的东方大国走到社会主义这一人类文明发展的正确方向上，意义重大。

1978 年，党的十一届三中全会召开，我国进入了新的历史时期。新时期最鲜明的特点是改革开放，突出地表现在经济体制和对外开放这两个方面所发生的突破性变革。全方位开放格局的形成，使一个有着 13 亿人口的大国走向世界，这不但对中国本身，而且对全人类的发展，都具有重大而又深远的影响。改革开放之所以意义重大，就在于它集中反映了我们党对社会主义认识的重大转变。在社会主义条件下发展市场经济、实行全面开放，这是前无古人的伟大创举，破除了过去对社会主义的很多误解和曲解，使我们对社会主义有了全新的认识。在中国共产党的领导下，中国社会发生了翻天覆地的巨变，旧中国贫穷落后的面貌被彻底改变。60 多年来，我国综合国力大幅跃升，人民生活明显改善，国际地位显著提高，中华民族巍然屹立于世界民族之林。

从综合国力看。旧中国积贫积弱，新中国成立初期国内生产总值只有 679 亿元。而到 2012 年，我国国内生产总值达到 51.9 万亿元，位居世界第二位；外汇储备居世界第一，超过 2 万亿美元。钢铁、水泥、粮食、棉花等主要工农业产品产量居世界首位。科技、教育、文化和社会事业蓬勃发展，众多尖端科技领域处于世界领先地位，国防和军队建设取得巨大成绩，祖国统一大业迈出重大步伐。

从人民生活看。2012 年，我国城镇居民人均可支配收入达到 24565 元，农村居民人均纯收入达到 7917 元[1]，均比新中国成立初期增长了 100 多倍。人民过上了殷实的生活，基本权益得到保障，精神生活丰富多彩，总体上达到小康水平。特别是我国成功解决了十几亿人口的吃饭问题，贫困人口大幅下降，这是一项彪炳史册的成就，是对全人类作出的重大贡献。

从国际地位看。过去，中国人被称作“东亚病夫”，长期受到歧视。而今天，这种状况早已成为历史。由于快速发展和巨大的经济实力，中国的一举一动越来越受到世界的关注。现在，任何一个国家都不能忽视中国的存在，中国同世界的关系发生了历史性的变化。奥运会、世博会的成功举办，显示了中国的力量，扩大了中国的影响。中国创造的奇迹，令世人惊叹；中国的发展前景，影响世界走向。今天的中国人，在世界上扬眉吐气。

所有这一切，是由几代中国共产党人带领人民不懈奋斗而取得的。这是一个逐步走向辉煌的伟大历史进程。

（二）坚持党的领导，中国梦不遥远

中国社会巨变的历史充分证明：没有中国共产党，就没有新中国，就没有中国特色社会主义，就不可能实现中国梦和中华民族的伟大复兴。我们党为什么能够承担起这一伟大的任务呢？

第一，我们党是始终以实现中华民族伟大复兴为己任、具有高度历史责任感和使命感的党。中国共产党是由一批有着崇高理想、远大抱负、献身精神、高度负责的先进分子组成的，是中国工人阶级的先锋队，同时是中国人民和中华民族的先锋队。从诞生之日起，我们党就承担起领导民族复兴的历史重

① 中国新闻网 2013 年 1 月 18 日。

任,并为之进行了艰苦卓绝、前赴后继的不懈奋斗。在民族复兴道路上的每一步,共产党人总是冲在最前头,以大无畏的牺牲精神带领、感动着中国人民。他们是革命的先锋,建设的英模,改革的闯将。没有中国共产党的坚强领导和浴血奋斗,就不会有国家和民族今天的辉煌。我们要用已经取得的成就来鼓舞人民,更要看到与世界在很多方面仍然存在的巨大差距,必须时刻牢记“两个务必”,做到居安思危。

第二,我们党是以马克思主义为指导、用先进理论武装起来的党。中国在近代历史上之所以落后,关键是思想理念落后;中华民族的无数次奋争之所以失败,关键是没有正确的理论指导。产生于19世纪中叶欧洲的马克思主义,集人类文明之精华,揭示了社会发展的科学真理。尽管当时中国相当落后,但是由于中国人学习和接受了马克思主义,就一下子与人类最为先进的理念和由此造成的世界革命形势联系了起来。用这一科学的世界观、方法论武装起来的中国共产党人,深入而详尽地分析中国的问题,有效地不断解决中国的问题,领导人民一步步走向胜利,中华民族的复兴展现出无限光明的前景。在这个过程中,我们深刻认识到,马克思主义必须与中国实际相结合,必须随着时代的发展而发展,必须为全党所掌握并教育人民。毫不动摇地坚持马克思主义,毫不动摇地坚持马克思主义中国化、时代化、大众化,这是我们能够取得成功的根本原因。

第三,我们党是以全心全意为人民服务为根本宗旨、有着光荣传统和优良作风的党。全心全意为人民服务,集中体现了我们党的性质和宗旨。这不仅表现在党的路线方针政策上,很重要的还表现在共产党人的作风上。我们过去靠这个感动了中国人民这个“上帝”，推翻了三座大山。在改革开放的今天，仍然有一个怎样继续感动“上帝”的问题。党的优良传统作风，是我们的特殊政治优势。今天，我们要把这一宗旨和作风体现在党和国家的决策上，体现在各个方面的工作上，体现在涉及群众切身利益的具体问题的解决上，体现在党员干部的一言一行上。特别是在利益日益多元、复杂的情况下，要始终站在大多数人民群众的立场上想问题、办事情，首先要有这种强烈的意识。人民群众对我们党的态度，是衡量我们党是否保持了先进性、执政地位是否巩固的试金石。

第四，我们党是高度重视自身建设、以改革创新精神不断自我完善和发展的党。改造中国，其任务的艰巨性、复杂性、繁重性世所罕见，需要领导这一事业的党无比坚强。党的建设被称为革命和建设的一大法宝，原因就在这里。我们曾经把一个党内成分绝大多数是农民的党成功地改造为一个工人阶级先锋队组织，完成了领导中国革命的重任。这是一个伟大工程，也是一个伟大创举。现在，我们又面临着在长期执政、世情国情党情发生巨大变化的情况下，怎样把党建设好的艰巨任务。要继续发扬这种创新精神，完成这一新的伟大工程。我们党从不掩盖自己的缺点，是一个勇于进行自我批评、不断完善自己的党。

党的十八大报告指出：“我们对党和人民创造的历史伟业倍加自豪，对党和人民确立的理想信念倍加坚定，对党肩负的历史责任倍加清醒。”[①]办好中国的事情，关键在党。坚持中国特色社会主义道路，推进社会主义现代化，实现中华民族伟大复兴，必

---

① 胡锦涛在中国共产党第十八次全国代表大会上的报告。

须毫不动摇地坚持中国共产党的领导。160多年前，马克思、恩格斯站在历史发展的最前沿，科学地预测了未来人类社会的发展。通过五四运动，马克思主义传入中国，中国人民掌握了先进的理论，取得了执政地位，赢得了革命、建设和改革的胜利。在新的历史条件下，中国共产党作为长期执政的工人阶级政党，立党为公、执政为民，全心全意为人民服务的宗旨没有改变。广大人民群众支持党、拥护党、坚持党的领导地位的立场同样没有改变。坚持党的领导地位，着力提高党的创造力、凝聚力、战斗力，推进党的建设的科学化、制度化、规范化，不断解决党内存在的问题，这是坚持和发展中国特色社会主义，实现中国梦的根本保证。

二、坚持人民当家作主

"中国人民从此站立起来了"。60多年前中华人民共和国的成立，标志着中国人民的翻身解放、当家作主，人民从受剥削、压迫和奴役的地位变为社会主义国家的主人。在中国共产党领导下，人民群众的积极性、创造性得到极大迸发，在社会主义革命、建设和改革事业中发挥着主体作用。中国梦由人民共创，由人民共享，中国梦也只有在人民当家作主的社会主义中国才能够完全实现。发展社会主义民主政治的重要路径，就是大力加强民主制度建设，从各个层次、各个领域扩大公民有序政治参与，推进社会主义民主政治制度化、规范化、程序化，保证人民当家作主。

（一）高扬光辉旗帜，深刻认清西方民主虚伪本性

"人民民主是我们党始终高扬的光辉旗帜"。[①] 人民当家

① 胡锦涛在中国共产党第十八次全国代表大会上的报告。

作主是社会主义民主政治的本质与核心。长期以来，我们坚持中国特色社会主义政治发展道路，坚持党的领导、人民当家作主、依法治国有机统一，不断扩大人民民主，保证人民当家作主，使中国特色社会主义民主展现出旺盛的生命力。中国特色社会主义民主是马克思主义民主理论与中国特色社会主义实践相结合的产物，是对资本主义民主的扬弃和超越，是符合民主本意、更高类型的民主。社会主义民主政治是一个不断发展、不断完善的过程。社会主义愈发展，民主也愈发展。

民主的本意是多数人的统治。在旧中国，广大劳动人民深受帝国主义、封建主义和官僚资本主义的压迫和奴役，根本没有民主可言。中国共产党领导人民推翻了三座大山，建立了中华人民共和国，以人民民主专政取代了国民党的独裁统治，从根本上否定了极少数人压迫和剥削广大劳动人民的不合理的政治制度、经济基础和社会关系，使国家机器、生产资料和社会财富回归到人民手中，人民从此获得了彻底解放，实现了当家作主。早在1979年，邓小平同志就深刻指出："什么是中国人民今天所需要的民主呢？中国人民今天所需要的民主，只能是社会主义民主或称人民民主，而不是资产阶级的个人主义的民主。"今天，推动中国特色社会主义民主不断发展，首先必须始终坚持民主的社会主义性质。

社会主义民主在政治上把国家中的最大多数人纳入到人民的范畴，成为民主的主体。包括工人、农民、知识分子、全体社会主义劳动者、拥护社会主义的爱国者和拥护祖国统一的爱国者在内的亿万人民，掌握一切国家权力和社会资源。人民享有管理国家事务和社会事务、管理经济和文化事业的各项政治权利,享有生存权和发展权、人身人格权以及经济、社会、文化等广泛权利,成为国家、社会和自己命运的主人。社会主义民主在经济上实行公有制为主体、多种所有制经济共同发展的基本经济制度,实行按劳分配为主体、多种分配方式并存的分配制度,占人口绝大多数的工人阶级和其他劳动人民在享有生产资料不同形式所有权和支配权的基础上当家作主。经济地位上的平等,从根本上决定并保证了社会主义民主不是受资本操纵的民主,不是少数人占有生产资料从而支配多数人的民主,而是最广大人民享有的民主。

西方资本主义民主是资产阶级的民主,实际上是垄断资本的民主。这种民主的本质是资产阶级的统治和专政,是“富人的游戏”和“钱袋的民主”。金钱可以操纵美国的民主选举成为不争的事实,以至于有美国学者指出:“只要在联邦大选委员会那里查一下筹集资金的账户,就可以在大选之前知道大选的最终结果。”西方民主实际上被掌控在少数资本家及政客手中。对于广大劳动人民来说,这种民主永远是可望而不可及的。因此,我们只有始终不渝地坚持民主的社会主义性质,坚定不移地走中国特色社会主义民主发展道路,才能从根本上保证亿万人民当家作主,实现日益充分的人民民主。

(二)一切权力属于人民,决不实行西方三权分立

政体是国家政权的构成形式,由国体所决定,体现和反映国家的本质。人民代表大会制度是我国的政体,是国家的根本政治制度,体现了我国的性质,符合我国国情。这种制度既能保障全体人民统一行使国家权力,充分调动人民群众当家作主的积极性和主动性,又有利于国家政权机关分工合作,协调一

致地组织社会主义建设，维护国家统一和民族团结，是实现人民民主的最好制度形式，具有强大的生命力和巨大的优越性。人民代表大会制度实行民主集中制的组织原则和活动方式，在充分发扬民主的基础上正确集中各方意见，协调不同利益，集体行使权力，科学作出决策，保证人民意志和利益的实现，维护社会公平正义。人民代表大会制度把民主与集中、民主与效率、民主与法治紧密结合起来，可以避免西方民主政治中“多数人暴政”的发生，充分体现和发挥社会主义民主制度集中力量办大事、提高效率办成事的优势。

人民代表大会制度的先进性和生命力，在于它深深根植于人民群众之中。要保证各级人民代表大会都由民主选举产生、对人民负责、受人民监督；保证人民依照法律规定，通过各种途径和形式，管理国家事务和社会事务，管理经济和文化事业；支持各级人大及其常委会依法履行职能，加强人大常委会制度建设，善于使党的主张和人民的意志相统一并通过法定程序成为国家意志；完善选举制度，保障人大代表依法行使职权，密切人大代表同人民群众的联系，发挥人大代表的作用，使国家的立法、决策、执行、监督等工作更好地体现人民的意志，维护人民的利益。

中国决不实行西方的三权分立。三权分立不能解决国家权力凌驾于社会之上的基本矛盾，难以形成人民和社会对国家权力监督制约的制度化机制。在三权分立之下，人民不是国家的主人和民主的主体，公民权利与国家权力呈对立状态，公民权利经常遭到国家权力的侵犯。同时，以权力制约权力为特征的三权分立互相掣肘、互相扯皮，降低甚至丧失了效率，使国家机器不能适应社会发展变化的需要。三权分立作为西方民主政治的组织活动原则，其本质是资产阶级内部的权力分工。我们要推动中国特色社会主义民主不断发展，就必须始终坚持人民代表大会制度的政体，不搞西方的三权分立，不搞西方的议会民主制和两院制；坚持多民族团结统一的单一制国家形式和"一国两制"方针，实行民族区域自治和特别行政区高度自治，不搞西方的联邦制或邦联制，坚决反对以任何形式分裂中国。

（三）长期共存、互相监督、肝胆相照、荣辱与共

中国共产党领导的多党合作和政治协商制度是我国的政党制度，也是我国的基本政治制度。中国共产党在多党合作和政治协商制度中处于领导地位。中国共产党与参加合作的各个政党之间不是平分秋色、轮流执政或者执政党与反对党、在野党的关系，而是友党合作共事的关系、领导与被领导的关系、执政党与参政党的关系。中国共产党根据"长期共存、互相监督、肝胆相照、荣辱与共"的方针，采用协商民主的原则、制度和方法，与各民主党派建立起完全不同于西方多党制政治模式的新型政党关系。在这种新型政党关系基础上，形成的是中国共产党领导执政与各民主党派平等相待、政治协商、参政议政、民主监督的和谐统一。时下在全国各地推出的"公共政策听证会"、"民主恳谈会"、"民情沟通日"等制度都可以看作协商民主的形式。如浙江温岭的民主恳谈会从村民自治开始，到对乡镇人大、政府工作包括对乡镇财政支出的主要项目征求群众意见，最后成为温岭市普遍采用的了解民意、民主决策、接受各界群众民主监督的一种协商民主形式。这是中国特色社会主义民主的一大特色，也是我国的一大政治优势。要贯彻长期共

存、互相监督、肝胆相照、荣辱与共的方针，加强同民主党派合作共事，支持民主党派和无党派人士更好地履行参政议政、民主监督职能；扩大各界人士有序政治参与，拓宽社会利益表达渠道，促进社会和谐发展；支持人民政协围绕团结和民主两大主题履行职能，推进政治协商、民主监督、参政议政制度建设，加强政协自身建设，发挥协调关系、汇聚力量、建言献策、服务大局的重要作用。

（四）和睦相处、和衷共济、和谐发展

民族区域自治制度是我国的一项基本政治制度。实行民族区域自治，有利于把国家的集中、统一与各民族的自主、平等结合起来，有利于把党和国家总的路线方针政策与民族自治地方的具体实际、特殊情况结合起来。要坚持各民族一律平等，全面贯彻实施民族区域自治法，保证民族自治地方依法行使自治权，保障少数民族合法权益；牢牢把握各民族共同团结奋斗、共同繁荣发展的主题，加快少数民族和民族自治地方发展，巩固和发展平等团结互助和谐的社会主义民族关系；大力发展少数民族文化、教育和医疗卫生事业，加强民族自治地方人才资源开发和少数民族干部队伍建设，使民族关系更加和谐、民族团结更加紧密。

（五）自我管理、自我服务、自我教育、自我监督

实行基层群众自治，发展基层直接民主，保障人民依法直接行使民主权利，是中国特色社会主义民主政治制度的重要组成部分，是人民当家作主最有效、最广泛的途径，必须作为发展社会主义民主政治的基础性工程重点推进。要坚持群众自己的事情自己管、自己办，依法实行自我管理、自我服务、自我教

育、自我监督。健全基层党组织领导的充满活力的基层群众自治机制,扩大基层群众自治范围,完善民主管理制度,把城乡社区建设成为管理有序、服务完善、文明祥和的社会生活共同体。发挥社会组织在扩大群众参与、反映群众诉求方面的积极作用,增强社会自治功能。比如,面对人口老龄化问题,广州市从2004年开始试点社区养老社会化服务模式,开拓出了利用社会资源解决养老问题的有效途径;宁波市海曙区以"政府扶持、非营利组织运营、社会参与"的思路,探索出了一条"社会养老居家化,居家养老社会化"的低成本亲情化居家养老的新路。

中国特色社会主义道路推动了社会生产力的发展,反映了最广大人民的愿望要求,是一条造福人民、依靠人民的道路,人民群众是这条道路的受益者和维护者。广大人民群众与这条道路同命运,齐心协力为这项事业而奋斗,是这条道路越走越坚实、越走越宽广的根本保证,中国梦的实现也指日可待。

三、坚持依法治国

当法治成为一种必须、一种习惯、一种价值乃至一种信念……法治,正用其特有的方式,改变中国,改变13亿中国人的生活。从经济领域到社会领域,从约束公共权力到保障个人合法权益,随着中国特色社会主义法律体系的形成,各项法律制度日臻完善,改革开放的伟业顺利推进,百姓享受经济社会发展的成果已经有了切实的法律保障。在中国梦的感召下,面对人民群众的新期待,面对社会主义现代化建设的宏图大业,中国依法治国、建设社会主义法治国家的伟大进程,又站在新的历史起点上。

(一)依法治国,保障人民共享中国梦

人民当家作主是社会主义民主政治的本质和核心。我国宪法开宗明义地规定,我国是以工人阶级为领导的以工农联盟为基础的人民民主专政的社会主义国家,国家的一切权力属于人民。为了保障人民民主,必须加强社会主义法治,逐步实现社会主义民主的制度化、法律化。当前,我国保障人民民主权利的法律日趋完备,人民民主权利的保障水平日益提高。但同时,民主法制建设与人民民主不断扩大的客观要求还不相适应。人民群众的知情权、参与权、表达权、监督权还有待逐步实现;人民群众的有序参与、有序表达还未形成相应的机制,侵犯人民民主权利的问题时有发生且有时非常严重。与此相应,人民群众的民主意识、权利意识日益自觉,对社会主义法制建设的呼声也日益强烈。因此,我们必须正视人民群众日益增强的法治要求,加快建设社会主义法治国家,保障人民当家作主的权利切实得以实现,使全体人民以主人身份共享中国梦。当前,应注重建立以保障人民主权为宗旨的国家权力制约机制。

一是加强和完善人民代表大会制度,使人民代表大会作为国家权力机关在整个国家行政权力机构系统中居于主导地位,特别要在提高议政的开放程度和法律监督的效力等方面给予强有力的法治保障。

二是贯彻依法行政原则(亦称法治行政原则),通过法律授权和法律限制规范行政机关的一切行政行为,防止权力失控和疲软;同时,建立健全行政诉讼、复议、举报、赔偿等制度监督行政行为的合法性,保障公民权利不受侵犯,防止权力的滥用与腐化。

三是遵循司法机关独立行使职权的宪法原则,建立司法权力运行的监督与制约机制。在合理配置与完善公、检、法、司机关在刑事诉讼中的分工、配合、制约关系的基础上，进一步改革和完善司法体制及其多项制度，包括审判责任制度、错案赔偿制度、监管劳教制度、司法行政体制以及改进庭审方式等，杜绝一切对司法独立行使职权的干扰。

四是建立全方位的监督制约体系网络。这个体系包括党组织、人民代表大会、政府机构构成的国家权力分工与制约的组织机构总体，以及国家机构中立法、行政、司法之间的分工与制约关系，中央与地方政府之间的分工与制约关系，国家的法律监督，党政机构内部的自我监督，政协与各民主党派、各人民团体、各新闻单位、各社会组织和公民个人等各种社会监督力量，从政治体制和法律制度上加以完善配套，保证合理地运作和效力的充分发挥。

五是遵照党必须在宪法和法律范围内活动的法治原则，实现执政党领导方式的转变，以适应新时期民主政治建设的要求。按照"三个代表"的要求，立党为公，执政为民，更好地支持和领导人民当家作主，树立法制权威，保证依法治国。

（二）依法治国，促进发展实现中国梦

市场经济本质上应该是法制经济。没有完备的法律制度作保障，就没有完善的市场经济。经济体制改革的目标是建设完善的社会主义市场经济。目前，我国已经初步建立起社会主义市场经济体制，但是我国的市场经济体制还很不完善，尤其是市场经济依法管理的有效机制尚未建立起来，市场经济法律秩序的建立还任重道远。在新的形势下，市场主体和市场行为需要进一步依法规范，市场意识、诚信意识需要法治的强化和塑造，生产、交换、分配、消费等市场经济环节需要法治规范和引导，宏观调控和管理的法制化建设需要抓紧推进。尤其需要强调的是，政府在建设和管理市场经济过程中决策和执法的民主性和科学性还有待加强，政府在市场经济中的地位和作用还有待规范和依法限制，有限而非全能、服务而非控权的政府目标进程有待提速。只有加快建设社会主义法治国家，逐步形成良好的市场经济法律秩序，才能为完善社会主义市场经济提供有力的法治保障。

同时，作为一个现代化的社会主义市场经济国家，树立法治观念显得尤为重要。法治意识是法律意识的宏观表现形态，它更着眼于保证人民的主体地位和国家权力的正确行使问题。有效制约和正确运用公共权力，是现代法治关注的焦点，也是市场经济良性运转的重要保障。就本质而言，如果没有对公共权力的依法监督和制约，就根本谈不上法治和市场经济的正常运转。为此，全社会应当树立法律高于权力的观念，并且在实践中依法规范公权（公共权力），依法确立并在运用中遵循公权的准则、范围、限域、方式和程序，依法设定规避职责或滥用权力的法律责任以及追究责任的制裁方式。形成法治意识、提高法律素养是当代公民的基本要求。广大公民应当注重增强民主观念、权利观念和国家观念，既依法维护政府权威，又能自觉地以主人翁姿态监督政府依法办事。而对国家公职人员来说，法治意识就是牢记手中的权力是人民给的，自觉地用法来约束权力的行使，接受来自各方面的监督制约，忠于职守，忠于为人民服务的宗旨。如果我们的各级领导干部都养成了很强的法治意识，自觉地戴上“法的紧箍咒”，做守法的表率，那么，我们的社会主义国家就会不断向法治、善治迈进，社会主义市场经济发展就会取得更富效率的成果，中国梦也将建立在坚实的物质基础上得以实现。

（三）依法治国，塑造安定和谐的中国梦

民主法治，既是中国梦的重要特征，又是塑造一个和谐中国梦的重要保障。近年来，我国城镇化建设飞速发展，取得重要成果的同时，在征地、拆迁过程中，侵犯公民土地、房屋等财产权利的事件不时发生，严重损害了党和政府的形象，危害社会和谐稳定。这种现象的发生，与部分公职人员的法治意识淡薄密切相关。在新的形势下，要更加注重依靠法治来解决社会矛盾、协调利益关系，保障社会公平正义，维护社会和谐稳定。维护社会和谐的同时，还应注重维护社会主义法制权威。在现代化建设过程中，建立法治下的法制权威极端重要。它要求反映人民意志的宪法和法律成为全社会的最高调节器。从而，要求社会控制的任何手段，如强权、行政、道德、宗教、习俗传媒等都必须合法，在社会正常状态下都必须以法律为最终的调节手段；要求严格遵守法律面前人人平等原则以及法律必行、法制统一的原则，不允许有任何法外特权或超越法律的变通政策、政令的存在，也不允许地方、部门保护主义的存在。法律秩序的建立，是法治状态在社会秩序中居于统治地位的显著标志，也是依法治国的一个重要目标。没有社会主义法治就没有社会主义和谐，只有加快建设社会主义法治国家，和谐的中国梦才能逐步实现。

（四）依法治国，确保党领导人民实现中国梦

依法执政，是我们党领导国家、治国理政的基本方式。法

制建设的状况直接关系和体现党的执政能力。依法治国，就是要从法律制度上把坚持党的领导、发扬人民民主和严格依法办事统一起来。执政党和政府，能不能正确领导立法、带头守法、保证执法，是对党的执政能力的重大考验。党越是重视社会主义法制建设，党的执政能力就越能得到增强，党的执政地位就越能得到巩固。随着实践的发展，党依法治国的意识和水平日益提高。党章明确规定，共产党员必须“模范遵守国家的法律法规”。[①] 共产党在执政实践中，始终面临着依法治国与依法从严治党的双重历史任务。提高党的执政能力和水平，全党同志特别是各级领导干部既要严格执行党章党规和党的各项制度，又必须在宪法和法律范围内活动，带头维护宪法和法律。因此，必须把依法治党放在依法治国的历史进程中加以推进，使依法治党与依法治国相适应，使依法治党成为依法治国的根本保证。依法治国，加快建设社会主义法治国家，既是确保国家长治久安的基本方略，也是确保我们党领导人民实现中国梦的基本方略。

实践证明，人类社会发展的客观规律，民主法治人权的时代精神，人民群众的根本利益和愿望，是决定当代法治发展和进步的根本动力。抬头向前，我们坚定而清醒，实现建设法治国家的目标，还有很长的路要走，任务将十分繁重而艰巨。法治对中国的改变、对生活的改变，给了我们信心，给了我们希望，给了我们一个值得期许的法治明天，中国梦也由此更为清晰可见。

① 《中国共产党章程》，人民出版社 2012 年版，第 11 页。

四、不断夯实实现中国梦的物质文化基础

"中国梦"理念的提出是为了在国内提倡一种主流、健康和积极进取的社会意识，引导年轻一代树立正确的世界观，促进和谐社会的建设，为中国的整体外交服务；在国际上提倡和平、合作、共赢，让中国与世界共同发展；加强中国的软实力，塑造中国负责任大国的国际形象，为创建和谐世界作出贡献。中国梦的实现，需要有坚实的物质和文化基础来支撑。

（一）坚持以经济建设为中心

"以经济建设为中心是兴国之要，发展仍是解决我国所有问题的关键。"[①]近几年，伴随着欧美债务危机风险的上升和世界经济持续疲软，"中国拯救世界"的话题一度引起广泛热议。虽然这种说法并不现实，但反映出一个趋势：中国正在成为拉动世界经济增长的重要动力，成为世界经济体系中不可或缺的治理者。生产力是马克思唯物史观的核心概念，生产力理论是马克思主义理论的重要组成部分。中国共产党把发展生产力作为社会主义建设的根本任务，符合马克思主义基本原理，是巩固和发展社会主义制度的必然要求。实现中国梦，就要坚持以经济建设为中心，不断夯实必要的物质基础。

人类历史上的一切社会形态，都有其赖以存在的物质基础。而一个社会的生产力水平，就是构成这个社会的物质基础。生产力水平不仅决定着社会生产关系的性质，而且决定着社会生产关系的建立、巩固和发展。也就是说，生产力的发展

---

① 胡锦涛：《坚定不移沿着中国特色社会主义道路前进 为全面建成小康社会而奋斗——在中国共产党第十八次全国代表大会上的报告》，人民出版社2012年版，第19页。

是一切社会存在和发展的最终决定力量,是一切社会形态的物质基础。这是马克思主义唯物史观的一个基本观点。社会主义社会同人类历史上的其他社会形态一样,也必然有它赖以存在的物质基础。尤其是经济文化落后的国家走上社会主义道路之后,更要大力发展生产力,这样才能为巩固和发展社会主义奠定坚实的物质基础。人类社会发展的历史表明,物质财富匮乏所导致的贫困,是造成社会发展不和谐的根源。当一个社会的生产力落后,社会发展停滞,物质财富极度匮乏,无法满足社会成员需求的时候,往往也是社会矛盾加剧甚至社会动荡的时候。因此,马克思指出,未来生产力的发展之所以是绝对必需的实际前提,是因为如果没有这种发展,那就只会有贫穷的普遍化;而在极端贫困的情况下,就必须重新开始争取必需品的斗争,全部陈腐的东西又要死灰复燃。正因为如此,马克思主义政党最注重发展生产力。

社会主义社会是一个由低级向高级不断发展的过程,要经历不同的发展阶段。与此相适应,中国梦也要经过不同的发展阶段,才能达到较高的理想程度。当前,我国正处于并将长期处于社会主义初级阶段。这是我国最基本的国情,也是我国最大的实际。受基本国情的制约,我们现在所实现的中国梦必然是社会主义初级阶段的中国梦,经济社会的发展程度尚不可能达到高级程度。这就决定了我们必须通过不断发展生产力来增强实现中国梦的物质基础。在社会主义初级阶段,人民群众日益增长的物质文化需要同落后的社会生产之间的矛盾是我国社会的主要矛盾。只有实现经济社会协调发展,才能形成更为完善的分配关系和社会保障体系,才能创造更多的就业机会，才能不断满足人民群众多方面的需求，从而消除阻碍社会进步的根源。

新中国成立以来特别是改革开放以来，我国经济社会发生了前所未有的深刻变化，社会生产力水平明显提高，综合国力显著增强，人民生活不断改善，总体上实现了由温饱到小康的历史性跨越，已经具备了较为坚实的物质基础，可以为缩小社会差别、促进社会公平、完善社会保障、发展社会事业、加强社会建设和管理等提供较为充分的物质保证。但也应清醒地看到，我国的生产力发展虽然取得了很大的成就，但人口多、底子薄，生产力不发达，地区发展不平衡，生态环境、自然资源与经济社会发展的矛盾比较突出等问题依然存在。虽然我国人均国内生产总值已经突破 3000 美元，但仍居世界 100 位以后。现有的经济发展水平和拥有物质财富的程度，与人民群众日益增长的物质文化需要还不相适应，经济社会发展中还存在一系列不和谐的因素。这在很大程度上是与经济发展不充分、物质财富相对匮乏相联系的。所以，我们办一切事情都要从社会主义初级阶段这个最大的实际出发，实现中国梦也必须从这个最大的实际出发。

当前，国内外经济形势复杂严峻。我国坚持以科学发展为主题，以加快转变经济发展方式为主线，加强和改善宏观调控，促进经济增长由政策刺激向自主增长有序转变，取得了发展较快、价格趋稳、效益较好、民生改善的可喜成绩。取得这样的成绩殊为不易，同时也要清醒认识当前中国发展的内外环境。当前世界经济增速回落、复苏乏力，我国经济发展中不平衡、不协调、不可持续的矛盾和问题仍很突出，短期问题和长期问题交织，结构性问题和体制性问题并存，国内问题和国际问题互联。进一步推动经济社会发展，积极参与全球经济治理，关键在于把握好稳中求进的工作总基调。牢牢把握扩大内需这一战略基点，把扩大内需的重点更多放在保障和改善民生、加快发展服务业、提高中等收入者比重上来；牢牢把握发展实体经济这一坚实基础，努力营造鼓励脚踏实地、勤劳创业、实业致富的社会氛围；牢牢把握加快改革创新这一强大动力，抓住时机尽快在一些重点领域和关键环节取得突破，着力提高原始创新能力，不断增强集成创新、引进消化吸收再创新能力；牢牢把握保障和改善民生这一根本目的，加大财政投入力度，切实办好涉及民生的大事要事，注重提高发展的包容性。“只有推动经济持续健康发展，才能筑牢国家繁荣富强、人民幸福安康、社会和谐稳定的物质基础。必须坚持发展是硬道理的战略思想，决不能有丝毫动摇。”[①]只有这样，中国梦才能够在科学发展的指引下逐步实现。

（二）为中国梦注入文化的力量

“文化是民族的血脉，是人民的精神家园。”[②]实现中国梦，既需要雄厚的物质基础、可靠的政治保障，又需要有力的精神支撑、良好的文化条件。没有思想、文化上的凝聚团结，就难以把社会各方面的力量整合集中起来；只追求一时的经济成长，无法对人类文明做出持久辉煌的贡献。因此，通过发展社会主义先进文化，促进文化建设，构筑社会主义的文化基础，不断巩

① 胡锦涛：《坚定不移沿着中国特色社会主义道路前进 为全面建成小康社会而奋斗——在中国共产党第十八次全国代表大会上的报告》，人民出版社 2012 年版，第 19 页。
② 同上，第 30 页。

固实现中国梦和民族复兴的精神支撑,就成为现阶段推进中国梦实现的一项重要任务。

1.坚持以马克思主义为指导

实现社会进步,建设美好社会,自古以来就是人类追求的一个社会理想。但是,在人类历史上第一次使关于理想社会的构想建立在对社会发展规律的自觉把握上,成为真正意义上的科学认识,是由马克思主义的科学社会主义理论完成的。马克思主义创始人马克思和恩格斯从理论上论证了只有推翻不合理的资本主义制度,消灭生产资料私有制,才能从根本上消除"异化劳动"的现象,人才能成为自己的主人、社会的主人、自然的主人,才能实现真正意义上的人与人、人与社会、人与自然的和谐共生。这种被马克思称之为"人和自然界之间、人和人之间的矛盾的真正解决",以及被恩格斯称之为"人类同自然界的和解以及人类基本的和解",意味着人类社会文明的最高境界、人类不断追求的理想社会即共产主义的实现。在我国革命、建设和改革的进程中,我们党对马克思主义理论的新发展,从毛泽东思想、邓小平理论到"三个代表"重要思想以及科学发展观,都深刻反映了我们党对共产党执政规律、社会主义建设规律和人类社会发展规律认识的逐步深化,是社会主义先进文化的核心内容和理论基础。因此,构筑中国梦的文化基础,首先必须坚持以马克思主义特别是马克思主义中国化的最新成果为指导。只有这样,才能统一思想、凝聚力量,树立共同的理想信念,为中国梦打下坚实的思想基础。

2.加强社会主义精神文明建设

在当代中国,发展先进文化,就是发展中国特色社会主义的文化,就是建设社会主义精神文明。社会主义精神文明所包括的思想建设、道德建设、文化建设以及教育和科技事业发展等,都是实现中国梦不可或缺的。构筑实现中国梦的文化基础,应大力加强社会主义思想道德建设,加强社会主义荣辱观教育,努力形成与社会主义市场经济相适应、与社会主义法律体系相协调、与中华民族传统文化相承接的思想道德体系,提高全体公民的思想道德素质,形成团结互助、和睦相处的社会风尚,为中国梦提供道德支撑;应大力弘扬以爱国主义为核心的民族精神和以改革创新为核心的时代精神,培育科学精神、倡导创新精神、弘扬奉献精神,使之成为全国各族人民在推动实现中国梦的伟大实践中奋发有为、开拓进取的精神动力;应大力发展科学和教育事业,落实科教兴国战略,在全社会营造尊重劳动、尊重知识、尊重人才、尊重创造的社会氛围,培养高素质劳动者,建设学习型社会,努力提高全民族的科学文化素质,为实现中国梦提供智力支持。

3.坚持以人为本,一切从人民利益出发

社会主义先进文化是人民大众的文化,它以为最大多数人服务为根本出发点。对人的生命存在、人的尊严和价值的关注,对自由、平等、正义以及幸福的追求,乃至对人类的终极关怀,都应该包含在体现社会主义先进文化的人文精神之中。我们所要实现的中国梦,蕴含了民主法治、公平正义、安定有序、人与自然和谐相处等一系列内涵,目的是促进人的全面自由发展。中国梦的实现是以人为主体来展开的,又是为实现人的价值服务的。因此,实现中国梦必须坚持以人为本,努力促进人的全面发展。应在全社会宣传和培育人文精神,使尊重人、关心人、爱护人成为全社会的风尚，建设创造良好的人文环境。为此，不仅要重视自然科学的发展，也要重视人文社会科学的发展；不仅要重视经济发展，也要重视社会的全面进步；不仅要重视让一切创造社会财富的源泉充分涌流，也要重视让全体人民共享经济发展和社会进步的成果。

“当前，世情、国情、党情继续发生深刻变化，我们面临的发展机遇和风险挑战前所未有。”[①]处于又一个社会大变革、大转折中的中国，曾经有“独一无二的过去”，也将拥有“独一无二的未来”。伟大的中国梦绵延传承，必将崛起一个繁荣发展、和平统一、民主自由、共同富裕、高度文明的现代中国。这个中国，将为民族赢得更多福祉；这个中国，将为人类做出更大贡献。

延伸阅读

实现中国梦须破解深层次发展难题

习近平总书记去年在参观“复兴之路”展览时，提出了中国梦，在第十二届全国人大第一次会议闭幕式上，又全面阐述了他的中国梦思想，指出“中国梦归根到底是人民的梦，必须紧紧依靠人民来实现，必须不断为人民造福”。笔者认为，习近平提出的中国梦高瞻远瞩、立意深远。而加快实现中国梦，更需要

① 胡锦涛：《坚定不移沿着中国特色社会主义道路前进 为全面建成小康社会而奋斗——在中国共产党第十八次全国代表大会上的报告》，人民出版社2012年版，第1页。

新一届政府和全体人民兢兢业业，同心同德，首先在接下来的五年里，加大重点领域关键环节的改革，破解深层次的发展难题。

坚持公平正义撑起中国梦

社会的发展与进步，诚然离不开发展经济，更离不开公平正义的力量。只有权利公平，中国梦才能起飞；只有机会公平，奋斗才有动力；只有制度公平，社会才能进步。我国经过30多年的改革开放，中国人的中国梦才有了更为坚实的经济环境，但另一方面，在追梦的路上，我们更需要公平正义的阳光照进现实社会。李克强总理在十二届全国人大一次会议闭幕后的记者会上表示，公正是社会创造活力的源泉，也是提高人民满意度的一杆秤，政府理应是社会公正的守护者。因此，新一届政府需要坚持公平正义撑起中国梦，特别要从制度上为所有人、所有企业创造公平竞争、公平发展的机会。用公平的规则与人性化的制度创造公平发展的环境，让广大人民在日常生活中，感受到公平正义的温暖，从而进一步激发广大人民辛勤劳动和创造的热情。

转变发展方式实现中国梦

加快转变发展方式，切实提高增长质量和效益，才能打造中国经济的升级版，才能把“美丽中国”变成现实。转变发展方式是我国继60多年前社会制度转型、30多年前经济体制转轨之后决定现代化命运的又一次重大变革，关系到我们能否实现民族复兴的中国梦。如果发展方式迟迟不能转型，我国就会错失发展的良机。

近年全球经济下行对我国经济的冲击，表面上是对经济增长速度的冲击，但实质上是对传统经济发展方式的冲击，我国原有的经济发展方式已不适应变化了的发展环境，必须加快经济结构调整步伐，加快创新经济发展方式。

用转方式应对国际经济的激烈竞争。全球金融危机加速催生新的科技革命，围绕新能源、生命科学、空间和海洋开发的技术创新更加密集。绿色经济、低碳技术等新兴产业正在蓬勃兴起。主要发达国家纷纷加速数字技术和制造业的结合，推进"再工业化"，力图抢占未来科技和产业发展制高点。发展中国家也加大科技投入，加速发展具有比较优势的产业和技术，谋求实现跨越式发展。因此，我国只有通过转变发展方式才能应对未来国际产业和技术的激烈竞争。

用转方式遏制制造业低水平重复建设。我国制造业发展方式仍比较粗放，制造业产能过剩和重复建设加剧了资源供应紧张，将对结构优化升级形成较强的制约，因此，只能通过转变发展方式解决制造业产能过剩问题。

用转方式扭转生态环境恶化趋势。目前一些地方生态环境承载能力已近极限，水资源、大气、土壤等污染严重，汽车尾气、固体废料、重金属等污染持续增加。环境突发事件增多，水污染、食品安全等问题严重危害人民群众身体健康。环境污染越来越成为中国的公共问题。环境污染与经济发展方式有密切关系，只能通过转变发展方式才能扭转生态环境的恶化趋势。

用转方式化解原有竞争优势减弱的压力。随着我国工业化迅速推进，支撑我国经济 30 多年快速发展的劳动力、土地、矿产资源等传统要素价格持续上升，原有传统竞争优势开始减弱。只有转变发展方式才能化解原有竞争优势减弱的压力，创造竞争新优势。

缩小贫富差距推动中国梦

近年来，我国贫富差距呈扩大趋势，制约了经济发展方式的转换，影响了社会的公平正义与和谐稳定。如不能解决好贫富差距过大问题，就不能解决中国经济增长动力转换的问题，就有可能陷入拉美国家经历过的“中等收入国家陷阱”。因此，缩小贫富差距已成为我国上下的共识。

调整收入分配必须从制度上消除产生腐败的土壤，建立公平竞争的市场环境，减少权力对市场的干预。首先，需要强化税收对收入分配的调节职能，以充分发挥税收在个人收入分配调控中的职能作用。其次，深化工资分配制度改革，从体制上缩小行业、部门间不合理的收入差距。第三，积极推进福利待遇货币化、工资化改革，建立地区津贴制度，把住房补贴、交通补贴和地方性补贴等纳入工资收入，促进机关事业单位工资水平的合理增长。第四，借鉴国际经验，开征财产税、遗产税、赠予税等税种，发挥税收在“限制高收入”和“保障低收入”两方面的调节作用。第五，着力织就覆盖全民的基本民生保障网。围绕保障基本民生，做到织好网、补短板、兜住底，让人民群众安心创业就业。

加快机构改革打造中国梦

加快实现中国梦，关键在于拥有一个效率高、权责明、职能清的廉洁政府和法治政府。

制约我国经济社会发展的深层次体制矛盾是政府职能定位问题，新一轮国务院机构改革已经表明，通过合并与分权，相关部委的权责更加明确，职能转变更加注重对社会实际的管理效力，将为国家各项事业的进步，提供来自行政管理上的高效支持。与此同时，一些部门通过合并与扩权，实现了职能管理上的跨越，可以更加高效履行好本领域内的管理职能，解决长期以来一些政府职能越位、缺位和错位的问题。

人民满意是改革的试金石，国务院的机构改革迈出了建设现代政府的第一步。随着廉洁政府和法治政府建设的提速，新一届政府将更好地取信于民、造福人民。这让人民看到了希望，也是实现中国梦的必由之路。

（来源：《南方日报》2013 年 4 月 1 日）

第八章

梦在前方，路在脚下

习近平同志指出，实现民族伟大复兴的中国梦是每一个中国人的梦，需要一代又一代中国人不懈为之共同努力。在我国仍处于并将长期处于社会主义初级阶段的时代背景下，实现中国梦，创造全体人民更加美好的生活，任重而道远，需要我们每一个人继续付出辛勤劳动和艰苦努力。空谈误国，实干兴邦。我们要心往一处想，劲往一处使，以时不我待的精神埋头苦干，不断锐意进取，攻坚克难，奋力夺取中国特色社会主义新胜利。

一、实现中国梦需要每一个人付出艰苦努力

“天下兴亡，匹夫有责。”中国梦既是整个中华民族的“大梦”，也是每一个华夏子孙的“小梦”。“大梦”的实现，离不开每个人“小梦”的成真。

（一）中国梦也是个人梦

习近平同志指出，中国梦是民族的梦，也是每个中国人的

梦。每个人都有理想和追求，都有自己的梦想。中国梦不是抽象的和虚幻的，而是每一个中国人梦想的汇集。每一个中国人的梦想，正如在高山之巅流下的涓涓细流，逐渐汇聚成溪流、江河，直至流入大海，从而汇聚成整个民族的“复兴大梦”。

个人的梦想，要植根于民族的大梦想之中。中国梦是最大多数中国人民的最根本最长远的梦想。个人梦则是作为国家民族和集体中的一个成员的理想，是指个人的一切愿望的总和。个人对幸福成功的理想，和国家民族的复兴梦想之间，也是唇齿相依、辩证统一的。实现了民族复兴强盛梦想的国家，将为个人提供滋长各种“小梦想”的沃土；同时，个人达到自己的理想后，也必将推动国家和民族大梦想的实现。2011年，中国著名篮球运动员姚明在退役时发出感慨说：“要感谢这个伟大进步的时代，使我有机会去实现自己的梦想和价值。”姚明清楚地认识到，自己的成功，很大程度上得益于崛起之中的中国这个伟大平台，可以说，没有今天的中国，就不会有今天的姚明。姚明不仅实现了他个人的篮球梦想和价值，同时也实现了数代中国人进军世界篮球场的梦想。他个人的篮球理想，也是所有中国人的篮球理想。正是因为将自己的个人梦想，植根于整个民族的梦想之中，姚明才实现了自己的篮球巨人梦。马丁·路德·金的经历，同样能够反映出个人梦想和民族梦想之间不可分割的关系。50多年前的美国，马丁·路德·金在林肯纪念堂前发表了《我有一个梦》的演说，“我梦想有一天，这个国家将会奋起，实现其立国信条的真谛”，“我们认为，这些真理不言而喻，人人生而平等……”。这些广为传颂的演说词，既是这位黑人的个人梦想，也是当时的美国民族的梦想。

每个人的梦想也是多元的，有关于家庭的，有关于职业的，有关于爱情的，有关于财富的，也有关于健康的。但无论哪方面的个人梦想，都脱离不了国家梦和集体梦。要正确认识中国梦、集体梦和个人梦之间的关系，需要把握以下三点：第一，中国梦、集体梦要高于个人梦。在国家、集体的梦想与个人暂时的梦想发生矛盾时，个人要顾全大局，要实现国家和集体梦想为重。在必要的情况下，个人要为国家梦想的实现，牺牲自己的梦想和愿望，甚至放弃自己的生命。第二，在强调国家梦想、集体梦想高于个人梦想的前提下，必须同时强调，国家和集体要尽可能地保障个人正当梦想的实现。第三，从根本上来说，中国梦、集体梦和个人梦是统一的，是相辅相成和辩证统一的。每一个人的正当梦想，和个人利益一样，也是和中国梦和中国利益密不可分的。历史也告诉我们，每个人的前途命运，都与国家和民族的前途命运紧密相连。国家好，民族好，大家才会好。

（二）梦想的实现靠脚踏实地、艰苦奋斗

“功崇惟志，业广惟勤。”习近平同志指出，我国仍处于并将长期处于社会主义初级阶段，实现中国梦，创造全体人民更加美好的生活，任重而道远，需要我们每一个人继续付出辛勤劳动和艰苦努力。姚明并非天生就是篮球巨人，他的成功离不开球场上的刻苦训练和赛场上的全力拼搏；马丁·路德·金也不是仅仅依靠演说就实现了美国的种族平等，他甚至为此付出了自己年轻的生命。中国只有一个姚明，美国也只有一个马丁·路德·金。但怀有个人梦想的，却不仅仅只有姚明。每个人都有自己的梦想和愿望，或许每人的理想各不相同，但要想实现各自的愿望和梦想，都需要建立在现实的基础之上，并通过自己的努力奋斗,梦想才能得以实现。

个人的梦想,也就是个人的奋斗目标。目标不是现实,但也不能脱离现实而显得虚无缥缈,因此梦想需要有一定的现实性。穷人不能希望自己一夜暴富,胖人不能期盼自己三天内减肥成功,炒股者不能奢望股票天天上涨,医学家也不能梦想瞬间攻克癌症难题……。每个人都要需工作,但为什么工作、为了谁工作?并不是每个人都心中有底。有人说为了家人,有人说为了车子、房子,这些都可以说是工作的一个目的,但绝对不是工作的唯一目的,也不是最终目的。它们的实现,仅仅是人生目标中的一个小台阶而已,是整个人生梦想的组成部分。我们需要通过实现一个又一个人生的小目标,充分体现我们人生的价值,实现我们人生的总体目标,才能最终实现自己的人生梦想。

有了目标还不够,还得端正态度、脚踏实地地去努力工作。对于每个人来说,实现梦想的机会都是均等的。可是为什么有的人能够实现自己的理想,有的人却总是距离理想很远呢?人们一旦确立了理想,就要坚定信念。排除一切困难和干扰,坚定不移地朝着理想的目标去努力奋斗。不能因为有了困难和干扰就失去信心,善罢干休。海尔集团 CEO 张瑞敏先生说:"把每一件简单的事做好就是不简单,把每一件平凡的事做好就是不平凡。"为了自己设立的目标,要攻坚克难前行。在实现理想的道路上,总是存在着各种艰难险阻。无论是客观的、主观的,外部的、内在的来自各方面的困难和问题,都要抓住重点、难点和疑点,借助多方面的智慧和力量,一步一步,脚踏实地地积极主动去逐步攻坚克难。

理想目标的实现还要勇于并善于面对失败,失败乃是成功之母。爱迪生经过数千次的失败才发明了电灯。在梦想面临失败的情况下，不气馁，要对胜利充满信心，调整近期理想和目标，不断前进。千里之行，始于足下。实现个人梦想，只是一个口号，更不能成为一句空话，而要靠实实在在的行动去促成和实现。

（三）实现个人梦是国家梦实现的必然途径

习近平同志在十二届全国人大一次会议上的讲话中号召，全国广大工人、农民、知识分子，要发挥聪明才智，勤奋工作，积极在经济社会发展中发挥主力军和生力军作用。一切国家机关工作人员，要克己奉公，廉政勤政，关心人民疾苦，为人民办实事。中国人民解放军全体指战员，中国人民武装警察部队全体官兵，要按照听党指挥、能打胜仗、作风优良的强军目标，提高履行使命能力，坚决捍卫国家主权、安全、发展利益，坚决保卫人民生命财产安全。一切非公有制经济人士和其他新的社会阶层人士，要发扬劳动创造精神和创业精神，回馈社会，造福人民，做合格的中国特色社会主义事业的建设者。全国广大青少年，要志存高远，增长知识，锤炼意志，让青春在时代进步中焕发出绚丽的光彩。

党的十八大报告为我们指出了未来数年的梦想，就是要全面提高我们的生活水平，到2020年城乡居民人均收入比2010年翻一番，这是最为贴近老百姓的中国梦。除此之外，我们还有强国梦、和平梦、“空间站梦”、“奔月梦”等等，这是整个国家和民族的大梦想。

“中国梦”离不开每个中国人的“个人梦”，只有当整个国家和民族的理念、目标和人民的期盼、愿景一致，只有国家发展和富强的方向同老百姓的需求“同频共振”，“中国梦”才能成为现实。一个国家，无论他的军队多么强大，他的科技多么发达，他们政府多么有钱，如果他的老百姓不能实现个人的“教育梦”、“住房梦”、“健康梦”等等民生期盼，那么，这个国家也是没有希望和未来的，甚至还会是危险的。

中国梦联系着个人梦，个人梦也联着国家梦。我们每个人追逐自己的梦，本身也是构成“中国梦”的一块块基石。当我们每个人都学有所教、居有所屋、病有所医、老有所养，中国梦的这一块块基石就能坚如磐石，筑之其上的伟大中国梦也就随之实现了。要实现民族的“大梦”，需要每个中国人付出艰苦努力，实现自己的“小梦”，同时也才能实现整个民族复兴的“大梦”。

过去100多年来的中国历史，也多次证明了个人梦是国家梦的实现途径。辛亥革命时期，多少革命志士，为着个人和同胞的自由、民主，为了推翻专制、建设共和的梦想，抛头颅洒热血；抗日战争时期，面对着国破家亡的危机，全中国的人民都奋起保家卫国，民族独立的梦想最终通过全中国人的浴血奋战而得以实现。新中国解放至今，特别是改革开放至今，中华民族复兴的强国梦，更是离不开全中国老百姓个人梦想的实现。

历史告诉我们，每个人的前途命运，都与国家和民族的前途命运紧密相连。中国梦既是民族“大梦”，也是关联我们每个人命运的“小梦”。因此，我们要把“小我”融入实现中国梦的“大我”之中，把个人的幸福追求与人生理想融入民族复兴的伟大事业中。正如习近平同志最新讲话所指出，有梦想，有机会，有奋斗，一切美好的东西都能够创造出来。在中国梦这个壮丽目标激励下，全国各族人民大团结所汇聚的巨大智慧和力量，是任何困难都阻挡不住、任何难题都为难不了我们的。

我们每个人，不论职业，年龄，也不论处于何种环境，都会不甘平庸，拥有自己的梦想，追求更加绚丽的人生。姚明的梦想还在继续，他的中国梦是希望体育可以重新回归到教育，成为教育的一个重要组成部分。大别山里的一对老夫妻，在无水无电的大山深处，默默守护山林数十载，他们的中国梦，是为子孙后代多留下一方绿色。

我们每个人的梦想，都会与中国梦共同成长，共同享有人生出彩的机会、梦想成真的机会、成长进步的机会。每个人也都要踏踏实实干好自己的事情，对照一张好的蓝图，一代一代接着干，经过几代人的顽强奋斗、艰苦奋斗、不懈奋斗，最终实现中华民族伟大复兴。

二、心往一处想，劲往一处使

中国梦是所有中国人梦想的汇集，要实现中国梦，也必须汇集所有中国人的正能量。要做到这一点，首先要统一大家的思想，举什么旗、走什么路、由什么样的组织领导、靠什么样的力量推动国家和民族的复兴，都需要有正确统一的认识。其次，要在行动目标和方向上保持一致，才能凝心聚力，排除内外各种杂音或矛盾干扰，真正做到“千磨万击还坚劲，任尔东西南北风”，众志成城，早日实现中国梦。

（一）思想统一，不为错误思潮所惑

中国梦就是要实现中华民族的伟大复兴，在通往伟大复兴的道路上，我们要用正确的理论来统一和武装大家的思想，排除错误思潮的干扰，才能为统一目标打下坚实的思想基础。

正确理论的统一，是真正统一思想的前提。回顾中外历

史,用不同的理论来统一思想,结果大相径庭。如果用错误的理论或认识统一思想,可能得逞于一时、一事,但从长远来看,这种思想的统一是虚假的、暂时的、靠不住的。

过去90多年来,中国共产党所以能够不断发展壮大,能够带领人民创造举世瞩目的伟业,根本原因在于始终坚持科学理论的指导,坚持把马克思主义基本原理同中国革命、建设、改革的具体实际相结合,不断推进马克思主义中国化,实现了党的指导思想和基本理论的与时俱进。中国共产党的指导思想,就是马列主义、毛泽东思想和中国特色社会主义理论体系,后者包括邓小平理论、"三个代表"重要思想、科学发展观。毛泽东思想和中国特色社会主义理论体系作为马克思主义中国化的两大理论成果,是我们党最宝贵的政治和精神财富,也是指引党和国家事业不断从胜利走向胜利的行动指南,是统一思想、实现中国梦的指导思想。

在新的历史时期,特别是改革开放之后,国门大开,加之信息化社会的到来,西方各种思潮如潮水般涌入,对我国我党的指导思想形成了一定冲击。对于这些错误思潮,我们要加以辨别和批判。要反对所谓多党制,坚持中国共产党领导的多党合作制。西方的多党制和普选制都是精英政治,而非人民政治。这种政治,表面上看,似乎是代表广大人民利益了,但其实是有钱人的游戏——胜选者都是富人,而且还不是一般的富人,是富人中的精英,而人民被置于民主政治的边缘。中国共产党领导的多党合作和政治协商制度是中华人民共和国的一项基本的政治制度。和西方的政党制度相比,这种制度具有很大的优势,体现了社会主义民主政治的本质要求,有利于党和国家的决策民主化、科学化，可以组织有序的政治参与。任何一个国家走什么样的道路、选择什么样的制度，必须从本国国情出发，照搬照抄任何别国经验、他国模式，只能是“邯郸学步”，甚至社会动荡，祸及百姓。而中国特色社会主义道路，是在传承中华民族5000多年悠久文明，深刻总结近代170多年中华民族的发展历程，深入推进中国革命、建设、改革的伟大实践中走出来的，这条道路来之不易，需要我们不断拓展和走好。

（二）凝心聚力，不为内部矛盾所困

俗话说，人心齐，泰山移。实现中华民族伟大复兴的梦想，尤其需要我们亿万国人万众一心，将亿万国人的力量凝聚成一股绳。五根手指头并不一般整齐，何况是13亿人呢？要将13亿人凝心聚力，并非易事。正确看待并化解13亿人的内部矛盾，乃是凝心聚力、共同实现中国梦的前提。

在改革开放后，特别是刚刚过去的五年里，随着改革开放逐步进入深水区，暗流险滩也逐渐显露，各种人民内部矛盾日趋增长。住房、教育、医疗、社保、就业、求学、下岗、税收等问题所引发的各类矛盾也更加激烈和复杂，社会不稳定因素逐步增多，群体性事件也时常发生。

唯物辩证法告诉我们，矛盾总是客观存在的，矛盾并不可怕。但要有效化解新形势下的人民内部矛盾，就要正确认识和把握人民内部矛盾所发生的新变化。随着社会主义市场经济的发展，我国经济体制深刻变革，社会结构深刻变动，利益格局深刻调整，思想观念深刻变化，各种发展不平衡、不协调、不可持续等问题短期内难以根本解决，特别是在当前社会发展的矛盾凸显期，不同利益主体的不同利益需求大量涌现，形成了各种利益矛盾。这些矛盾既有历史因素的影响，也有政策制定、执行等方面的因素；既有群众合理要求得不到满足的原因，也有部分群众对党和国家政策不了解不理解、提出不合理要求的原因。随着各种矛盾关系的复杂化，与经济、政治、思想文化等多种因素交织在一起、非对抗性矛盾和对抗性矛盾相互影响，解决的难度明显增大。由于许多利益矛盾多涉及人们的切身利益，相近的地缘和血缘、共同的利益和情感往往将相关群体聚集起来，再加上现代化通讯、交通手段等使人与人之间的联系更加便利，使得一些本能得到及时有效处理的公共事件容易在外界刺激下酿成对抗性较强的群体性事件，扰乱社会正常秩序，影响社会和谐稳定。在十八届二中全会上，习近平同志指出，对党内存在的突出矛盾和问题，不能视而不见，不能回避，不能文过饰非，必须下大气力加以解决。对待党内矛盾如此，对待人民内部矛盾也一样。构建社会主义和谐社会需要和谐思维，但并不抹煞差异、否认矛盾，而是要在正确处理人民内部矛盾中促进社会和谐，为中国梦的实现奠定和谐的社会基础。

正确处理人民内部矛盾，就要从源头上减少矛盾，实现好、维护好、发展好最广大人民的根本利益。注重维护群众权益，坚持依靠人民群众的力量化解各种矛盾。注重做好群众工作，营造团结和谐的社会氛围。注重加强和创新社会管理，发挥各方面的积极性。曾经有一个"两驴吃草"的寓言故事，说两头驴被一根绳子拴住，它们两边各有一堆草，都想去吃自己身边的草，但绳子太短，结果谁都没有吃到草，还落得个筋疲力尽、两败俱伤。

人民内部矛盾处理不好，就会像这两只驴一样，破坏和谐，形成内耗。反之，13 亿的中国，如果每一个人"心往一处想，劲往一处使”，13 亿人的智慧和力量汇集起来，将是不可战胜的磅礴力量，这也是实现中国梦最强大力量。

（三）目标一致，不为外界干扰所动

“只要我们紧密团结，万众一心，为实现共同梦想而奋斗，实现梦想的力量就无比强大，我们每个人为实现自己梦想的努力就拥有广阔的空间。”在十二届全国人大一次会议闭幕会上，习近平同志的讲话既振奋人心，又发人深省。

13 亿中国人，你有梦，我有梦，每个人都有选择什么样梦想的权力，也有追求自己梦想的自由。个人如此，家庭、团队、组织也是一样。但是群体、团队则需要拥有一个共同的梦想，一个家庭也要能同甘共苦，才会相濡以沫、幸福美满；一个单位如能同舟共济，则会团结向前、无往不胜，如若各打各的“小九九”，各自追求自己的小目标，必会一盘散沙、四分五裂。

和家庭、群体、组织一样，一个民族、一个国家，同样需要有一个共同的梦想和目标，才能同心同德，排除外界的各种诱惑，实现国强民富、民族振兴、社会和谐。每一个人都应把个人的梦想服务于、服从于、融入于“中国梦”，致力追求“中华民族伟大复兴”的“中国梦”。在中国逐渐走向世界的过程中，一直伴随着国内外的各种杂音和干扰，“中国威胁论”就是其中的代表之一。“中国威胁论”的鼓吹者认为，中国复兴之后，必然要对外扩张，从而威胁周边国家、地区甚至整个世界。企图以中国威胁论来遏制中国的发展。面对这些围绕中国梦的外部杂音，我们应该认识到，中国梦的实现，也是世界梦的一部分；中国的崛起和复兴，也是世界发展和复兴的组成部分。无论是对于西方发达国家还是发展中国家来说，中国巨大的市场、雄厚的资金和劳动力资源都是发展的重要有利因素,而不是威胁。实现中华民族伟大复兴的"中国梦"有利于中国"世界梦"的实现,而中国"世界梦"实现过程又为"中国梦"的实现提供了良好外部环境。透过习近平同志就任国家主席后首访对象和路线,可以看出中国真诚致力于推动国际关系民主化进程,真诚致力于促进国际秩序和国际体系更加公正合理。

在实现中国梦的进程中,我们只有在党的领导下,既不走封闭僵化的老路,也不走改旗易帜的邪路,坚定不移走中国特色社会主义道路。我们要心往一处想,劲往一处使,认清形势、破除干扰,精诚团结,众志成城,才能迎来国家富强、民族振兴、人民幸福的光明前景。

三、埋头苦干、锐意进取

2013 年,是全面建成小康社会新的开局之年。习近平同志的重要讲话,进一步阐发了实现中国梦的路线图,令人振奋、催人奋进,如春风回荡在早春的中华大地。在全面建成小康社会新的征程中,在我国进入改革发展的攻坚期、矛盾的凸显期,我们要实现"双百"目标,实现中国梦,就必须始终埋头苦干、锐意进取,将伟大的中国梦化为壮丽的现实。

(一)"空谈误国,实干兴邦"

"空谈误国,实干兴邦。"这是千百年来人们从历史经验教训中总结出来的治国理政的一个重要结论。古人曰:"道虽迩,不行不至;事虽小,不为不成","为政贵在行,以实则治,以文则不治"。勤劳勇敢、埋头苦干是中华民族的高尚品格。鲁迅曾经说过:"我们从古以来,就有埋头苦干的人……这就是中国的脊梁。”正是凭借埋头苦干的精神，中国人民创造了无数人间奇迹，埋头苦干精神已成为我们取之不竭、用之不尽的宝贵精神财富。

成功缘于实干，祸患始于空谈。求实、务实、落实，真抓实干，国家才能富强；力戒空谈，人民才有未来。不实干，“中国梦”就永远是海市蜃楼。“铁棒磨成针”的故事为每一位中国人所熟知。故事是说唐朝诗人李白小时候在河边遇到一位老奶奶，对她要把一根粗铁棒磨成细细的针表示非常惊讶，但老奶奶告诉他：铁棒子又粗又大，要把它磨成针是很困难的。但只要每天不停地磨呀磨，总有一天，我会把它磨成针的。这就告诉我们只有肯干，坚持不懈，才能把事情做成；否则，就不可能。而历史上也有许多空谈误国的教训，比如战国时期的赵括，从小就学习兵法，谈起用兵的道理头头是道，自以为天下无敌，连他父亲（赵国将军）也不放在眼里。但赵括取代廉颇做大将带兵与秦国交战的实战中，赵括未能随机应变，结果中计，被秦军射死，赵军也纷纷投降。四十万赵军，就在纸上谈兵的主帅赵括手里全部覆没，赵国从此一蹶不振。魏晋时代，风流名士以清谈为风尚，被王羲之砭为“虚谈废务，浮文妨要，恐非当今所宜”，后人更是批评两晋亡于清谈，遂有顾炎武“清谈误国”之说。此类误国之鉴，发人深省。

近代以来，中华民族百余年的抗争史，也印证了这个道理。积贫积弱的中华民族在西方列强“坚船利炮”的侵略下为争取民族独立进行了艰苦卓绝的斗争，付出了巨大的牺牲，世界上没有哪个民族向中华民族这样历经苦难，依然坚忍不拔、勇敢顽强。建国以后，在苏联撕毁合同、撤走专家，又要我们还其贷款的情况下，中国人民在中国共产党的领导下，靠着“节衣缩食、勒紧裤带”的奋斗精神，在一穷二白的新中国建立起完整的工业体系，而且使我们摘掉了贫油国的帽子，有了我们自己的原子弹、氢弹。可以说，没有埋头苦干的精神，新中国不可能在短期内就取得了那么多成就。“铁人”王进喜大家都非常熟悉，在大庆石油会战中，王进喜克服了没有公路，车辆不足，吃和住都成问题等许多难以想象的困难，以“有天大的困难也要高速度、高水平地拿下大油田”的决心，凭借“宁可少活二十年，拼命也要拿下大油田”的顽强意志和冲天干劲，硬是在吊车缺乏的情况下，用人拉肩扛的方式把几十吨的钻机从车上卸下来，奋战3天3夜，38米高、22吨重的井架迎着寒风矗立荒原，创造了石油会战史上著名的“人拉肩扛运钻机”的奇迹。最终，经过奋战，苦干5天零4小时打出了大庆第一口喷油井。正是在铁人王进喜精神的鼓舞下，中国赢得了1960年开始的历时三年的大庆油田会战胜利，中国石油结束了用“洋油”的时代，在当时实现了基本自给。

改革开放以来，我们以“杀出一条血路”的改革勇气，用短短数十年走过西方国家两三百年历程。饱经沧桑的中华民族，之所以能走出苦难、走向辉煌，靠的不是空想清谈，而是实干苦干。[①] 1992年，在邓小平同志南巡之后，当时蛇口工业区的负责人袁庚同志，在面对外界对特区姓“资”姓“社”争议不断的背景下，以其高度的政治敏锐性，深入领会邓小平南方谈话精神实质，果断地在蛇口工业大道上竖起了“空谈误国，实干兴邦”的标语牌，摆脱了一场姓社姓资的无谓争论，拉开了一段“中国

① 人民日报评论员文章：空谈误国，实干兴邦——复兴之路的启示之四，《人民日报》，2012年12月4日。

故事”的序幕。[1] 对于我国改革开放而言，机遇稍纵即逝，改革不进则退，时代呼唤只争朝夕、真抓实干的精神。

埋头苦干，不是不讲科学地胡干、蛮干，也不是凭老经验去干。要注意学习新知识、研究新情况，通过对市场经济、现代科学知识的了解与掌握，获得埋头苦干的动力，掌握埋头苦干的方法，找出解决问题的新办法，新招数，干得科学，干得扎实，干得高效，干出工作的新成就，干出工作的新发展。让我们扎扎实实，脚踏实地，用勤劳的双手托起伟大的“中国梦”。

（二）转变作风狠抓落实

中国改革开放 30 多年来取得了举世瞩目的成就，经济实力大大增强，人民生活水平显著提高，但应当清醒地看到，我国仍处于并将长期处于社会主义初级阶段，有 13 亿人口，多么小的问题乘以 13 亿都会变得很大，多么大的经济总量除以 13 亿都会变得很小。站在全面建成小康社会新的历史起点上，我们还面临着许多前所未有的新课题、新考验，我们必须戒骄戒躁，不断改进工作作风，以时不我待的精神狠抓落实，才能实现全面建成小康社会的宏伟目标。

俗话道：“金杯银杯，不如群众的口碑。”要把人民群众拥护不拥护、赞成不赞成、满意不满意作为工作和决策的衡量标准。而只有认真落实各项制度、各项政策，才能更好地保障人民利益。而工作作风从根本上影响着落实问题。作风问题本质上是政治问题，关系党和政府的形象，关系人心向背，关系党和国家的生死存亡。一直以来，形式主义害死人，文山会海压死人。

---

① 人民日报评论员文章：空谈误国，实干兴邦——复兴之路的启示之四，《人民日报》2012 年 12 月 4 日。

2011年3月《求是》杂志发表的习近平同志《关键在于落实》一文中指出：有一幅对联，上联是"你开会我开会大家都开会"，下联是"你发文我发文大家都发文"，横批是"谁来落实"，这是对"文山会海"的讽刺。习近平同志严肃批评了"文山会海"、"政绩工程"、"形象工程"、"规模效应"等严重的形式主义作风，要求各级领导机关和领导干部都要下决心，坚决砍掉那些不必要的会议和文件，从"文山会海"中解脱出来，把精力投到抓落实中。一切从实际出发，不图虚名、不务虚功，才能真正用心想事、用心谋事、用心干事、用心成事。2012年12月4日，习近平同志主持召开中共中央政治局会议，审议通过了中央政治局关于改进工作作风、密切联系群众的八项规定，强调要从中央政治局做起，切实改进调查研究、精简会议活动、精简文件简报、规范出访活动、改进警卫工作、改进新闻报道、严格文稿发表、厉行勤俭节约。这是新一届中央领导集体向全党全国各族人民作出的庄严承诺，为全党和各级领导干部作出了表率。中央出台的改进作风"八项规定"受到群众拥护，人民群众明显感受到了清新的风气，"舌尖上的浪费"明显得到遏制。2013年春节前后，不仅各地酒店遭遇"退订潮"，高档酒店感觉"日子难过"，一些商务策划公司、旅行社同样感到"这个冬天有点冷"，接到很多退单。[①] 就是在2013年3月两会期间，会场不摆鲜花、不铺红地毯，会期缩短，委员和代表分组会议和发言时间短了，脱稿发言的人多了；取消警车开道，不采取任何交通管制措施等清新的会风，让老百姓感受了党和政府的务实态度和实

① 中央八项规定后各地酒店遭遇"退订潮"，《人民日报》2013年1月29日。

干精神,感受了作风的改变。

抓落实,是把决策变为人们的实践行动、由认识世界到改造世界的过程,无疑需要克服主观和客观上的诸多障碍,需要付出艰辛的努力,要始终弘扬脚踏实地、埋头苦干的精神,也才能使各项落实工作保持不竭的动力。[①] 抓落实、干成事的重要的一点就是必须具有优良的作风。"小米加步枪"为什么能够战胜"面包加大炮"?一个极其重要的原因,就是"延安作风打败南京作风"。古人讲"天下大事必作于细;天下难事必成于易"。要注重在细节中抓落实,在作风的改变中抓落实。俗话说:一分耕耘一分收获。不愿下功夫,企图不劳而获,必将坐失机遇;不下苦功夫,总是急功近利,必将得不偿失。这就要求广大领导干部要戒骄戒躁,永不懈怠,不断强化责任意识,勇于改革创新。较强的责任意识是勤奋工作、埋头苦干、全神贯注干事业的思想基础,要真正把个人的岗位职责、工作任务和具体要求搞清楚,树立有所作为的思想,真正扑不下身子打基础、干实事;在其位谋其政,尽己所能,干好本职,不断在新的平台上向前迈进。同时,要不断创新,打破墨守成规、用惯常思维看待新事物、用老办法解决新问题的思维方式和行为方式;破除"新瓶装旧酒"的习惯做法;破除"无过便是功"的陈旧思想;要敢于创新、敢于突破,才能推动工作不断发展。

(三)"甩开膀子"创造实绩

"改革贵在行动,喊破嗓子不如甩开膀子。"[②]"甩开膀子"

---

① 习近平:《关键在于落实》,《求是》2011 年 3 月。

② 2013 年 3 月 17 日,国务院总理李克强在人民大会堂金色大厅与中外记者见面并回答记者问。

是李克强总理发出的锐意改革、致力发展、真抓实干的冲锋号。我们必须要用敢闯感冒的精神，既要善于牵住"牛鼻子"，又要学会"弹钢琴"，不断突破思维定式，大胆开拓，勇于创新，努力使改革红利最大限度地释放出来，让发展成果更大程度地惠及百姓。

一是要打开脑子想事情。面对复杂多变的外部环境，我们要打开脑子想事。思路决定出路，发展上的差距，首先表现为思想上的差距。思想上固步自封，办事怕越雷池半步，别人想到的事自己不敢想，别人做到的事自己不敢做，思路跟不上，经验学不来，工作推不动，只会影响经济发展速度和进程。因此必须不断解放思想，更新观念，树立不进则退的忧患意识。20世纪80年代末90年代初，苏联的解体从外面给中国造成强烈冲击，既然昔日的"老大哥"都完蛋了，中国的社会主义怎么办，将向何处去，自然成了国内外关注的焦点。面对复杂的国际国内环境，中国究竟向何处去，改革开放往哪里走，面临着严峻的抉择。1992年1月17日，邓小平启程南下，开始了他历史性的南方之行，这时离苏联解体刚过去22天。邓小平沿途发表了一系列具有历史意义的"南方谈话"，为中国指明了前进的方向，就中国的战略走向作出了具有里程碑意义的一系列抉择。"南方谈话"被视为我党历史上又一个解放思想、实事求是的宣言书，它明确地回答了经常困扰和束缚人们思想的许多重大认识问题，开启了中国改革开放的崭新进程。

二是要甩开膀子干事情。邓小平同志曾语重心长地告诫全党："没有一点闯的精神、没有一点'冒'的精神，没有一股气呀、劲呀，就走不出一条好路，走不出一条新路，就干不出新的事业。”[1]做任何事情都是有风险的，我们不应被风险所吓倒，如果固步自封，瞻前顾后，畏首畏尾，注定一事无成。1980年的深圳，还是一个只有三万多人口、两三条小街道，贫穷落后的边陲小镇，他们以“敢为天下先”的精神，勇敢地充当了中国改革的排头兵，成为中国改革开放的试验田。今天，“深圳速度”已经成为人们的一个惯常用语，成为中国改革开放的重要标杆。深圳在敢闯敢试中不断创造着中国改革开放的成功经验。

三是要迈开步子成事情。在我国进入改革的攻坚期和矛盾的凸显期，各种体制机制的改革到了非改不可的时候，各种社会矛盾和突发事件频发，我们只有“甩开膀子”，大胆地闯大胆地试，在科学谋划的基础上以敢想敢干的气魄，不断破除发展中的难题，以要么不干，干则必成、干则必精、干则有效的精神不断锐意进取。孙中山先生曾这样精辟论述：“我们做一件事，总要始终不渝，做到成功，如果不成功，就是拿性命去牺牲，亦在所不惜。”在工作中，只有高标准严要求，才能有好的结果。要牢固树立“争第一、扛红旗”的思想，坚持高起点筹划、高标准推进、高质量落实，把标准往高处定，工作往好处做，不出废品、少出次品、多出精品，以最低的成本、最小的代价，获取最多的回报、最佳的效果，不断实现新目标，干出新业绩，作出新贡献。

四、奋力夺取中国特色社会主义新胜利

中国梦是人民的梦，要实现中国梦，需要我们每个人的艰辛劳动和艰苦努力，以逢山开路遇河架桥的精神勇于改革创

---

① 《邓小平文选》第三卷，人民出版社1993年版，第372页。

新，不断攻坚克难，奋力夺取中国特色社会主义的新胜利。

(一)"生于忧患，死于安乐"

中华民族是一个饱经忧患的民族，"多难兴邦、逸豫亡身"，"生于忧患、死于安乐"，"居安思危，戒奢以俭"，"祸兮福之所倚，福兮祸之所伏"等古史今鉴不胜枚举。居安思危、未雨绸缪已成为中华民族的生存智慧，融入了民族精神，闪耀着辩证法的光辉。《孟子》中说道"生于忧患，而死于安乐也。"放眼世界，勾践卧薪尝胆是"生于忧患"的楷模，而商纣王建酒池肉林，是"死于安乐"的典型。海尔张瑞敏常说"永远战战兢兢，永远如履薄冰"，微软比尔·盖茨亦有言："我们离破产永远只有十八个月"，正是强烈的忧患意识使他们常备不懈获得成功。而对于地震高发、资源稀缺的日本，将花期短暂的樱花作为国花，来告诫国人美好瞬间即逝，要有忧患意识，要把握当下。当日本跃居世界第二经济强国时，他们不谈"崛起"，仍在谈论《日本沉没》等科幻小说和"列岛沉没、资源匮乏、生存危机"等的忧患意识。金融危机的当下，冰岛、希腊因过度安乐而濒临破产。而我国历史上，"万方来朝，海内承平"的康乾盛世中，忧患意识日渐消磨，武备不修，防务废弛，终在帝国主义列强坚船利炮的攻击下，丧权失地，生灵涂炭，蒙受百年国耻。

自 2012 年 11 月新一届中央领导集体产生以来，一系列的新政彰显了高层对国家和民族前途命运的强烈忧患意识和责任意识。如重整政治纪律、强力反腐、劲吹简朴风等。特别是习近平同志在多次讲话中引用诗文典句，见诸报章的如坚持"老虎""苍蝇"一起打，"善禁者，先禁其身而后人"等已引发公众共鸣。习近平同志在十八届中央纪委二次全会上的讲话中，引用从南北朝时陈朝末代皇帝陈叔宝的“亡国之音”《玉树后庭花》（描述统治者穷奢极欲的诗作），到晚唐诗人李商隐的“成由勤俭败由奢”，再到杜甫名句“朱门酒肉臭”，习近平同志借古警今，语重心长。

面向未来，我们要充分认识改革的严峻性和危险性，充分估计前进中的困难和不确定因素，切实增强忧患意识。正如习近平同志所强调的：我们的事业越前进、越发展，新情况新问题就会越多，面临的风险和挑战就会越多，面对的不可预料的事情就会越多。必须增强忧患意识，做到居安思危，懂就是懂，不懂就是不懂；懂了的就努力创造条件去做，不懂的就要抓紧学习研究弄懂，来不得半点含糊。[①]《吕氏春秋》中“不知而自以为知，百祸之宗也”，就是说不懂装懂，是一切灾难祸害产生的根本原因。面对错综复杂、快速变化的形势，我们要保持清醒头脑，既要充分肯定近年我国经济社会发展取得的成绩，也要看到国际国内各种不利因素的长期性、复杂性、曲折性，不回避矛盾，不掩盖问题，从坏处准备，争取最好的结果，牢牢把握主动权。正确看待国内外发展形势，尤其要在形势发展好的时候保持清醒头脑，始终盯住问题做工作，在不断解决问题中前进。要用开阔的眼界看发展，防止囿于小天地而自满自足的现象，做到居安思危，奋发向上。

（二）以“逢山开路、遇河架桥”的精神不断攻坚克难

2013年1月5日，习近平同志在新进中央委员会的委员、候补委员学习贯彻党的十八大精神研讨班开班式上发表重要

---

① 习近平在新进中央委员会的委员、候补委员学习贯彻党的十八大精神研讨班上的讲话，2013年1月5日。

讲话强调，全党同志必须清醒认识世情、国情、党情的变和不变，永远要有逢山开路、遇河架桥的精神，锐意进取，大胆探索，敢于和善于分析回答现实生活中和群众思想上迫切需要解决的问题，不断深化改革开放，不断有所发现、有所创造、有所前进，不断推进理论创新、实践创新、制度创新。

“逢山开路、遇河架桥”既寓意着要锐意进取，也是攻坚克难的状态。当前改革进入了“攻坚区”和“深水区”，改革的诉求更多、任务更重、难度更大，这些都是我们前进道路上的“山”、“河”，这些都是对进一步深化改革的重大考验，考验着改革的勇气，更考验改革的智慧，遇到困难之山，要勇于开路；碰到阻碍之河，要善于架桥。我们唯有用于“开路”、“架桥”，全力攻坚克难，才能在改革上实现更大突破，才能走出一条科学发展之路、改革开放之路、跨越赶超之路。“一万年太久，只争朝夕。”我们只有紧紧抓住机遇迎接挑战，一个问题一个问题地去破解，一个环节一个环节地去突破，一项工作一项工作地去推进，我们就一定能够不断开拓社会主义现代化建设的新征程。

当前我国正处在发展的关键期、改革的攻坚期和矛盾的凸显期，世界也进入大发展大变革大调整时期，国际形势变幻莫测，总体格局深度重塑。在这样的时代背景下，我们必须以更大的智慧、决心，勇蹚“深水”，破除制约科学发展的体制机制障碍，促进经济社会持续发展、民生不断改善、社会公平正义。有句话说的好，“发现问题是水平、揭露问题是党性、解决问题是政绩”。我们必须要敏锐发现问题，敢于直面困难，善于解决问题，不断攻坚克难。李克强同志在十二届全国人大一次会议闭幕会后的答记者问中，指出：“真正让人心动的，恐怕还是‘要让人民过上好日子，政府就要过紧日子'的立场，是明知'触动利益比触及灵魂还难'而依然要推行'政府自我革命'的决心，是涉及政府开支和三公经费的'约法三章'承诺”。体现了党和政府“逢山开路、遇河架桥”的改革创新精神和攻坚克难的决心。

（三）“长风破浪会有时，直挂云帆济沧海”

我们要有坚定的理想信念。坚定正确的理想信念，是中国共产党人奋勇前进的指路灯塔，是战胜各种艰难险阻的精神支柱；坚定正确的理想信念是强大的精神力量，是一个政党治国理政的旗帜，是一个民族奋力前行的向导。习近平同志在十八届中共中央政治局第一次集体学习时的讲话中用一个恰切的比喻说：理想信念就是共产党人精神上的“钙”，没有理想信念，理想信念不坚定，精神上就会“缺钙”，就会得“软骨病”。全体共产党员特别是党的领导干部，要坚定理想信念，始终把人民放在心中最高的位置，弘扬党的光荣传统和优良作风，坚决反对形式主义、官僚主义，坚决反对享乐主义、奢靡之风，坚决同一切消极腐败现象作斗争，永葆共产党人政治本色，矢志不移为党和人民事业而奋斗。

从“全面建设小康社会”到“全面建成小康社会”，一字之变，展示了攻坚克难的勇气和信心。党的十八大报告明确提出，到中国共产党成立 100 年时全面建成小康社会，到新中国成立 100 年时建成富强民主文明和谐的社会主义现代化国家。在双百目标中，还有具体目标的分解：要努力实现居民收入增长和经济发展同步、劳动报酬增长和劳动生产率提高同步；要实现国内生产总值和城乡居民人均收入比 2010 年翻一番等等。这些都彰显了我们党所具有的坚强信心。

"长风破浪会有时"。中国梦是一个伟大的愿景,最有力地将民族、国家与个体,昨天、今天与明天,理想、激情与坚韧连接起来。"上下同欲者胜"。中国梦的伟大目标,是我们民族、我们人民、我们党共同奋斗的目标。只要我们坚定不移地向着这个伟大目标,上下一心、齐心协力,让亿万人民的创造力持续迸发,让所有创造梦想的源泉充分涌流,实现梦想的力量必将无比强大,伟大的中国梦必将在我们这一代人手上梦想成真。"两会"已经结束,新一轮改革已经起航,我们有理由相信在"甩开膀子"干起来的执政者的带领下,中国人将更幸福,中国梦已经起航。回首过去,全党同志必须牢记,落后就要挨打,发展才能自强。审视现在,全党同志必须牢记,道路决定命运,找到一条正确的道路多么不容易,我们必须坚定不移走下去。展望未来,全党同志必须牢记,要把蓝图变为现实,还有很长的路要走,需要我们付出长期艰苦的努力。①

中国梦,道出了全国各族人民的心声,凝聚着全国各族人民的共识。实现中华民族伟大复兴的中国梦,就是要实现国家富强、民族振兴、人民幸福。实现中国梦必须坚持党的领导,走中国道路,坚定不移沿着中国特色社会主义道路奋勇前进;实现中国梦必须弘扬中国精神,传承发展以爱国主义为核心的民族精神和以改革创新为核心的时代精神;实现中国梦必须凝聚中国力量,以 13 亿中国各族人民的大团结汇集起不可战胜的磅礴力量。面对浩浩荡荡的时代潮流,面对人民群众过上更好生活的殷切期待,我们不能有丝毫自满,不能有丝毫懈怠,必须

① 习近平:在参观《复兴之路》展览时强调,承前启后 继往开来 继续朝着中华民族伟大复兴目标奋勇前进,《人民日报》2012 年 11 月 30 日。

再接再厉、一往无前，继续把中国特色社会主义事业推向前进，继续为实现中华民族伟大复兴的中国梦而努力奋斗。

延伸阅读

沿着中国特色社会主义道路奋力实现“中国梦”

习近平总书记在参观《复兴之路》展览时指出，“实现中华民族伟大复兴，就是中华民族近代以来最伟大的梦想。”这一时代解读，既饱含着对近代以来中国历史的深刻洞悉，又彰显了全国各族人民的共同愿望和宏伟愿景，为党带领人民开创未来指明了前进方向。梦在前方，路在脚下。坚持走中国特色社会主义道路，就是我们的复兴之路、追梦之旅。我们要朝着“中国梦”曙光初绽的方向奋勇前进，开创祖国更为光明的复兴前景。

“中国梦”彰显中国风格中国气派

有人类生活的地方，就有梦想飞翔，梦想决定着人们奋发努力的方向。“中国梦”超越以个人成功为标准的“美国梦”，以个人成功与人们共同幸福为目标，凝结着中华民族的共同利益追求。早日实现“中国梦”，意义深远。

“中国梦”具有最大限度为实现国家富强、民族复兴、人民幸福而凝聚人心的伟力，无论面对多少挑战、多大困难，始终以中华民族深厚的文化积淀和历史智慧为底蕴，给人以希望、给人以信心、给人以力量。近代以来中华民族曾经饱受欺凌，山河破碎、民生凋敝，但“中国梦”在无数矢志于民族复兴的仁人志士心中从未泯灭过。梦想不灭，希望永在。“中国梦”是中华民族自强不息的不竭动力，牵引着中国砥砺前行的脚步。“五四"运动以来，汇聚了中华民族先进分子的中国共产党，率先破解了"中国梦"的密码，找到了实现"中国梦"的路径，波澜壮阔的铸梦世纪工程大幕开启，中国特色社会主义事业接续推进，"中国梦"的动力之源全面激活，"风景这边独好"的"中国故事"精彩呈现，中国人民从未像今天这样离伟大的"中国梦"如此之近！

"中国梦"为探索人类文明多样化发展道路开辟了更加光明的前景。成就"中国梦"，既是实现民族复兴的伟大历程，也是中国人民开拓、坚持和发展中国特色社会主义发展道路的伟大历程。中国特色社会主义道路是人类文明发展进程中具有中国风格、中国气派的一条康庄大道，不同于其他国家的现代化道路，是中华民族的"人间正道"。近年来，中国既成功抵御国际金融危机冲击，又在推动世界经济摆脱危机、走出低谷中发挥了重要作用。事实证明，实现"中国梦"也是世界的重大"利好"。在我们实现"中国梦"的过程中，已经以与国际社会互利共赢和平发展的崭新实践，为人类社会向更高级的文明形式演进提供了新范式。

全面建成小康社会彰显"中国梦"的时代特征

"中国梦"的本质内涵是实现国家富强、民族复兴、人民幸福。当代中国所处的发展阶段，决定了全面建成小康社会是"中国梦"的根本要求，相应地，"中国梦"也呈现出这个阶段的诸多重要时代特征。

一是综合国力进一步跃升的"实力特征"。"中国梦"的第一要义，就是实现综合国力进一步跃升。如今，我国经济总量已跃居世界第二位，但人口多、底子薄、发展很不平衡的状况并未根本改变。党的十八大描绘了到2020年的宏伟目标：经济持续健康发展，国内生产总值和城乡居民人均收入比2010年翻一番，科技进步对经济增长的贡献率大幅上升，进入创新型国家行列，人民民主不断扩大，文化软实力显著增强。这一指标体系，构成了现阶段“中国梦”的基本图景。

二是社会和谐进一步提升的“幸福特征”。党领导全国各族人民共圆“中国梦”的根本目的，就是要实现好、维护好、发展好最广大人民的根本利益，进而提升全社会的幸福指数。提升幸福指数是个复杂的系统工程，既要考虑物质因素，又要考虑非物质因素，从根本上讲，就是要进一步提升社会和谐的水平。党的十八大着眼于提升人民的幸福指数，将“坚持维护社会公平正义”、“坚持走共同富裕道路”、“坚持促进社会和谐”纳入夺取中国特色社会主义新胜利的基本要求，将“保障和改善民生”作为社会建设的重点，等等。这些和谐因素的充实，对“中国梦”的阶段性特征作了更为清晰的描绘，也为“中国梦”增添了更加美丽的幸福光环。

三是中华文明在复兴中进一步演进的“文明特征”。中华文明是世界上唯一几千年不断延续、传承至今的文明，但要体现现代文明色彩，就必须超越数千年来创造的农耕文明形态。

党的十八大将中国特色社会主义总布局从经济、政治、文化、社会建设“四位一体”升华为包括生态文明建设的“五位一体”，标志着中华文明格局开启了向物质文明、政治文明、精神文明、社会文明和生态文明全面发展的更高阶段演进的新里程。坚定不移地推进“中国梦”的实现，中华文明必将放射出更加灿烂的光芒。

四是促进人全面发展的“价值特征”。《共产党宣言》指出，共产党人的最终目标是建立“每个人的自由发展是一切人的自由发展的条件”的“联合体”。“中国梦”具有多个维度，而其价值维度就是要实现人的全面发展。党的十八大明确把“促进人的全面发展”纳入中国特色社会主义道路的内涵之中，并且强调，“不断在实现发展成果由人民共享、促进人的全面发展上取得新成效。”这标志着中国特色社会主义把实现人的自由全面发展作为终极价值追求，必将极大提升“中国梦”的吸引力、凝聚力和感召力。

以攻坚克难的实际行动共圆“中国梦”

今天，我们已经取得了举世瞩目的伟大成就，党和人民正在以前所未有的道路自信、理论自信和制度自信，以“长风破浪会有时，直挂云帆济沧海”的豪情壮志，以团结奋斗、攻坚克难的实际行动，努力把“中国梦”变为现实。我们也要清醒地意识到，“看似寻常最奇崛，成如容易却艰辛。”尽管“中国梦”的曙光就在眼前，但要全面实现，仍须经历艰难漫长的追梦之旅。我们要把伟大的梦想变成美好的现实，必须进一步解放思想，改革开放，凝聚力量，攻坚克难，坚持立足新起点，不断创造新业绩。

一要勇于冲破陈旧观念的障碍。思想是行动的先导。思想能走多远，实践就能走多远。思想解放的每一次深入，都能带来实践进一步发展。为了实现“中国梦”，我们首先必须解放思想，冲破落后思想观念的障碍。当前，思想解放面临着双重历史任务，既要防止已见成效的东西固化为恒定不变的僵死模式，又要防止西方通过话语霸权输出渗透固化人们的思维方式。我们要遵循党的思想路线要求，勇于冲破束缚与禁锢人们头脑的落后思想观念与陈旧思维方式，以及各种不符合实际的主观偏见等等，坚定不移地从客观实际出发，从实践发展需要出发，大胆试验、大胆突破，不断把改革开放引向深入。

二要勇于突破利益固化的藩篱。中央领导同志最近强调，要“勇于突破利益固化的藩篱”，具有极强的现实针对性。在社会主义市场经济条件下，的确存在既得利益者不愿意让渡利益的问题。当前，能否突破利益固化的藩篱，已经成为执政党能否凝聚民心，带领人民群众攻坚克难、实现民族复兴的关键。全党同志特别是党员领导干部只有以“苟利国家生死以，岂因祸福避趋之”的担当精神，敢于涉险滩，通过深化改革调整利益关系，才能切实保证发展成果由人民共享，为实现“中国梦”扫清羁绊、打下基础。

三要勇于发扬真抓实干的作风。空谈误国，实干兴邦。如果空喊口号、不见行动，或者敷衍了事、马虎应付，“中国梦”就可能成为“空想”。我们只有克服浮躁情绪，抛弃私心杂念，不等不靠、迎难而上，全力以赴、积极主动地投入到党和人民的事业中去，把各项建设的目标、要求、责任、措施具体化，把每一项工作都往实里抓、往深里推、往细里做，“中国梦”才能最终实现；只有一步一步跟踪问效，确保各项建设的每一个过程和环节都精益求精，才能扎扎实实铸就精彩的“中国梦”；只有进一步健全发现问题、纠正错误和追究责任的长效机制，及时发现并坚决纠正种种形式主义、官僚主义、浮夸作风和不切实际的做法，才能从根本上保证各地区各部门树立真抓实干的作风，以优良党风促政风带民风，形成凝聚党心民心的强大力量，共圆我们的“中国梦”。

（来源：《经济日报》2013 年 1 月 4 日）

附录一

为了13亿人的中国梦

——记国家主席、中央军委主席习近平

2013年3月14日，在十二届全国人大一次会议上，来自中国各地的近3000名全国人大代表用他们手中的选票证明了民心所向、众望所归——习近平当选为中华人民共和国主席、中华人民共和国中央军事委员会主席。

习近平在去年11月15日的中共十八届一中全会上，当选为中共中央总书记、中共中央军事委员会主席，现在又担任了中国国家主席和中国中央军事委员会主席的职务，成为中国党、国家、军队的最高领导人。

如潮的掌声在万人大礼堂长时间响起……

掌声中，习近平起身，向代表们鞠躬致意。任期届满的胡锦涛与习近平亲切握手，相互致意。

习近平是继毛泽东、江泽民、胡锦涛等领导人之后，中华人民共和国第七位国家主席。

在当选中共中央总书记的当天，习近平在同中外记者见面时郑重承诺，新一届中央领导集体将肩负起对民族、对人民、对党的责任，不负重托，不辱使命。

4个月来，习近平带领新一届中央领导集体，接过历史的接力棒，以稳健扎实、积极进取的姿态推进各项工作：从提出改革不停顿、开放不止步到强调依法治国、依法执政，从宣示从严治党、从严治军到誓言强力反腐，从出台中共中央政治局八项规定到要求厉行节约、反对浪费，从重申中国和平发展理念到强调中

国发展是世界的机遇，一项项重大举措陆续出台。

……

以习近平为总书记的新一届中央领导集体赢得了党心军心民心。媒体评称:中国新政,已见雏形。

自信:“中华民族伟大复兴的梦想一定能实现”

“我坚信,到中国共产党成立100年时全面建成小康社会的目标一定能实现,到新中国成立100年时建成富强民主文明和谐的社会主义现代化国家的目标一定能实现,中华民族伟大复兴的梦想一定能实现。”

2012年11月29日,中国国家博物馆迎来一批特殊的参观者——当选中共中央总书记仅15天的习近平和他的中共中央政治局常委同事们。以表现中国近代以来奋斗历程的展览为背景,习近平向13亿中国人民勾画了中华民族伟大复兴的中国梦。

从治党治国治军到内政外交国防——这位从中共组织体系中“细胞”一级的大队党支部书记起步,在不同地区和多个岗位经受历练的领导人,既继往开来又开拓进取。他对世情、国情、党情的准确把握,对机遇挑战的清醒认识和带领人民实现中国梦的高度自信,给外界留下深刻印象。

中国共产党是带领中国人民实现中国梦的领导核心,中国特色社会主义是实现中华民族伟大复兴的必由之路。在带领中国走什么样的路这个问题上,习近平展示了他的坚定自信——“我们的制度必将越来越成熟,我国社会主义制度的优越性必将进一步显现,我们的道路必将越走越宽广。我们就是要有这样的道路自信、理论自信、制度自信。”

习近平在新进中共中央委员会的委员、候补委员学习贯彻中共十八大精神研讨班开班式上指出,“道路问题是关系党的事业兴衰成败第一位的问题,道路就是党的生命。”他强调,要“毫不动摇坚持和发展中国特色社会主义。"

法治是治国理政的基本方式。习近平指出:"全面建成小康社会对依法治国提出了更高要求。"他在首都各界纪念现行宪法公布实施30周年大会和中共中央政治局第四次集体学习会上都强调这个问题。他说:"党领导人民制定宪法和法律,党领导人民执行宪法和法律,党自身必须在宪法和法律范围内活动,真正做到党领导立法、保证执法、带头守法。"他反复强调,要努力"让人民群众在每一个司法案件中都感受到公平正义"。

"打铁还需自身硬。"甫任中共新的领航人,习近平就指出:"我们的责任,就是同全党同志一道,坚持党要管党、从严治党,切实解决自身存在的突出问题。"

奢靡之始,危亡之渐。习近平用"亡党亡国"来警示腐败问题的巨大危险。从中共十八届中央纪委二次全会对新形势下党风廉政建设和反腐败工作作出战略部署,到中共中央政治局针对党员队伍建设进行专题研究,从提出"把权力关进制度的笼子里",到要求党员干部"心中要有敬畏,知道什么是高压线",习近平从严治党之策清晰有力,打"虎"灭"蝇"之志坚强如"铁"。一系列直指沉疴顽疾的措施密集出台,一批涉嫌违纪腐败的官员受到依法查办。

习近平第一次赴外地考察,就选择了广东。外界解读,习近平来到中国改革开放中得风气之先的地方,是要向世界发出继续推进改革开放的强烈信号。习近平说:"改革开放是实现中国梦的关键一招。"

作为中共中央军委主席,习近平高度重视军队和国防建设。"我们要实现中华民族伟大复兴,必须坚持富国和强军相统一。"对如何建设巩固国防和强大军队,习近平有着清晰的战略思路。去年12月初在广州战区考察时,他要求广大官兵牢记:"坚决听党指挥是强军之魂，能打仗、打胜仗是强军之要，依法治军、从严治军是强军之基。”在兰州军区视察时，他强调，要确保部队“召之即来、来之能战、战之必胜”。

担任中共中央军委主席以来，习近平相继视察了陆军、海军、空军、二炮和武警部队。在破浪航行的战舰上，在炮声隆隆的演兵场，在整洁的连队宿舍楼里，习近平登甲板、进舱室，上战车、到班排，察看装备设施，观摩实战演练，详细了解基层官兵学习、训练、生活情况，认真听取基层建设的意见和建议。

中国对和平有着孜孜不倦的追求，中国加强国防建设的目的是维护国家主权、安全、领土完整，保障国家和平发展。习近平强调，中国始终是维护世界和平的坚定力量，将信守“永远不称霸，永远不搞扩张”的庄严承诺。

实现中华民族伟大复兴的中国梦离不开全体中华儿女的共同努力。

去年底，在会见来京述职的香港、澳门特别行政区行政长官梁振英、崔世安时，习近平重申中央对港澳方针政策不会变。他还表示相信，具有强烈民族自尊心和自豪感的广大港澳同胞，一定会同全国人民一道，为实现中华民族伟大复兴贡献力量。

在推进两岸关系方面，上月底会见中国国民党荣誉主席连战一行时，习近平强调了3个“充分信心”——我们有充分信心继续坚定不移推动两岸关系和平发展，有充分信心克服各种困难开辟两岸关系新前景，有充分信心同台湾同胞携手迎接中华民族伟大复兴。“我们真诚希望台湾同大陆一道发展，两岸同胞共同来圆‘中国梦’”。

对世界来说，习近平不是一个陌生的名字；对习近平来说，世界也不是一个陌生的舞台。

习近平是伴随着改革开放成长起来的。从上世纪80年代起，在主政地方的20多年里，他为了推动地方开放发展，曾到过60多个国家和地区，学习先进经验，寻找合作机会，广交各方友人。

2008年担任中国国家副主席后，习近平出访了40多个国家和地区，足迹遍及五大洲。5年的丰富外交实践，锤炼了习近平处理复杂国际事务的能力，展示了他自信务实、睿智开放的形象，也为他赢得了很多朋友。

具有宽广国际视野的习近平认为，中国与世界已成为利益共同体，中国梦的实现离不开世界的和平与发展。放眼全球，他指出：世界繁荣稳定是中国的机遇，中国发展也是世界的机遇。中国不仅是合作共赢的积极倡导者，更是合作共赢的切实践行者。合作共赢、互为机遇的理念给国际社会吃了一颗"定心丸"。

担任中共中央总书记后，习近平的第一场外事活动是会见在华工作的外国专家。他认真听取了专家们对中国发展的看法和建议。他说："国与国友好的基础是否扎实，关键在于人民友谊是否深厚"，"我们的事业是向世界开放学习的事业"，中国将"更加注重学习吸收世界各国人民创造的优秀文明成果，同世界各国相互借鉴、取长补短。"媒体认为，这次会见表明，习近平重视人民友好往来，重视各国相互学习。

外界注意到，在习近平频繁的外事会见中，包括了来自美国、俄罗斯、韩国、日本等国和联合国、非盟、上海合作组织等国际和地区组织的客人。在不同外交场合，他都在不断重申中国和平发展的理念。在今年1月主持中共中央政治局第三次集体学习时，习近平就十多次提到和平发展，指出走和平发展道路是战略抉择，要增强战略定力。他强调，中国走和平发展道路，其他国家也都要走和平发展道路，只有各国都走和平发展道路，各国才能共同发展，国与国才能和平相处。

同时，他也明晰划定中国维护核心利益的底线，"任何外国不要指望我们会拿自己的核心利益做交易，不要指望我们会吞下损害我国主权、安全、发展利益的苦果。”习近平“强势而不强硬”的表述为未来中国外交定下了基调。

情怀："为人民利益不懈奋斗"

“我们的人民热爱生活，期盼有更好的教育、更稳定的工作、更满意的收入、更可靠的社会保障、更高水平的医疗卫生服务、更舒适的居住条件、更优美的环境，期盼孩子们能成长得更好、工作得更好、生活得更好。人民对美好生活的向往，就是我们的奋斗目标。”习近平当选总书记后的首次公开讲话，鲜明宣示了他带领中国共产党执政为民的坚定决心。

他坚信，“人民群众是我们力量的源泉”，誓言“一定要始终与人民心心相印、与人民同甘共苦、与人民团结奋斗。”他看重“人民的力量”，指出“中国的事情，既要靠党和政府，也要靠13亿人民”。

“没有农村的小康，特别是没有贫困地区的小康，就没有全面建成小康社会。”习近平始终牵挂着贫困地区群众的冷暖。为了看到“真贫”，为了研究贫困地区脱贫致富的路子，他三赴外地考察，每次都特意到集中连片特困地区和贫困家庭去看望和调研。他和困难群众盘腿坐在炕上拉家常、询问生病的群众吃什么药、相互搀扶着走在雪地上的亲民形象，和“咱们一块儿努力，把日子越过越红火”的质朴语言，都深深印在人们脑海里。

他的亲和、细心，让接触过的人记忆犹新：“习总书记没有架子。他像咱老百姓一样说话。”69岁的河北农民唐荣斌回忆说，总书记和我聊了半个小时，“他让我打开电视，问我能看几个台，还问我家里的电话能不能打长途。他像个老朋友。”去年12月，习近平来到河北阜平骆驼湾，给村民带去了食用油、面粉等慰问品。

习近平十分关心一线劳动者。“知道大家节日不能休息，来看看大家！”2013年春节前夕，习近平来到北京街头，在寒风中向地铁施工工人、环卫工人、街头巡逻民警、出租车司机拜年，给他们带去新春的祝福，询问他们有什么困难，政府能为他们做些什么。在地铁 8 号线南锣鼓巷站施工工地，习近平特地走进一间为农民工家人团聚安排的“夫妻房”，看望钢筋工范勇一家。他亲切地说：“来一趟不容易，看看北京的景点，好好团聚一下。”

群众之所忧，也是习近平之所想。一段时间以来，雾霾天气影响了我国许多地区，对人民群众的工作和生活造成了很大影响。习近平对此十分重视，明确要求务必下定决心，坚决治理，有关地方和部门要出台有力举措，引导和动员全社会力量共同应对，为实现美丽中国的发展目标作出应有贡献。

在世界艾滋病日，习近平特地来到北京一家社区药物维持治疗门诊部，同艾滋病感染者握手交谈，和志愿者互动交流，了解艾滋病的预防和治疗情况，强调要全民参与、全力投入、全面预防，让每个艾滋病感染者和病人都感受到党和政府的关怀、感受到社会的温暖。

他注重广开言路，听取民声，虚心拜人民为师，虚心向内行请教。

在广州调研时，他专门召开座谈会，与广东省、市、区、镇四级政府和国有、民营、合资、独资企业的负责人深入交流，为开好中央经济工作会议听取各方意见。

与中国各民主党派亲密合作、肝胆相照，是中国共产党的优良传统。去年底，习近平利用 3 个半天的时间，走访了各民主党派中央和全国工商联，共商巩固和发展爱国统一战线、坚持和完善中国共产党领导的多党合作和政治协商制度的大计。对于大家提出的意见和建议，“总书记当场就给予答复，而且表示要推动，从这能看出中共中央对民主党派意见的重视和尊重。”在场的一位民主党派人士说。

4 个月来，习近平主持了 4 次中共中央政治局集体学习，先后邀请了多个部门、多个领域的专家和有关负责同志，就事关党和国家工作全局的重大问题听取意见建议。

1953年出生的习近平，今年也将步入人生的耳顺之年。这位中国党和国家的最高领导人也要求全党能听逆耳之言，“要容得下尖锐批评”。他深深懂得：“要以人民满意为标准。要广泛听取群众意见和建议，自觉接受群众评议和社会监督。群众不满意的地方就要及时整改。”“让人民群众不断看到实实在在的成效和变化”。

风格：“在求实、务实、落实上下功夫”

“莫言下岭便无难，赚得行人错喜欢。正入万山圈子里，一山放出一山拦。”在地方工作时，习近平常引用南宋诗人杨万里这首诗，提醒自己“常怀忧患之思”。

全面建成小康社会进入倒计时，怎样把人民对美好生活的向往转化为治国理政的具体措施？深化改革开放已成为举国上下最大共识，如何进一步深化改革？干部清正、政府清廉、政治清明是中国共产党的庄严承诺，强化监督、拒腐防变怎样才能落到实处？

从阐述中国梦到宣示深化改革开放，从厉行节约到重拳反腐，外界看到了一个具有坚定信念、战略眼光、忧患意识和务实作风的领导人形象。

20年前，深圳曾用“空谈误国，实干兴邦”激励经济特区人加快发展，创造了深圳速度。现在，习近平以“空谈误国，实干兴邦”激励全党全国人民以实干托举中国梦。他反复强调，要在求实、务实、落实上下功夫。

他说，全面建成小康社会要靠实干，基本实现现代化要靠实干，实现中华民族伟大复兴要靠实干。领导干部要坚定理想信念，保持奋发有为的精神状态，提高推动科学发展能力，切实改进作风，脚踏实地创造新的更大的业绩。

他主持中共中央政治局会议，议定改进工作作风、密切联系群众的八项规定。八项规定及其实施细则十分具体，习近平说，“就是要从具体事抓起，才能落到实处。”中共中央政治局首先做起，各级党政部门、各级领导干部迅速跟进。

2012 年 12 月下旬，经习近平批准，《中央军委加强自身作风建设十项规定》下发全军，其中在接待工作中“不喝酒”的要求令人印象深刻，被形象地称为“禁酒令”。

“工作作风上的问题绝对不是小事，如果不坚决纠正不良风气，任其发展下去，就会像一座无形的墙把我们党和人民群众隔开，我们党就会失去根基、失去血脉、失去力量。”在中共十八届中央纪委二次全会上，习近平强调指出，八项规定既不是最高标准，更不是最终目的，只是我们改进作风的第一步。

“踏石留印、抓铁有痕”整顿党风政风的决心和举措，令党内党外、举国上下为之一振。

“其身正，不令而行。”习近平率先垂范，以身作则正官风，要求别人做到的自己首先做到。他外出考察时，要求不封路、少扰民，轻车简从、简化接待，减少陪同、减少警卫，见真群众、摸真情况。他要求地方不能“导演”，不搞“培训”，不能为考察添置哪怕一个新板凳，绝不允许弄虚作假。他要求改进新闻报道，进一步压缩报道的数量、字数、时长。

——由于减少陪同车辆，他乘坐的中巴车常常都是座无虚席。有一次，另一辆车的人员误上了他的车，最后上来的一位工作人员只好“猫”着腰站到下一站。

——在深圳莲花山公园瞻仰邓小平塑像时，按照他的要求，景区不封园、不安检。莲花山上，游人如织。他乘坐的中巴车悄然而至，习近平下车后，与市民相伴而行，边走边与沿途的群众握手、交流。

——在河北阜平考察时，他跟陪同人员、工作人员在一起，吃同样简单的饭菜。他住的是县招待所的一个小套间，只有16平方米，家具陈旧，卫生间磁砖开裂。当地人员歉意地说，本来是可以安排在附近一家条件好一些的旅馆的。他笑着说，这样就挺好，不必讲究。

——他会见美国前总统卡特后，新华社发布的消息比一条微博(140字)还短。

针对社会上普遍存在的餐饮浪费等各种浪费行为，特别是公款浪费行为，习近平在新华社一份《网民呼吁遏制餐饮环节"舌尖上的浪费"》的材料上作出批示，要求党政领导干部带头狠刹浪费之风。党风带动民风。全国上下掀起了勤俭节约之风，大吃大喝减少了，高档餐馆门前冷清了，抵制"舌尖上的浪费"成为"热词"，吃饭打包、杜绝剩饭的"光盘行动"渐然成风，蛇年春节成了最节俭的春节之一——"习总书记都吃自助了，你千万别浪费"……一时间，厉行节约、反对浪费成为一种时尚。

为防止走过场、一阵风，习近平再次作出指示，要求各项后续工作要跟进，抓住制度建设这个重点，以刚性的制度约束、严格的制度执行、强有力的监督检查、严厉的惩戒机制，切实遏制公款消费中的各种违规违纪违法现象。

中国梦，如今渐行渐近。正如习近平所说，"我们比历史上任何时期都更接近中华民族伟大复兴的目标，比历史上任何时期都更有信心、有能力实现这个目标。"

(新华社北京2013年3月16日电)

(来源:《人民日报·海外版》2013年3月18日)

附录二

满怀信心走好中国道路

——一论同心共筑中国梦

人民日报评论员

实现中国梦必须走中国道路，必须弘扬中国精神，必须凝聚中国力量。国家主席习近平 3 月 17 日发表重要讲话，深入阐释实现中国梦的正确方向，深刻揭示实现民族伟大复兴的必由之路，为全国各族人民满怀信心走好中国道路注入了强大正能量。

实现民族复兴的中国梦，是近代以来中华民族肩负的历史使命。无数中华儿女为之前仆后继、上下求索，却始终没有找到一条光明之路。从登上历史舞台那一刻起，中国共产党就勇敢担当起这一使命，筚路蓝缕开启征程，一路追赶现代化潮流，改变了国家和民族的命运，走出了中国特色社会主义道路，迎来了我们民族伟大复兴的光明前景。

回望历史，找到这条正确道路，极为艰辛、来之不易，它是在改革开放 30 多年的伟大实践中走出来的，是在中华人民共和国成立 60 多年的持续探索中走出来的，是在对近代以来 170 多年中华民族发展历程的深刻总结中走出来的，是在对中华民族 5000 多年悠久文明的传承中走出来的。这样的深厚历史渊源和广泛现实基础，使中国道路展现出旺盛的生命力，极大地增强了 13 亿人民的民族自信心和自豪感。

站在过去与未来的梦想交汇点上，亿万人民的理论自信、道路自信、制度自信更加坚定。正是这条道路，把中国送到世界第二大经济体的位置，连续30多年保持近10%的经济增长，城乡居民收入增长30倍以上；正是这条道路，让我们十年间构筑起一些西方国家近百年才完成的基本社保网，不到20年里就为全球减贫事业做出超过70%的贡献，让我们比历史上任何时候都切近民族复兴的伟大梦想。就连"历史终结论"者也不得不承认，中国经济令人惊异的快速发展体现了中国模式的有效性，人类思想宝库需为中国留有一席之地。

梦想之旅，从来就不是一路坦途，一帆风顺。梦想之路越切近，新情况、新问题就越多。发展起来之后的问题，一点儿也不比不发展的时候少，解决难度更有甚于前。行百里者半九十，尽管我们距离梦想越来越近，但需要付出的努力依然艰辛。越是在这样的时刻，越需要我们满怀信心，振奋精神，凝聚力量，沿着中国道路坚定不移地走下去。

中国梦，是人民的梦。人民是实现中国梦的根本依靠，13亿人民同心共筑中国梦，实现梦想的力量就无比强大。满怀信心走好这条道路，心往一处想，劲往一处使，13亿人的智慧和力量就必定能汇集起不可战胜的磅礴力量，把历经苦难而又生生不息的中华民族送达梦想的彼岸，让每个人在"国家好，民族好，大家才会好"的历史逻辑中梦想成真。

（来源：《人民日报》2013年3月19日）

高扬凝心聚力的中国精神

——二论同心共筑中国梦

人民日报评论员

在实现民族复兴的壮丽征程上，在改革发展的火热实践中，靠什么凝聚社会共识、激发创造活力？"实现中国梦必须弘扬中国精神。这就是以爱国主义为核心的民族精神，以改革创新为核心的时代精神。"习近平主席的重要讲话，高度概括了中国精神的本质内涵，深刻阐述精神力量对于实现中国梦的重要意义，寓意深远、催人奋进。

人总是需要一点精神的，一个国家和民族更是这样。没有人的精神的有力支撑，就没有全民族精神力量的充分发挥，一个国家一个民族就不可能屹立于世界民族之林。物质贫乏不是社会主义，精神空虚也不是社会主义。实现中国梦，要求我们不仅在物质上强大起来，也要在精神上强大起来。

中华文明源远流长，中国精神生生不息，成为照耀我们民族奋勇前进的不灭灯塔。今天，中国进入社会转型期、改革攻坚期，精神力量的作用也愈加凸显。面对纷繁复杂的观念世界，如何在多元中立主导，在多样中谋共识？面对艰巨繁重的改革发展任务，如何以更大智慧与勇气啃硬骨头、涉险滩？离梦想越近，就越需要不断增强团结一心的精神纽带，越需要持续激发自强不息的精神动力。

爱国主义始终是把中华民族坚强团结在一起的精神力量。

不管是民族危亡关头的同仇敌忾，还是众志成城抵御重大灾害，凝聚在爱国主义旗帜下，个人命运才会与民族命运紧密相连，滴水之微才能汇聚成无坚不摧的磅礴力量。家是最小国，国是最大家，中国梦的本质内涵就是国家富强、民族振兴、人民幸福。在实现中国梦的征程中，大力弘扬爱国主义精神，就能最大限度凝聚共识，团结一切可以团结的力量，汇聚每个人的梦想成就伟大的中国梦，形成推动社会发展进步的强大正能量。

改革创新始终是激励我们在时代发展中与时俱进的精神力量。30 多年来，从农村改革的兴起，到深圳等特区的创立，从社会主义市场经济体制的发展，到中国特色社会主义多项事业的开拓，改革创新精神激荡神州，造就了历史的巨变，成就了今天的中国。改革没有完成时，站在新起点上的中国，无论是冲破思想观念障碍，还是打破利益固化藩篱，无论是破解发展难题，还是释放改革红利，都需要继续发扬改革创新精神，逢山开路、遇水搭桥，迈过沟沟坎坎、越过发展陷阱，才能赢得更加光明的前景。

鲁迅说过，“唯有民魂是值得宝贵的，唯有他发扬起来，中国才有真进步。”在实现中国梦的新征程中，大力弘扬伟大的民族精神和时代精神，让凝心聚力的兴国之魂、强国之魂融入现代化进程，我们就一定能永远朝气蓬勃地迈向未来，不断开创中国特色社会主义新局面。

（来源：《人民日报》2013 年 3 月 20 日）

凝聚不可战胜的中国力量

——三论同心共筑中国梦

人民日报评论员

有梦想才有目标，有希冀才会奋斗。不论是国家民族，还是个人家庭，梦想都是保持生机、激发活力的源泉。

"实现中国梦必须凝聚中国力量"，习近平主席的重要讲话，阐明了怀抱强国梦想与焕发前进力量之间深刻联系，更揭示出实现中国梦的重要路径。只要我们紧密团结，万众一心，为了共同梦想努力奋斗，实现梦想的力量就无比强大。

历经苦难与辉煌，中华民族始终有着"家国天下"的情怀。实现国家富强、人民富裕，从来都是我们民族的梦，也是每个中国人的梦。中华民族走向伟大复兴的历史，正是人民生活发生翻天覆地巨变的历史。从上学就业到住房就医，尊严的保证、事业的成功、价值的实现，每个人向着梦想的不断努力，描绘出一个时代最为壮阔的梦想图景，更汇聚起一个国家最为持久的追梦力量。

每个人的前途命运都与国家民族紧紧相连，亿万中国人组成的是一个"命运共同体"，中国梦必须"紧紧依靠人民来实现"。涓流汇海，聚沙成塔，中国梦渐行渐近的步伐，来自2.6亿农民工劳动致富的创业热望中，来自社会各界心系国运的热诚参与中，来自无数志愿者投身社会的无私奉献中。有了每个人的共同"给力"，才有国家社会的不断前行，才能让更多人敢于做梦、勇于追梦、努力圆梦，凝聚起推进民族复兴的中国力量。

什么是中国力量？就是中国各族人民大团结的力量，就是13亿人心往一处想、劲往一处使，汇集起来的力量。个人梦想可能千差万别，但实现国家梦想的征程上，同心同德、群策群力，就有无坚不摧的磅礴力量。这种力量，我们在革命年代前赴后继的抗争中感受过，在建设岁月激情燃烧的奉献中体验过，在改革时期波澜壮阔的奋斗中亲历过。未来的征程中，只要13亿人团结一心，这种不可战胜的磅礴之力，必将成为我们在民族复兴之路上的胜利之本、力量之源。

通向理想的道路注定不是坦途。经历发展阵痛、面临“惊险一跳”，就业、医疗、住房、养老……每个人都可能会与国家社会一起，经历追梦之旅的曲折和辛劳，可能会有抱怨、有纠结，但更要看到，我们可以共同享有人生出彩的机会，共同享有梦想成真的机会，共同享有同祖国和时代一起成长与进步的机会。有梦想，有机会，有奋斗，一切美好的东西都能创造出来。

生活在这样一个时代和国家，是幸运的。我们比历史上任何时期，都更接近民族复兴的目标，都更有信心、有能力实现梦想。毫无疑问，完成这项伟大的事业，仍需一代又一代中国人共同努力。凝聚起不可战胜的中国力量，完成民族复兴征程上的接力，是我们这一代人的使命，更是我们这一代人的光荣。

（来源：《人民日报》2013 年 3 月 21 日）

以发展筑牢梦想根基

——四论同心共筑中国梦

人民日报评论员

梦想要激发力量、鼓励奋斗，离不开现实的深厚基础；梦想要开花结果、落地生根，更有赖于现实的强力支撑。

要坚持发展是硬道理的战略思想，不断夯实实现中国梦的物质文化基础，习近平主席的重要讲话，阐明了加快经济社会发展，是实现中国梦的必然要求和根本途径。

伟大的梦想，源于现实的土壤。中国梦逐渐成形的过程，也是中国不断发展前行的过程。上世纪初，爱国学生只能空自发出“奥运三问”；进步青年只能在小说里幻想举办万国博览会。战乱频仍、民生凋敝、经济萧条，何敢言梦？从新中国“站起来”，到改革开放“富起来”，再到新世纪“强起来”，奥运梦、世博梦终于梦想成真，我们听到中国梦渐行渐近的铿锵足音。

只有通过不断发展，才能让梦想成为现实。国家富强、民族振兴、人民幸福的中国梦，体现在国家物质硬实力和文化软实力的提升上，体现在更好的教育、更稳定的工作、更满意的收入等实打实的民生红利中。改革开放 30 多年来，我国经济社会发展保持旺盛活力，综合国力、社会生产力、人民生活水平得到极大提升，这是中国梦最坚实的基础，让我们能充满自信地向着现代化建设目标稳步前行。

我们深知，前行的道路上还存在各种风险挑战。经济总量跃升至世界第二,但人均水平仍有不小差距;成为全球发展“新引擎”,但环境压力、资源瓶颈也日益凸显;整个社会活力涌动,但也要处理好转型过程中种种难题。基本国情、主要矛盾、国际地位“三个没有变”,中国梦依然在路上。

要解决问题、应对挑战,抓住重要战略机遇期,只能始终把发展放在第一要务的位置,以发展解决“发展起来以后的问题”,从转变发展方式、调整产业结构到保护环境建设“美丽中国”,从丰富群众文化生活到保障人民基本权益,不断夯实中国梦的物质文化基础。实践证明,以科学发展观为指导,始终坚持以经济建设为中心,全面推进经济、政治、文化、社会、生态文明建设,我们就一定能在攻坚克难中,让“中国号”巨轮驶向更开阔的水域。

1902 年,梁启超在《新中国未来记》中,这样描绘他的“中国梦”:无端忽作太平梦,放眼昆仑绝顶来。实现民族复兴,是无数中华儿女的百年梦想,经历了艰辛探索和不懈奋斗,中国人民比以往任何时候都更加清醒地认识到一个颠扑不破的真理:发展才能自强,实干才能兴邦。

(来源:《人民日报》2013 年 3 月 22 日)

民生改善是梦想的最好诠释

——五论同心共筑中国梦

人民日报评论员

共筑中国梦，需要经济社会的不断发展，需要民生的持续改善，这是复兴之本、梦想之基。

随时随刻倾听人民呼声、回应人民期待，使发展成果更多更公平惠及全体人民，朝着共同富裕方向稳步前进。习近平主席的重要讲话，阐明了中国梦的丰富内涵，凸显出民生工作和社会管理在实现中国梦过程中极其重要的作用。

从“贫穷不是社会主义”到“共同富裕”，从“发展是硬道理”到“全面建成小康社会”，几十年来，发展经济，改善民生，始终是党和政府最重要的工作。中国改革发展的历程，正是在倾听人民呼声、回应人民期待中不断深化的，也必将沿着这个方向继续推进，不断实现好、维护好、发展好最广大人民根本利益，让老百姓得到更多好处。

中国梦，是对公平正义的向往。实现公平正义，既需要处理好教育、就业、养老、医疗、收入分配等方面的问题，也需要权利保障更加充分、人人得享共同发展。只有这些得到妥善解决，社会才能安定有序，国家才能长治久安。正如习近平主席所强调的，“保证人民平等参与、平等发展权利，维护社会公平正义”，这是实现中国梦的重要内容。

中国梦，是对改善生活的渴望。这些年来，无论是城乡居民收入持续增长、社会保障网初步建立，还是医疗、教育等方面不断向前的改革，人民群众的幸福指数不断提高。农业税免除了，义务教育免费了，职工工资增加了，城市低保标准提高了，农民有了基本医疗保障，收入分配制度改革基本思路形成……从生活质量到生态环境，各级政府通过坚持不懈的努力，拓展着民生工作的内涵与外延。这种着眼于人的全面发展的“大民生”观，让亿万人民逐步共享发展成果。

千百年来，中国老百姓企盼的就是“过上好日子”。能够让人们过上好日子的社会，必定是一个学有所教、劳有所得、病有所医、老有所养、住有所居的社会。我们深知，这样的中国梦，体量之大，涉及13亿人；范围之广，涵盖百姓生活的方方面面。这决定了圆梦之途绝不轻松，既需要尽力而为、量力而行、循序渐进，更需要克勤克俭、辛勤劳动，在推动经济发展中，不断满足民生之需、不断增进民生福祉。

中国梦不是空中楼阁。梦想成真，民生改善是最好诠释。将国家的发展落脚在所有人的共同发展上，将梦想的力量凝聚在共同富裕的旗帜下，未来中国定能以稳健有力的步伐，在民族复兴梦想的道路上踏实前行。

（来源：《人民日报》2013年3月25日）

和世界共发展 与世界同分享

——六论同心共筑中国梦

人民日报评论员

当中华民族的巨大航船，穿越历史的波涛，驶向复兴的彼岸，整个世界都在关注：中国之梦，将怎样在风云变幻的国际局势中展开？走向复兴的中国又会带给世界什么？

“始终不渝走和平发展道路，始终不渝奉行互利共赢的开放战略”，习近平主席的讲话，再次向世界传递了实现文明复兴、建设和谐世界的中国理念。坚持和平发展，是实现中国梦的根本保证，是我们始终不变的战略抉择。

中华民族是爱好和平的民族。翻开历史，“七下西洋”播撒和平友谊的种子，“丝绸之路”留下互利合作的足迹。讲信修睦、善待他人，文明塑造出敦厚平和的民族禀性。海纳百川、兼容并包，交流孕育出推己及人的民族文化。近代以来的列强入侵和连年战乱，将中华民族拉进苦难的深渊，留下刻骨铭心的惨痛记忆。迈上复兴之路的中国人民怕的就是动荡，求的就是稳定，盼的就是世界和平。

和平与发展，互为条件。地球村中，一损俱损、一荣俱荣。没有和平环境，中国和世界都不可能顺利发展；同样，离开发展，中国和世界也不可能有持久的和平。新中国成立以来，我们始终奉行独立自主的和平外交政策，努力为自身发展营造一个稳定的外部环境。与此同时，我们紧紧抓住和平发展的战略机遇期，聚精会神搞建设，一心一意谋发展，通过互利合作推动经济发展，实现经济起飞，迈向梦想的脚步坚实而稳健。以和平推动发展，以发展捍卫和平，中国的发展打破了“国强必霸”的传统模式，为赶超之路提供了另一种可能。

与世界同分享，是中国梦独具特色的重要内涵。从“入世惠及中国、也惠及世界”到“同一个世界，同一个梦想”，日益融入世界经济的中国，在与各国的交流合作中，始终追求良性互动、互利共赢。无论是开放市场、引进技术、吸引投资，实现30多年来日新月异的跨越式发展，还是积极参与全球经济治理，共同抵御亚洲金融风暴和国际金融危机，我们都着眼于取长补短、合作共赢，把世界的机遇转变为中国的机遇，把中国的机遇转变为世界的机遇。倡导不同文明开展对话、彼此包容，推动不同社会制度和发展模式相互借鉴、共同发展，未来的道路上，中国梦必将进一步焕发出中华文明的独特魅力。

中国梦是复兴之梦、发展之梦，也是和谐之梦、和平之梦。坚持和平发展，是实现中华民族伟大复兴的必由之路。一个和平发展的中国，终将完成民族复兴伟业，也终将成为世界持久和平与共同繁荣的保障。

（来源：《人民日报》2013年3月26日）

中国梦归根到底是人民的梦

——七论同心共筑中国梦

人民日报评论员

在中国梦的丰富内涵中，"人"无疑是关键要素。"中国梦归根到底是人民的梦，必须紧紧依靠人民来实现，必须不断为人民造福。"习近平主席的重要讲话，阐明了中国梦的核心价值，也指明了中国梦的动力源泉。

国家富强、民族振兴、人民幸福，中国梦勾勒出的美好图景，最终统一于人民梦的历史语境。"大河没水小河干"，近代中国的百年奋斗，不断证明着一个朴素道理，国家好，民族好，大家才会好。在实现民族复兴的征程中，唯有将个人之梦寄托于国家之梦、民族之梦，梦想才有成真的可能。

在中国梦的雄壮交响中，无论是实现国家民族的繁荣富强，还是追求普通个体的幸福生活，实现"人的全面发展"始终是最催人奋进的旋律。从站起来，到富起来，再到强起来；从实现总体达到小康水平，到跻身世界第二大经济体，再到构建覆盖13亿人的保障体系……国泰则民安，民富则国强，伟大的中国梦，使个人梦想有了广阔空间。

在这个意义上，"宏大叙事"的国家梦，也是"具体而微"的个人梦。中国梦，最终是由一个个鲜活生动的个体梦想汇聚而成。更好的教育、更稳定的工作、更满意的收入、更可靠的社会保障、更高水平的医疗卫生服务、更舒适的居住条件、更优美的环境……人民对美好生活的向往，对人生出彩机会的渴望，正是中国梦最富生命力的构成。

人人都有追梦的权利，也都是梦想的筑造者。如果说，“大河没水小河干”阐明的是命运共同体逻辑；“小河有水大河满”，则揭示了发展进步的动力机制。正如习近平同志指出的，中国梦的实现，“必须紧紧依靠人民”。每个人的自由发展是一切人自由发展的条件，个体梦想的实现，正是国家梦想实现的重要前提和必备条件。

一切为了人民，梦想便有了牢固的根基。淮海战役战场上一望无际的手推车，见证了人民战争的伟力；安徽凤阳小岗村18个鲜红的手印，标注着人民改革的精神。人民群众的创造实践，是创造历史不竭的源动力。正是得到了人民的拥护支持，尊重了人民的首创精神，激发出人民的无穷力量，我们才在披荆斩棘的奋斗中，创造了经济增长的奇迹，释放了社会发展的活力，开辟出一条生机勃勃的复兴之路。

历史证明，个人的前途与国家命运息息相关，而每一个人的奋斗努力，都是中国梦的组成部分。在实现民族复兴的关键阶段，最大程度吸纳人民群众参与改革发展，最大程度促进全面小康的共建共享，最大程度动员全体人民同心共筑中国梦，就能激发每个中国人的进取心和创造力，就能在逐梦之路上始终有众志成城的民意支撑，始终有破浪前行的不竭动力。

（来源：《人民日报》2013年3月27日）

在党的引领下汇聚圆梦力量

——八论同心共筑中国梦

人民日报评论员

追求梦想，离不开正确的方向；团结奋斗，更需要引领的力量。"中国共产党是领导和团结全国各族人民建设中国特色社会主义伟大事业的核心力量，肩负着历史重任，经受着时代考验"，习近平主席的重要讲话，指出了党的领导对于实现中国梦的极端重要性，提出了全面加强党的建设的时代课题。

在一个人口比欧盟、美国、日本、俄罗斯加起来还要多的国家，进行一场广泛深刻的工业革命、技术革命、社会革命，让13亿人民走向现代化、走向民族复兴，这是人类历史上前所未有的挑战。应对这一挑战，实现中国梦想，起着引领作用的政治领导至关重要，团结亿万人民的核心力量不可或缺。我国革命、建设的实践反复告诉我们，办好中国事，实现中国梦，关键在党。只有在党的领导下，既不走封闭僵化的老路，也不走改旗易帜的邪路，坚定不移走中国特色社会主义道路，才能迎来国家富强、民族振兴、人民幸福的光明前景。

作为中华号巨轮的掌舵者，把国家建设得更好、让人民生活得更好，是中国共产党人的永恒目标。接过历史的接力棒，在民族复兴的新征程上，需要我们不断加强和改善党的领导。成长为世界第二大经济体的中国，乘势而上、转型发展，需要党引领方向；处在改革深水区、矛盾凸显期的中国，凝聚共识、攻坚克难，更离不开党聚合实现中国梦的正能量。坚持党要管党、从严治党，保持党的先进性和纯洁性，不断提高拒腐防变和抗风险能力，才能更好地履行执政使命，把党锻造成实现中国梦的坚强领导核心。

今天的中国，机遇和挑战前所未有，改革与发展不进则退。我们比任何时候都更接近民族复兴的中国梦，也比任何时候都更需要全党同志特别是领导干部振奋精神、奋发有为。历史方位、执政条件和队伍结构的重大变化，要求我们必须把400多万个基层党组织建设成400多万个坚强的战斗堡垒，必须把8200多万党员打造成8200多万个先锋模范。坚定理想信念，大力改进作风，有“如履薄冰，如临深渊”的自觉，有勇挑重担、敢涉险滩的精神，每一个党员干部都夙夜在公、勤勉工作，必将汇集起不可战胜的磅礴力量。

从带领中国人民“站起来”，到改革开放让人民“富起来”，再到建成全面小康让13亿人“幸福起来”，立党为公、执政为民，是我们党矢志不渝的追求，也是加强和改善党的领导的基本动力。在实现中国梦的新征程上，一个信仰坚定、坚强有力、清正廉洁的党，必将团结带领全国各族人民开创更加美好的未来。

（来源：《人民日报》2013年3月28日）

担起我们这代人的使命

——九论同心共筑中国梦

人民日报评论员

有梦想就有希望，有信念就有力量。这是很多人经受磨砺而后奋起的慨叹，更是我们民族走过几千年沧桑岁月而巍然屹立的写照。

实现中华民族伟大复兴的中国梦，就是要实现国家富强、民族振兴、人民幸福。习近平主席的讲话，深刻阐释中国梦的本质内涵，鲜明揭示无数先贤先辈为之奋斗的理想信念，为我们这代人自觉担当使命、同心共筑中国梦指明了前进方向。

放眼过去的30多年、60多年，乃至近代以来的170多年，导引无数中华儿女进行非凡奋斗的，正是对梦想的追求，对使命的担当。从1925年毛泽东同志在《政治周报》发刊词中写下“为了使中华民族得到解放，为了实现人民的统治，为了使人民得到经济的幸福”，到习近平同志反复强调“接过历史的接力棒”、“再接再厉、一往无前”，“国家富强、民族振兴、人民幸福”一脉相承，始终都贯穿着共产党人奋斗的梦想。

正是对这一梦想的接力奋斗，神州大地沧桑巨变。100年前国人只能在小说中幻想万国博览会，100年后千万游客穿过小说里虚构梦想的跨江大桥和地铁隧道走进世博中国馆。30年前中国没有一公里高速公路，今天中国高速里程位居世界第二。我们用20多年时间走过西方近百年的义务教育普及之路，用10

年时间编织起世界上最大的全民医保网。正是在这一梦想的接力奋斗中，今天的人民共和国实现了经济体制的历史性变革、经济总量的大幅度跃升，中华民族复兴迎来了前所未有的光明前景，亿万人民生活实现了从温饱不足到总体小康的历史性跨越、正向全面小康大踏步迈进。

任何成功都不可能顺利取得，创造历史总是伴随着艰苦奋斗。回首过去，国家、民族和人民面貌的巨变，凝聚着我们所走过的风雨艰辛；面向未来，中国梦的最终实现，依然面临诸多可预料的困难和不可预知的风险。我们必须清醒地看到，今天的中国还有1.28亿人口处在贫困线以下，人均经济总量排位靠后，科技水平与发达国家之间仍有差距，城乡差距、社会公平等问题亟待解决，中国梦的美丽绽放还需付出更多辛劳。惟以改革创新的精神，攻坚克难的勇气，踏石留印的实干，劲往一处使的齐心，我们才能填平前进路上的沟壑，开掘更加通达的坦途，国家富强、民族振兴、人民幸福的中国梦，才能越来越近。

曾经遥不可及的梦想，正在我们的团结奋斗中不断靠近。两个一百年目标，已是“望得见桅杆尖头了”的航船，是“已见光芒四射喷薄而出”的红日。穿过两个百年目标，已经能看到一个富强民主文明和谐的新中国。沿着中国特色社会主义道路同心共筑中国梦，我们这代人定能不负历史责任、担起时代使命，为中华民族迎来一个更好的明天。

（来源：《人民日报》2013年3月29日）

附录三

筑就民族复兴的“中国梦”

任仲平

(一)北京。国家博物馆。

一走近《复兴之路》展览,就能看到环绕四壁的浮雕,始于四大发明,终于奥运五环。像是一个隐喻:历经沉沦与抗争、奋斗与崛起,现代中国的辉煌成就,与中华民族的灿烂历史交相辉映,仿佛是文明长卷的首尾相接。

2012年11月29日,正是在国博这一极具象征意义的地方,在中华民族的“文庙宗祠”,习近平同志向世界宣示“中国梦”——“实现中华民族伟大复兴,就是中华民族近代以来最伟大的梦想。”2013年3月17日,新一任党和国家领导人换届完成,习近平同志再次畅谈“中国梦”——“实现中华民族伟大复兴的中国梦,就是要实现国家富强、民族振兴、人民幸福。”

的确,大步向前的中国,是一个充满活力的“梦工厂”。

民族独立梦、两弹一星梦、奥运世博梦、航天潜海梦……新中国成立60多年、改革开放30多年,我们的一个个梦想成为现实。今天的中国,民族复兴的梦想仍在继续,住房梦、创业梦、宜居梦、小康梦……在个人梦想和国家梦想的互动交融中,世界东方升腾起激荡人心的中国梦,奏响一个伟大民族走向复兴的交响乐章。

(二)“一心中国梦,万古下泉诗”。环顾世界,很少有哪个民族，像中华民族这样，历经苦难与辉煌；也很少有哪个国家，像中国这样，在持续奋斗中，始终坚持着同一个梦想。这个梦想的背后，蕴藏着绵延已久的“家国天下”情怀，折射着内心深处的“命运共同体”意识，也凝聚着“振兴中华”的探索与奋斗。

英国学者安格斯·麦迪森在《世界经济千年史》中估算，中国从公元1000年开始，国内生产总值一直占到世界的五分之一以上。然而，这样的“老大帝国”，却是以一种屈辱的姿态进入近代史的。

有学者这样描述，“19世纪强加给中国的一系列条约、协定和治外法权条款，使人们清清楚楚地看到：不仅中国作为一个国家地位低下，而且中国人作为一个民族同样地位低下。”在一个半殖民地半封建社会，落后、挨打，屈辱、抗争，让民族复兴成为近代中国无法绕开的主题，更激发起无数中华儿女为之不懈奋斗的理想抱负：梁启超提出了“少年中国”，孙中山喊出了“振兴中华”，李大钊呼吁为“中华民族更生再造”而奋斗……为了民族复兴，几代人魂牵梦萦，亿万人心结难解。

“实现中华民族的伟大复兴，在整个二十世纪一直是中国无数志士仁人顽强追求的目标，一直是时代潮流中的突出主题。中国的革命也好，建设也好，改革也好，归根到底是为了实现这个目标。这可以说是贯穿二十世纪中国历史的基本线索。”金冲及在《二十世纪中国史纲》中的评述，至为精当。

（三）上世纪初，爱国学子只能空自发出“奥运三问”，进步青年只能在小说中畅想中国举办万国博览会，革命先行者也只能在建国方略中规划“进藏铁路”。今天的中国，奥运梦、世博梦、青藏铁路梦都已成真，更圆了前人难以想象的飞天梦、潜海梦、航母梦。当中国经济跃升至世界第二，当中国崛起被国际媒体称为“近年来最重要的全球变革”，深藏于中国人心中的民族复兴之梦,终于不再是空中楼阁,而犹如地平线上跳动着的朝阳,喷薄而出。

有人说,一个国家处于上升期的标志之一,是这个国家开始打造她的"造梦"能力,她的国民开始自信地谈论自己的梦想。对梦想的追逐,刻印下社会发展的脚步,也标注着历史前行的轨迹。

60多年来,无论是白山黑水之间唱响《我为祖国献石油》的工人,还是绿皮车上枕着蛇皮袋打盹的进城农民,中国梦不仅是国家梦、民族梦,更是亿万人民梦想的叠加。农业税成为历史,义务教育全免费,日渐公开透明的民主政治,覆盖13亿人的社保体系……今天的中国,流动社会让人有更多上升机会,权利社会让人有更多保障依靠,开放社会让人有更多成功路径,信息社会让人有更多表达渠道,宏大的国家梦想在每个人的努力奋斗中、在时代的点滴进步中,慢慢生根。

"中国梦归根到底是人民的梦,必须紧紧依靠人民来实现,必须不断为人民造福"。正是在这样的背景下,新一届中央领导集体一上任,就把实现复兴大业定为施政方向、把成就中国梦想当做未来愿景。民族复兴的中国梦,成为亿万人民共同的追求。

(四)纵观历史,大国崛起的过程,无不伴随着全体国民共同的期待与奋斗,由此锻造出国家民族独特的气质与精神。几百年前,一群欧洲大陆的失意者坐着"五月花号"来到新大陆,开启了美国梦;去年伦敦奥运会开幕式上,烟囱高耸、铁水奔流的场景,讲述了工业革命时代的英国梦。这样的梦想,绝非一人一地一时的空想,而是回荡在全体国民心中的共同旋律,也正因此才具有超越时空的能量,成为一个国家不断前行的动力。

如今,中国梦正焕发出鼓舞人心的力量,激荡起亿万人民的共鸣。人民日报评论员新春走基层,在湖南一个偏僻山乡的农家门前，看到这样一幅春联："雪梅映红中国梦，紫燕衔绿万家春"。一位旅美华侨写下自己的心声："他邦夜夜家国梦，天涯朝朝总相思。"众人争说中国梦，同心共筑中国梦，正因为它触动海内外中华儿女内心深处的集体意识，成为唤起亿万人民认同的最大公约数，激发了中华民族"团结如一人"的归属感和进取心。

这正是提出中国梦最为重大的现实意义。美国《新闻周刊》认为，中国梦会产生深远影响，将"重振中国光辉史"。更有外国观察家敏锐指出，这是"一个能在人们心中激起共鸣的目标"，体现了中国共产党"对中华民族的强烈历史责任感"。

（五）伟大的梦想，需要有伟大的精神作支撑。中国梦包含着中华民族的复兴心结，更包含着中华民族特有的理想信念。其背后，是数千年的积淀、近百年的回响、亿万人的渴望。

上下五千年、纵横一万里。中华民族之所以能够成为世界上唯一从未中断过历史进程，并且创造出辉煌灿烂文明的民族，绝非偶然。经过几千年的沧桑岁月，把我国 56 个民族、13 亿多人紧紧凝聚在一起的，是我们共同经历的非凡奋斗，是我们共同创造的美好家园，是我们共同培育的民族精神，是我们共同坚守的理想信念。

鲁迅曾说，惟有民魂是值得宝贵的，惟有它发扬起来，中国人才有真进步。这样的民魂，就是一个国家和民族的精气神，它关乎国家成败、民族兴衰。没有振奋的精神、没有高尚的品格、没有坚定的志向，一个民族不可能自立于世界民族之林。实现中国梦，要求我们不仅在物质上强大起来，也要在精神上强大起来。

我们看到，从"外争国权，内惩国贼"到"一寸山河一寸血，十万青年十万军"，从"振兴中华"到"我们都是汶川人"，一个个时代的口号，张扬着把个人命运与民族命运紧紧相连的爱国精神，这是推动一代又一代中国人向着中国梦前行的强大力量。

我们看到，从小岗村鲜红的手印到三天一层楼的“深圳速度”，从股市带来的全民投资热潮到贡献了六成国内生产总值的中小企业，30 多年来，改革创新精神激荡神州，造就了历史的巨变，成就了今天的中国。在通往中国梦的征程中，改革创新始终是激励我们在时代发展中与时俱进的精神动力。

正因此，习近平同志强调，实现中国梦必须弘扬中国精神。这是以爱国主义为核心的民族精神和以改革创新为核心的时代精神，这是凝心聚力的兴国之魂、强国之魄。

（六）北京申奥成功后有一张经典照片，两辆相向而行的车上，手拿国旗的年轻人击掌相庆。这样的场景，曾引发多少人的共鸣与感慨。有句歌词唱得好，“家是最小国，国是千万家”，对 13 亿中国人而言，家国一体的中国梦，寄托着最深厚的情感。

国泰则民安，民富则国强。国和家的命运攸关，是中华民族漫长演进史中最为深刻的总结，国家兴衰始终都在塑造个体命运中扮演了核心角色。正如有论者所言，在灾难与辉煌的双重变奏之中，一个个中国人的梦想从来离不开民族整体的际遇。个体的命运往往随着历史而流转颠簸，无论大江大海还是一枝一叶。

新中国“站起来”，改革开放“富起来”，新世纪“强起来”，正是国家民族的强盛，让人民的幸福有了坚实依托；中国梦的茁壮，使个人梦想有了广阔空间。吃饱穿暖、下海经商、有车有房……个人梦想的日益丰富说明，国家好，民族好，大家才会好。在实现民族复兴的征程中，唯有将个人之梦寄托于国家之梦、民族之梦，梦想才有成真的可能。

每个人的自由发展是一切人自由发展的条件，个体梦想的实现，正是国家梦想实现的重要前提。在这个意义上，每一个人的奋斗努力，都是中国梦的组成部分。毛泽东同志曾说，“世界是我们的，做事要大家来”。面对各种利益关系调整所带来的矛盾，面对思想观念多元多样的状态，特别需要全体中华儿女以共同之理想，凝聚共同之力量，以共同之奋斗，追求共同之目标，共同享有人生出彩的机会，共同享有梦想成真的机会，共同享有同祖国和时代一起成长与进步的机会。有梦想，有机会，有奋斗，一切美好的东西都能够创造出来。

正因此，习近平同志强调，实现中国梦必须凝聚中国力量。这是中国各族人民大团结的力量，是13亿人心往一处想、力往一处使汇聚起来的力量。

（七）北京的长安街，取盛唐之意，东是建国门、西是复兴门，谓之长治久安。只有创造了灿烂文明的民族，才会如此渴望再创辉煌；也只有历尽苦难沧桑的国家，才更珍惜来之不易的道路。

我们这个民族，有数千年辉煌文明、有数百年深重苦难，也有百余年不息奋斗，追寻梦想的道路尤其艰难曲折。百余年来的救亡图存、道路探索，多少仁人志士留下“有心杀贼，无力回天”的悲愤，付出“春云碧血，秋雨黄花”的牺牲，发出“拼将十万头颅血，须把乾坤力挽回”的呐喊。是中国共产党团结带领中国人民完成了新民主主义革命和社会主义革命，走上了社会主义道路，不可逆转地改变了国家和民族的前途命运，迎来了中华民族伟大复兴的光明前景。

中国真正进入全球化的坐标体系，也就在这短短30多年。但就是在这30多年里，我们写下了让世界惊叹的“中国故事”。从硝烟弥漫的革命年代，到激情燃烧的建设岁月，再到波澜壮阔的改革时期，在不断探索和奋斗中，我们形成和发展了中国特色社会主义道路。找到这条道路，我们深切体会何谓“来之不易”、何谓"倍加珍惜"、何谓"始终不渝"。沿着这条道路,我们科学把握了改革开放30多年的伟大实践、新中国60多年的持续探索、近代中国170多年的历史经验、中华民族5000多年的文明传承,最终确立了实现民族复兴中国梦想的根本遵循。

这条通往梦想的道路,有着绵延的文化传统、深层的现实基因。从根本上说,13亿人的中国梦,必须对人类文明有责任有贡献,以和平文明筑梦,靠自力更生圆梦,不能走西方现代化的老路。在能源消耗上,美国人均年消费石油22桶多,中国只能在人均年消费石油两桶多的情况下,以不断降低能耗求得发展;在人口流动上,欧洲19世纪向海外移民6000多万,靠建立殖民地开疆拓土,而中国则要在自己的国土上解决农村人口转移问题;在增强综合国力上,中国不搞军备竞赛、也不对外输出革命,而是坚持科学发展、自主发展、开放发展、和平发展、合作发展、共同发展。也正是从这个意义上,英国《金融时报》认为,"中国的梦想,不仅关乎中国的命运,也关系世界的命运"。

这就是中国式的梦想之路。实现中国梦,给世界带来的是机遇而不是威胁;实现中国梦,不仅造福中国人民,而且造福世界人民。

正因此,习近平同志强调,实现中国梦必须走中国道路。坚定对中国特色社会主义的道路自信、理论自信、制度自信,我们就能够沿着这条道路实现中华民族伟大复兴。

(八)一个国家的梦想,可以归结为一种理想信念,但仅有向往还远远不够。无论是战后一些国家飞速发展,还是"金砖五国"重构世界版图,奇迹也好、腾飞也罢,都是一步一个脚印干出来的,把握有利的发展机遇、构建更好的体制机制、勇敢地革除自身弊病、自信地迎接风险挑战,这是一个长期的积累过程,也是一个持续的奋斗过程。美好蓝图能够激发斗志,豪情壮志可以鼓舞人心，但要让梦想照进现实，关键在于实干。

今天，从“全面崩溃”到“虚假繁荣”，仍有一些人在“唱衰”中国。这样的说法虽耸人听闻，却也警示我们追梦之路绝非坦途。新兴大国崛起的烦恼，经济社会双重转型的困惑，人民渴盼公平正义的焦虑……有人曾说，今天的中国不能是打网球，可以等球落地后再挥拍，所有的问题都需要主动截击，否则就会输掉比赛。正所谓“为山九仞，功亏一篑”，离目标越近，阻力就越大，也越艰辛。最有自信的时候，也最容易自满；最有希望的时候，也最可能失望。要让梦想成真，最重要的是牢牢把握机遇，以实干托起中国梦。

改革开放之初，美国《时代》周刊将邓小平评为年度人物，其开篇标题是《中国的梦想家》。30 多年后世界之所以还对“梦想家”怀有敬意，正是因为我们靠实干把一个处在经济崩溃边缘的国家推上了健康发展的轨道，靠实干改变了占世界四分之一人口的命运，靠实干让国家富强、民族振兴、人民幸福的梦想日益接近。邓小平同志曾经说过，不干，半点马克思主义也没有。同样的道理，不干，一切理想、梦想最后都只能是一枕黄粱。

空谈误国，实干兴邦。回顾历史，面对列强的凌辱，中国梦没有破灭；面对新中国成立之初的一穷二白，中国梦没有破灭；面对奋斗征程中的挫折坎坷，中国梦没有破灭。中华民族之所以在百折千回中迎来复兴的曙光，靠的就是一代又一代人的艰辛奋斗。到建党 100 周年时，全面建成小康社会；到新中国成立 100 周年时，建成富强民主文明和谐的社会主义现代化国家。在此基础上，实现中国民族的伟大复兴。这是我们党确立的新的“三步走”战略目标。时至今日，中国正处在实现梦想的关键节点，立足社会主义初级阶段的基本国情，应对发展起来以后的问题挑战，跨越前进道路上的重重障碍，需要 13 亿“实干家”坚持不懈地埋头苦干。只有每个人都拿出实干的精神和劲头，干好"自己的那一份"，中国梦才够美丽、够坚实。

（九）1933年，近代中国一份有影响的综合性刊物《东方杂志》发起了全国性"征梦"活动，征求两个问题的答案：你梦想中的未来中国是怎样？个人生活中有什么梦想？然而，那样一个时代，国家失去尊严，民族饱受屈辱，个人何敢言梦？活动最后征得的"梦想"答案只有160多份。

令人感慨的是，这两年，我们的一家电视台也举办过一次"征梦"活动，海量的参与人数，丰富的个人梦想，热烈的讨论与回应，与70多年前真是云壤之别。两场"征梦"，两个场景，换了人间。

走过"雄关漫道真如铁"的昨天，跨越"人间正道是沧桑"的今天，向着"长风破浪会有时"的明天，中国梦获得了前所未有的广阔空间。功崇惟志，业广惟勤。13亿人共同奋斗，一个富强、民主、文明、和谐、美丽的中国，就在我们每一个人的脚下。

（来源：《人民日报》2013年4月1日）

后 记

梦想，是一个国家和民族前行奋进的灯塔。古往今来，中华民族一直没有停止过追寻梦想的脚步。“中国梦”是一个凝聚和承载了几代中国人不懈追求的美好愿景。2012 年 11 月 29 日，中共中央新一届中央领导集体参观了中国国家博物馆“复兴之路”展览，参观结束后，习近平同志深情阐释了自己心目中的“中国梦”——“何为中国梦，我以为，实现中华民族的伟大复兴，就是中华民族近代最伟大的中国梦。因为这个梦想，它凝聚和寄托了几代中国人的一种夙愿，它体现了中华民族和中国人民的整体利益，它是每一个中华儿女的一种共同期盼。”2013 年 3 月 17 日习近平同志在第十二届全国人民代表大会第一次会议上的讲话又再次强调，要继续把中国特色社会主义事业推向前进，继续为实现中华民族伟大复兴的中国梦而努力奋斗，不断为人类作出新的更大的贡献！习近平总书记对“中国梦”的阐释，道出了所有中华儿女的共同心声，触动并点燃了每个中国人内心深处的“中国梦”。

“中国梦”是一个目标，一种追求。一个国家，一个民族，有了追求，才有奋进的动力。我们相信，无论遇到多大的困难险阻，亿万人民必将在中国共产党的领导下，沿着建设中国特色社会主义的康庄大道，凝聚力量，披荆斩棘，不懈奋斗，把历经苦难而又生生不息的中华民族送达梦想的彼岸。

为了便于人们更好地学习理解“中国梦”的深刻内涵，凝聚起实现“中国梦”的强大力量，我们邀请了国务院研究室、国防大学和南京政治学院的专家学者，结合党的十八精神和习近平同志一系列重要讲话，组织编写了《托起“中国梦”》一书。本书由国防大学洪宝秀和国务院研究室黄长军策划与设计编写提纲，南京政治学院上海校区朱东来担任主编。参加编写人员是：张雪梅、宋文群、李海平、邹安乐、蒋瑛、郭秀清、张磊、翟桂萍。项飞、孙勇、李海平协助统稿。洪宝秀和黄长军做了审定。

由于时间仓促和水平有限，本书不足之处在所难免，恳请读者批评指正。

编　者